Essentielle Schriften

Band 1

EPHRÄM DER SYRER

DIE SCHRIFTEN DER KIRCHENVÄTER

Essentielle Schriften 1, Ephräm der Syrer
Jazzybee Verlag Jürgen Beck
86450 Altenmünster, Loschberg 9
Deutschland

ISBN: 9783849668204

Druck: Bookwire GmbH, Kaiserstr. 56, 60329 Frankfurt/M.

Cover Design: Basierend auf einem Werk von Andreas F. Borchert, CC BY-SA 4.0, https://commons.wikimedia.org/w/index.php?curid=35892522

Der Text dieses Werkes wurde der "Bibliothek der Kirchenväter" entnommen, einem Projekt der Universität Fribourg/CH, die diese gemeinfreien Texte der Allgemeinheit zur Verfügung stellt. Die Bibliothek ist zu finden unter http://www.unifr.ch/bkv/index.htm.

www.jazzybee-verlag.de
admin@jazzybee-verlag.de

INHALT:

Drei Reden über den Glauben 4

    Erste Rede 9

    Zweite Rede 34

    Dritte Rede 38

Rede über die Gottesfurcht und den jüngsten Tag 53

Rede über den Text: „alles ist Eitelkeit und Geistesplage!" (Pred 1,14.) 64

Rede über den Text: „der Sünder werde hinweggenommen, damit er Gottes Herrlichkeit nicht schaue!" (Js. 26,10.) 71

Rede über den Text: „Wehe uns, dass wir gesündigt haben!" (Klagel. 5,16.) 80

Rede über den Propheten Jonas und die Busse der Niniviten. (Jonas 3,2. 3.) 91

Rede über die Auferweckung des Lazarus (Joh. 11, 43.) 125

Rede über die Verklärung Christi 136

Vier Lieder über Julian den Apostaten 147

    Erstes Lied 159

    Zweites Lied 162

    Drittes Lied 166

    Viertes Lied 169

Ausgewählte nisibenische Hymnen 179

    1. Die Kriegsnöte der Stadt Nisibis 183

    2. Die Bischöfe von Nisibis 203

    3. Über Edessa 210

    4. Über Harran 213

    II. 215

ESSENTIELLE SCHRIFTEN, BAND 1

Bibliographische Angaben:

Vorbemerkung: Drei Reden über den Glauben In: Des heiligen Ephräm des Syrers ausgewählte Schriften / aus dem Syrischen und Griechischen übers. (Des heiligen Ephräm des Syrers ausgewählte Schriften Bd. 1; Bibliothek der Kirchenväter, 1. Reihe, Band 37) Kempten; München : J. Kösel : F. Pustet, 1919 (Commentary, Deutsch). Unter der Mitarbeit von: Diether Wegener.

Titel Version: Drei Reden über den Glauben (BKV) Sprache: deutsch Bibliographie: Drei Reden über den Glauben In: Des heiligen Ephräm des Syrers ausgewählte Schriften / aus dem Syrischen und Griechischen übers. (Des heiligen Ephräm des Syrers ausgewählte Schriften Bd. 1; Bibliothek der Kirchenväter, 1. Reihe, Band 37) Kempten; München : J. Kösel : F. Pustet, 1919 Unter der Mitarbeit von: Diether Wegener.

Vorbemerkung: Rede über die Gottesfurcht und den jüngsten Tag In: Des heiligen Ephräm des Syrers ausgewählte Schriften / aus dem Syrischen und Griechischen übers. (Des heiligen Ephräm des Syrers ausgewählte Schriften Bd. 1; Bibliothek der Kirchenväter, 1. Reihe, Band 37) Kempten; München : J. Kösel : F. Pustet, 1919 (Commentary, Deutsch). Unter der Mitarbeit von: Diether Wegener.

Titel Version: Rede über die Gottesfurcht und den jüngsten Tag (BKV) Sprache: deutsch Bibliographie: Rede über die Gottesfurcht und den jüngsten Tag In: Des heiligen Ephräm des Syrers ausgewählte Schriften / aus dem Syrischen und Griechischen übers. (Des heiligen Ephräm des Syrers ausgewählte Schriften Bd. 1; Bibliothek der Kirchenväter, 1. Reihe, Band 37) Kempten; München : J. Kösel : F. Pustet, 1919 Unter der Mitarbeit von: Diether Wegener,

Titel Version: Rede über den Text: „alles ist Eitelkeit und Geistesplage!" (Pred 1,14.) (BKV) Sprache: deutsch Bibliographie: Rede über den Text: „alles ist Eitelkeit und Geistesplage!" (Pred 1,14.) In: Des heiligen Ephräm des Syrers ausgewählte Schriften / aus dem Syrischen und Griechischen übers. (Des heiligen Ephräm des Syrers ausgewählte Schriften Bd. 1; Bibliothek der Kirchenväter, 1. Reihe, Band 37) Kempten; München : J. Kösel : F. Pustet, 1919 Unter der Mitarbeit von: Diether Wegener.

Titel Version: Rede über den Text: „der Sünder werde hinweggenommen, damit er Gottes Herrlichkeit nicht schaue!" (Js. 26,10.) (BKV) Sprache: deutsch Bibliographie: Rede über den Text: „der Sünder werde hinweggenommen, damit er Gottes Herrlichkeit nicht schaue!" (Js. 26,10.) In: Des heiligen Ephräm des Syrers ausgewählte Schriften / aus dem Syrischen und Griechischen übers. (Des heiligen Ephräm des Syrers ausgewählte Schriften Bd. 1; Bibliothek der Kirchenväter, 1. Reihe, Band 37) Kempten; München : J. Kösel : F. Pustet, 1919 Unter der Mitarbeit von: Diether Wegener.

Titel Version: Rede über den Text: „Wehe uns, dass wir gesündigt haben!" (Klagel. 5,16.) (BKV) Sprache: deutsch Bibliographie: Rede über den Text: „Wehe uns, dass wir gesündigt haben!" (Klagel. 5,16.) In: Des heiligen Ephräm des Syrers ausgewählte Schriften / aus dem Syrischen und Griechischen übers. (Des heiligen Ephräm des Syrers ausgewählte Schriften Bd. 1; Bibliothek der Kirchenväter, 1. Reihe, Band 37) Kempten; München : J. Kösel : F. Pustet, 1919 Unter der Mitarbeit von: Diether Wegener.

Titel Version: Rede über den Propheten Jonas und die Busse der Niniviten. (Jonas 3,2. 3.) (BKV) Sprache: deutsch Bibliographie: Rede über den Propheten Jonas und die Busse der Niniviten. (Jonas 3,2. 3.) In: Des heiligen Ephräm des Syrers ausgewählte Schriften / aus dem Syrischen und Griechischen übers. (Des heiligen Ephräm des Syrers ausgewählte Schriften Bd. 1; Bibliothek der Kirchenväter, 1. Reihe, Band 37) Kempten; München : J. Kösel : F. Pustet, 1919 Unter der Mitarbeit von: Diether Wegener.

Titel Version: Rede über die Auferweckung des Lazarus (Joh. 11, 43.) (BKV) Sprache: deutsch Bibliographie: Rede über die Auferweckung des Lazarus (Joh. 11, 43.) In: Des heiligen Ephräm des Syrers ausgewählte Schriften / aus dem Syrischen und Griechischen übers. (Des heiligen Ephräm des Syrers ausgewählte Schriften Bd. 1; Bibliothek der Kirchenväter, 1. Reihe, Band 37) Kempten; München : J. Kösel : F. Pustet, 1919 Unter der Mitarbeit von: Diether Wegener.

Titel Version: Rede über die Verklärung Christi (BKV) Sprache: deutsch Bibliographie: Rede über die Verklärung Christi In: Des heiligen Ephräm des Syrers ausgewählte Schriften / aus dem Syrischen und Griechischen übers. (Des heiligen Ephräm des Syrers ausgewählte Schriften Bd. 1; Bibliothek der Kirchenväter, 1. Reihe, Band 37) Kempten; München : J. Kösel : F. Pustet, 1919 Unter der Mitarbeit von: Diether Wegener.

Titel Version: Vorbemerkung: Vier Lieder über Julian den Apostaten Sprache: deutsch Bibliographie: Vorbemerkung: Vier Lieder über Julian den Apostaten In: Des heiligen Ephräm des Syrers ausgewählte Schriften / aus dem Syrischen und Griechischen übers. (Des heiligen Ephräm des Syrers ausgewählte Schriften Bd. 1; Bibliothek der Kirchenväter, 1. Reihe, Band 37) Kempten; München : J. Kösel : F. Pustet, 1919 Unter der Mitarbeit von: Diether Wegener.

Titel Version: Vier Lieder über Julian den Apostaten (BKV) Sprache: deutsch Bibliographie: Vier Lieder über Julian den Apostaten In: Des heiligen Ephräm des Syrers ausgewählte Schriften / aus dem Syrischen und Griechischen übers. (Des heiligen Ephräm des Syrers ausgewählte Schriften Bd. 1; Bibliothek der Kirchenväter, 1. Reihe, Band 37) Kempten; München : J. Kösel : F. Pustet, 1919 Unter der Mitarbeit von: Diether Wegener.

Titel Version: Vorwort: Ausgewählte nisibenische Hymnen Sprache: deutsch Bibliographie: Vorwort: Ausgewählte nisibenische Hymnen In: Des heiligen Ephräm des Syrers ausgewählte Schriften / aus dem Syrischen und Griechischen übers. (Des heiligen Ephräm des Syrers ausgewählte Schriften Bd. 1; Bibliothek der Kirchenväter, 1. Reihe, Band 37) Kempten; München : J. Kösel : F. Pustet, 1919 Unter der Mitarbeit von: Diether Wegener^.

Titel Version: Ausgewählte nisibenische Hymnen (BKV) Sprache: deutsch Bibliographie: Ausgewählte nisibenische Hymnen (Carmina Nisibena) In: Des heiligen Ephräm des Syrers ausgewählte Schriften / aus dem Syrischen und Griechischen übers. (Des heiligen Ephräm des Syrers ausgewählte Schriften Bd. 1; Bibliothek der Kirchenväter, 1. Reihe, Band 37) Kempten; München : J. Kösel : F. Pustet, 1919 Unter der Mitarbeit von: Michael Koeppen.

DREI REDEN ÜBER DEN GLAUBEN

VORBEMERKUNG

Die drei Reden über den Glauben stehen in der römischen Ausgabe im III. syrisch-lateinischen Bande, Seite 164-208, unmittelbar nach den Reden gegen die Grübler [Adversus scrutatores]. Wie diese richten sie sich vor allem gegen die Spekulation der Arianer, genauer der Aëtianer und Eunomianer. Beide können denselben Autor haben. Aber während die Echtheit des Zyklus gegen die Grübler durch mehrere Handschriften des sechsten Jahrhunderts [Codd. vat. 111 u. 113, Cod. Mus. Brit. 12 176] gewährleistet wird, nennt nur eine späte Handschrift Cod. vat. 117 [zwölftes Jahrh.], eben die Vorlage der editio princeps, Ephräm als den Verfasser der Trilogie über den Glauben. Daß beide Schriften einander nahe stehen, wird man nicht leugnen können, und wenn der historische Abschnitt der dritten Rede Nr. 15-18, der in die Zeit Ephräms weist, gleichzeitig mit den übrigen Teilen entstanden ist, dann wäre die Urheberschaft Ephräms auch für die Trilogie wohl gesichert, zumal der historische Abschnitt mit den Carmina Nisibena [1] verwandt zu sein scheint. Wir müssen allerdings die Möglichkeit im Auge behalten, daß auch hier wie anderwärts eine spätere Hand disjecta membra poëtae zu einem neuen Gebilde zusammengefügt und uns so vielleicht gerade in dem fraglichen historischen Abschnitte eines der vermißten nisibenischen Lieder erhalten haben könnte.

Bevor ich auf die Frage nach der genaueren Datierung des historischen Passus und damit sehr wahrscheinlich auch der ganzen Trilogie weiter eingehe, will ich die Inhaltsangabe vorausschicken. Ich lasse dabei meinem Vorgänger um so lieber das Wort, als er mit derselben zugleich einen Datierungsversuch verbindet, der die betreffenden Anhaltspunkte herausstellt [2].

„Die erste Rede beginnt mit einem Ausrufe der Verwunderung über die Verwegenheit menschlichen Wahnes, die Geheimnisse Gottes zu erfassen, da der Schöpfer vom menschlichen Geiste, dem schon in den Geschöpfen so vieles unbegreiflich sei, in seinem Wesen und Wirken nie begriffen werden könne. Ephräm weist sowohl die Unmöglichkeit nach, Gottes Wesen zu ergründen, als auch die Vermessenheit, es ergründen zu wollen [1-37]. Im Verlaufe der Rede kommt er auch auf den Glauben an den menschgewordenen Sohn Gottes zu sprechen und verteidigt den Arianern gegenüber die orthodoxe Lehre, daß er eines Wesens mit dem Vater sei, unterschieden aber als Person. Dies sucht er einigermaßen durch das Gleichnis vom Baume und der Frucht begreiflich zu machen. Beide sind eines, und doch ist der Baum nicht Frucht und die Frucht nicht Baum. Die Frucht wird vom Baume getrennt, der Vater und Sohn sind aber unzertrennlich eins [12. 33-36]. Anstatt der vorwitzigen Grübelei empfiehlt er, Gottes Werke zu bewundern, seine Gaben mit Dank zu genießen, über seine Gebote und ihre rechte Beobachtung ernstlich nachzudenken and den Beispielen der Gerechten, besonders Abrahams, zu folgen [38-39]. Die Erinnerung an die Gebote Gottes dient ihm zur Veranlassung, von Gottes weisester Vorsehung zu sprechen, die für verschiedene Zeiten und Bedürfnisse verschiedene Gebote und Mittel gegen verschiedene Krankheiten gegeben habe. Die jüdischen Gesetze haben, weil nur für eine gewisse Zeit bestimmt, nach Erreichung ihres Zweckes aufgehört, z. B. der Sabbat, die Beschneidung u.s.f.. An ihre Stelle sind die zwei großen Gebote der Liebe gekommen; anstatt des Fleisches soll der Christ die geistige Beschneidung des Herzens üben [40-47]. Weil er Meldung von den jüdischen Gesetzen getan, verbindet er damit eine scharfe Polemik gegen die Verstocktheit der Juden und warnt vor ihrem Pharisäismus; Grübelei und Judentum seien als gleich gefährlich und verderblich zu verwerfen. [48-53]. Die Rede schließt mit einer Ermunterung zum Kampfe gegen den bösen Feind [53-54]. Soviel über den Hauptinhalt der ersten großen Rede."

„In der zweiten viel kürzeren Rede spricht Ephräm zuerst auf schöne Weise seine demütige Furcht aus, Gott forschend zu nahen, weil er gerade dadurch sich von ihm entfernen würde, und doch treibt ihn Liebe in die Nähe des Geliebten. ‚Nahen wir ihm nicht [vorwitzig], um uns nicht zu entfernen; entfernen wir uns nicht, um nicht verloren zu gehen!' [1]. Nach diesem schönen Eingange geht er wieder auf den Nachweis über, welche Anmaßung im Grübeln des Menschen über Gottes Wesen liege; der Sohn des Staubes soll vor allem sich selbst kennen lernen, aber sich nicht an seinen Schöpfer wagen, den er doch nie ergründen kann [1].Wie Gottes Wesen unbegreiflich ist, ebenso auch die Zeugung des ewigen Sohnes und das Ausgehen des Hl. Geistes. In dieser Rede spricht der hl. Vater also von der allerheiligsten Dreifaltigkeit, während er in der ersten den Arianern gegenüber nur von der Gottheit des Sohnes gesprochen. Die Glaubenswahrheit, daß in der einen Gottheit drei Personen seien, geht nach Ephräms Ausspruch schon aus den drei Namen Vater, Sohn und Geist hervor. Entschieden klar ist die Stelle: ‚Wenn du zwar ihre Namen bekennst, die Personen aber leugnest, so bist du nur dem Namen nach ein Anbeter, in der Tat aber ein Ungläubiger' [2].... Die Trinität darf weder geleugnet noch kann sie begriffen werden; sie ergründen wollen, ist ebensoviel als sich aufs Meer begeben und Schiffbruch leiden [3-6]. Anstatt über die göttlichen Personen verwegen zu grübeln, soll der Mensch die von ihnen gegebenen Gnaden zu seinem Heile benützen und [wie in der vorigen Rede schon gelehrt ward] die göttlichen

Gebote genau kennen lernen und sein Leben danach einrichten [5]. Für das Dogma der Trinität ist diese ganze Rede wichtig."

„Die dritte Rede endlich ist vor den zwei andern dadurch bedeutend, daß wir aus ihr die besondere Veranlassung dazu und die Zeit der Herausgabe entnehmen können. Ephräm bringt darin eine doppelte Klage vor, nämlich über kirchliche Streitigkeiten und über feindliche Einfälle als Strafe Gottes wegen jener Streitigkeiten. Assemani spricht in der Vorrede zum III. syr.-latein. Bande die Ansicht aus, es seien darunter die arianischen Verfolgungen unter K. Valens zu verstehen. Allerdings müssen unter den kirchlichen Streitigkeiten die durch den Arianismus und speziell durch Aëtius und Eunomius hervorgebrachten Verwirrungen verstanden werden; allein Ephräm spricht von Feinden die von Osten herkamen, vom Abführen der Gefangenen in das Land der Magier oder Feueranbeter und beschämt die Grübler über den Sohn Gottes durch die Bemerkung, daß die Feinde über die Sonne die sie verehren, nicht grübeln. Daraus erhellt meiner Meinung nach, daß Ephräm nicht bloß von den arianischen Verfolgungen, sondern auch von den verschiedenen Einfallen der Perser unter König Sapor II. spreche. Von diesen ist auch in einigen der von Dr. G. Bickell herausgegebenen Carmina Nisibena Ephräms die Rede ³. Wenn das Schisma in Edessa unter König Valens zu verstehen ist, dann schrieb Ephräm diese Reden erst gegen das Ende seines Lebens. Weil aber die feindlichen Einfalle als Strafe der kirchlichen Zerwürfnisse dargestellt werden, so wird auf frühere zurückgewiesen, und die Rede dürfte nicht erst gegen die Jahre 370-373, sondern etwa um die Jahre 359 oder 360 geschrieben sein; im Jahre 359 machte Sapor einen neuen Einfall.

Von den zwei andern Reden unterscheidet sich diese auch dadurch, daß der hl. Verfasser im Kampfe gegen die Grübelei und in der Darstellung der von Gott als Strafe dafür verhängten traurigen Kriegsereignisse [15-18] sich der Waffe der Ironie und Satyre sowohl als der Antithesen bedient.

Die übrigen Hauptpunkte der Rede sind ein glänzendes Lob der Wissenschaft und des Unterrichts [6], wiederholte Nachweisung der Unmöglichkeit, das Wesen Gottes und seines eingeborenen Sohnes zu begreifen, Preis der göttlichen Weisheit in Erschaffung der Welt, Warnungen an die Einfältigen und Gutgesinnten, sich durch die religiösen Streitigkeiten nicht beirren zu lassen. Die verwegenen Grübler über Christus werden durch das Beispiel der Heiden beschämt, die über ihre Gottheiten nicht grübeln [17]. Durch Grübelei würde selbst der Himmel zur Hölle [14]; die Kirche ist des Himmels Abbild, weshalb auch in ihr, wie oben, Einigkeit herrschen soll [14]. Endlich ermahnt er eindringlich dazu, die von Gott verhängten Strafen dankbar als Heilmittel anzunehmen und auf ernste, gründliche Besserung zu denken" [15-18] ⁴.

Zingerle hat ganz richtig gesehen, daß der historische Abschnitt der dritten Rede unter dem Eindrucke eines Einfalles der Perser und einer Belagerung der Stadt Nisibis entstanden ist. Aber für das Jahr 359, das Zingerle ins Auge faßt, ist zwar ein syrischer Feldzug des Perserkönigs Schapur [Sapor] II., 310-379, bezeugt, nicht aber, wenigstens nicht hinreichend [5], eine Belagerung von Nisibis. Anderseits dürften die Belagerungen von 338 und 346 für die in den drei Reden bekämpften Irrlehren des Aëtius und Eunomius etwas zu früh fallen. Wir werden daher in das Jahr 350 verwiesen. Für dieses Jahr ist eine Belagerung der Stadt Nisibis reichlichst bezeugt [6], und der hl. Ephräm schildert sie uns als Augenzeuge in den Carmina Nisibena [1-4, 11-13].

Bickell hat nach allen zu Gebote stehenden Berichten ein Bild dieser Belagerung zu entwerfen gesucht [7] Danach erschien 350 ein persisches Heer mit zahlreichen Elephanten vor der Stadt. Dieselbe wurde ringsum von einem hohen Damme eingeschlossen und zwischen Damm und Stadtmauer der Fluß Mygdonius geleitet. Dadurch wollten die Perser ein Doppeltes erreichen: der abflußlose Fluß sollte anschwellen und dadurch bemannte Schiffe bis zur Höhe der Stadtmauern emporheben, um so die Besatzung aus der Nähe angreifen zu können; ferner hoffte man, der Anprall der Wogen würde die Mauer an verschiedenen Stellen zu Falle bringen. Das geschah auch an einem Samstag zum Teil, aber auch der Damm der Perser wurde durchbrochen und die Umgebung der Stadt in einen Morast verwandelt, in dem die Soldaten und namentlich die Elephanten, auf welche man so viele Hoffnung gesetzt hatte, nicht oder nur mit großer Mühe vorwärts kommen konnten. Da die Bresche in der Stadtmauer noch in der Nacht vom Samstag auf den Sonntag wieder ausgebessert worden war und zugleich Nachrichten über feindliche Einfälle in Persien angekommen waren, hoben die Perser am nächsten Tage [einem Sonntag] die Belagerang auf.

Vergleicht man mit dieser Schilderung den historischen Abschnitt der dritten Rede, so entdeckt man hinreichend Berührungspunkte, um konstatieren zu können, daß er mitten in den Nöten dieser Belagerung vom Jahre 350 verfaßt wurde und daß die Reden dazu dienen sollten, die Einwohner zur Umkehr und dadurch zur Rettung vor den Persern zu bringen.

Auch Bickell glaubt, daß diese Belagerung gemeint ist. Er schreibt [8]: Sermo 3 de fide nonnunquam ad hanc obsessionem alludit. Commemorat hic tumulos terra exstructos. De iisdem loquitur Julianus, quando ait, Persas montem vicinum fere in urbem injecisse.

Es ist nicht ganz klar, wie Bickell das alludere versteht. Mir scheint der Dichter nicht bloß auf diese Belagerung wie auf etwas Vergangenes anspielen zu wollen, sondern mitten aus der Drangsal heraus zu schreiben. Wäre die Belagerung schon überstanden gewesen, dann hätte er wohl nicht versäumt, die wunderbare Rettung zu besingen.

Daß damals schon in Nisibis jene Form des Arianismus, welche die drei Reden bekämpfen, Verbreitung gefunden hatte, lehrt das gleichzeitige Carmen 3 [2]. Dasselbe beginnt mit einer Mahnung bezw. einem Tadel gegen das „Forschen" ganz in der Weise unserer Trilogie, wie auch Bickell S. 76 Anm. hervorhebt.

Als Resultat läßt sich wohl sagen: Es ist hohe Wahrscheinlichkeit dafür vorhanden, daß Ephräm der Dichter dieser drei Reden ist und daß er sie während der Belagerung von Nisibis 350 als Bußpredigten für seine Mitbürger und Leidensgenossen verfaßt hat.

Fußnoten

1. S. Ephraemi Syri Carmina Nisibena additis prolegomenis et supplemento lexicorum syriacorum primus edidit, vertit, explicavit Dr. Gustavus Bickell, Lipsiae, F. A. Brockhaus, 1866.
2. Die eingeklammerten Zahlen bezeichnen die Abschnitte meiner Übersetzung und sind von mir beigefügt.
3. a.a.O. vgl. besonders Carm. 4 -12.
4. Ausgewählte Schriften des hl. Ephräm von Syrien aus dem Syrischen und Griechischen übersetzt von P. Pius Zingerle, 1. Bd. Kempten 1870, S. 170-173 [Thalhofersche Bibliothek der Kirchenväter
5. Bickell a.a.O. S. 18
6. a.a.O. S. 12 ff.
7. a.a.O. S. 14 ff.
8. Bickell a.a.O. S. 14 Anm. 1.
9. a.a.O. S. 7 ff. bezw. 78 ff.

ERSTE REDE

1.

Ich bin erstaunt darüber, nach welcher Höhe unsere Vermessenheit strebt. Nicht darüber bin ich erstaunt, daß sie dieselbe schon erreicht hätte, sondern darüber, daß sie wähnte, sie überhaupt erreichen zu können. Wenn nämlich jemand etwas zu erreichen wähnt, so hat er es noch lange nicht erreicht. Durch das bloße Meinen erreicht man nichts; freilich ist es sehr leicht, es zu meinen. Auch die Grübler meinten, ihr Ziel erreicht zu haben; aber dadurch, daß sie dies meinten, erreichten sie es doch nicht. Denn erhaben über jede Vernunft ist der Schöpfer aller Vernunftwesen. Unerforschlich ist er den Menschen und selbst den Engeln unbegreiflich. Das Geschöpf ist mit seiner Einsicht nicht imstande, über seinen Schöpfer zu sprechen, vermag es ja nicht, einmal zu sagen, wie es selbst gebildet wurde. Begreift es nun seine eigene Entstehung nicht, wie könnte es imstande sein, seinen Schöpfer zu begreifen? Der Verstand vermag nicht, die große Höhe seines Schöpfers zu erreichen, weit unter jener Höhe bleibt die Forschung der Forscher.

2.

Sie mühen sich ab, Analogien für den zu finden, der nur Einem gleich ist. Sie alle gehen in seiner Erkenntnis fehl; nur er allein kennt sich. Er ist nicht gleicher Abkunft mit den Erschaffenen, daß sie ihn wie einen ihresgleichen erforschen könnten. Er ist nicht gleichen Geschlechts mit den [aus Erde] Geformten, daß der Mensch sein Wesen erklären könnte. Selbst mit den Wächtern [d. i. Engeln] [1] ist er nicht verwandt, daß sie ihn wie einen der Ihrigen untersuchen könnten. Er ist nicht ein Genosse der Cherubim; denn diese tragen ihn als ihren Herrn. Er schwebt nicht unter den Seraphim; denn sein Ehrenplatz ist zur Rechten [des Vaters]. Zu den Dienstengeln gehört er nicht; denn sie dienen ihm wie seinem Vater. Alle Mächte des Himmels erhalten von ihm Befehle, sie können den Vater nicht schauen ohne den gebietenden Erstgeborenen; denn ohne ihn wurden sie bei ihrer Erschaffung auch nicht gebildet.

3.

Das Auge vermag das Licht aufzunehmen, und dadurch wird der ganze Leib erleuchtet. Das Gehör ist für die Stimme eingerichtet und dadurch vernehmen die Glieder den Ton. Der Mund genießt die Speisen, und durch ihn und mit ihm der ganze Körper. So schauen die Wächter [2] den Vater durch den Sohn, der aus seinem Schoße ist. Durch ihn hören sie auch seine Stimme, durch ihn empfangen sie seine Gabe. Da gibt es keine andere Mittelsperson [3], zu helfen oder Hilfe zu empfangen. Die Sinne bedürfen einander, sie hängen alle voneinander ab. Auch die Geschöpfe hängen alle voneinander ab, weil sie einen Körper bilden. Selbst die höheren Wesen erhalten von ihren Genossen Befehle; denn sie befehlen und erhalten Befehle voneinander je nach ihren Rangstufen. Alle aber, von denen ich gesprochen oder die ich nicht erwähnt habe, erhalten von dem einen Erstgeborenen Befehle. Von ihm hängen alle Geschöpfe ab, während er mit seinem Vater vereinigt ist. Wie willst du nun den Eingeborenen ergründen, der mit der Vaterschaft [dem ewigen Vater] vereinigt ist? Wenn du den Vater erforschen kannst, dann findest du in ihm und bei ihm auch den Sohn. Bei seinem Munde ist er [der Sohn], wenn er [der Vater] befiehlt, und bei seinem Arme ist er, wenn er erschafft. Durch ihn [den Sohn] wirkt er, und durch ihn befiehlt er. Nur sie kennen sich wechselseitig. In seinem [des Vaters] Schoße ist er [der Sohn], wenn er liebt, und zu seiner Rechten ist er, wenn er thront. Ihn liebt er, ihn schaut er an.

4.

Sein [des Vaters] Glanz ist für seinen Diener zu groß. Die Wächter sind nicht imstande, ihn anzusehen. Davon möge dich Moses überzeugen, der verklärt wurde. Wenn das Volk den Moses, einen Menschen, nicht anzuschauen vermochte [4], wer kann dann das Wesen Gottes schauen? Nur der Eine, der aus ihm ist, vermag ihn anzublicken. Überaus herrlich ist der Glanz des Vaters. Nur der Eine sieht den Einen, nur der Eine vermag den Einen zu schauen, und durch den Einen schauen ihn alle Geschöpfe. Durch seine Güte vergibt er, und durch seine Gerechtigkeit straft er; durch sich vergilt er, und durch sich straft er; denn er selbst ist das Maß seiner Vergeltungen. Durch seinen Zorn geschieht es, wenn er zürnt, und durch seine Milde, wenn er verzeiht. Durch sein Wissen offenbart er, und durch seine Kenntnis belehrt er. Durch sich belehrt er, und durch sich bereichert er. Seine Weisheit ist bei seinen Geschöpfen. Durch sich unterstützt er die Dürftigen mit Gutem aus seinem Schatzhause. Durch sich gibt er seinen Streitern ihre Kronen nach ihrer Auferstehung. Er ist ganz in sich selbst verborgen, wer könnte ihn da ergründen? Die Wächter beten schweigend an, die Seraphe singen laut ihr „Heilig", die Cherube tragen mit Ehrfurcht, die Räder rollen in Lichtglanz. Alle beten von ferne durch den sichtbaren Sohn den verborgenen Vater an.

5.

Wenn es noch ein anderes Wesen gäbe und dieses den Sohn ergründen könnte, so könnte es ihn doch nicht aus sich selbst begreifen; denn nur das Eigene begreift man. Wenn dieses Wesen, obwohl von ihm verschieden, ihn verstehen würde, so wäre es seinesgleichen oder ebenbürtig. Wenn es noch ein anderes Wesen gäbe, das allein ihn verstehen würde, so könnte dies geschehen aus der Ferne, wenn es ihm fremd ist, oder aus der Nähe, wenn es ihm ebenbürtig ist. Ist das Wesen seinesgleichen, so ist es der Eine, der nur verschiedene Namen trägt; ist es aber nicht seinesgleichen, so sind die Geschöpfe zu schwach, die Seraphe und die Wächter zu unzureichend, und das andere Wesen, falls es ein solches gäbe, würde als ihm fremd noch weit davon entfernt sein. O Staubgeborener und Niedriger, nach welcher Höhe trachtest du also? Nicht wie der Himmel hoch ist, ist der Herr des Himmels erhaben über dich. Die Höhe des Himmels ist meßbar, sein Schöpfer jedoch unermeßlich. Alles Erschaffene ist meßbar größer als etwas anderes Erschaffenes; aber der Schöpfer ist in unermeßlicher Erhabenheit seinen Geschöpfen entrückt. Die Geschöpfe sind untereinander Genossen, wenn auch unendlich voneinander entfernt. Der Schöpfer aber ist seinem Wesen nach von seinen Geschöpfen entfernt. Nur Einer allein ist ihm nahe, nämlich derjenige, durch den er alles geschaffen hat. Kein Diener naht ihm, während sein Sohn ihm ganz nahe ist. Keiner seinesgleichen ist ihm zur Seite; denn nur sein Erzeugter sitzt an seiner Seite.

6.

Ein großer Abstand ist zwischen der Wesenheit des Schöpfers und der Schöpfung, aber nicht so, daß er von ihr gänzlich abgeschnitten wäre; denn ohne ihn wäre sie überhaupt nicht. Sie ist bei ihm, nicht er bei ihr; er ist mit ihr verbunden [5] und von ihr getrennt. So nahe auch die Sonne der Erde ist, so ist doch ihre Natur von jener der Erde verschieden. Die Natur der Erde ist der herrlichen Natur des Lichtes nicht ähnlich. Auch das Gold ist, obschon es aus ihr kommt, von ihr verschieden und doch mit ihr vermengt. Um wieviel mehr muß der Schöpfer von der Schöpfung verschieden sein, obgleich er bei ihr ist. Er ist, was seine Erforschung betrifft, über alles erhaben.

7.

Wohin versteigst du dich also, o Schwächling? Staub, hingeworfen auf den Staub, kümmere dich um den Staub! Aber auch der Staub unter dir ist für deine

Erforschung zu hoch. Wenn nun das, was unter dir ist, für dich zu hoch ist, wie willst du dann das Höhere erreichen? Wenn der dir ebenbürtige Staub, von dem du genommen bist, dir unbegreiflich ist, wie wirst du dann die Majestät ergründen? Sie ist für deine Erforschung schlechthin zu hoch. Dem Aussehen nach ist der Erdboden einfach, klein und doch vielfältig in bezug auf seine Erforschung. Er ist nur einer und doch nicht einfach; denn er ist reich an den verschiedensten Erzeugnissen. Der eine unansehnliche Schoß erzeugt unzählige Genüsse; der eine geringfügige Schatz bringt zahllose Kostbarkeiten hervor; der gebärende Boden gebärt Kinder, die von ihm ganz verschieden sind und dem Aussehen nach weder ihm noch einander ähnlich sind. Aus seinem unansehnlichen Innern wird uns Wunderbares geboren, aus seinem armseligen Innern entquellen uns reiche Schätze. Aus Einem kommt alles; denn aus der Erde geht alles hervor. Der Erdenstaub ist an sich allen Sinnen feindlich: er schadet im Gehörgang, stört im Auge, verschließt die Pforten des Gehörs, trübt das Licht des Gesichtes. Er ist zu jeglichem Gebrauche ungeeignet und doch die Quelle aller Hilfe. Aber, obgleich er zum Gebrauch sich nicht eignet, kommt doch von ihm das Brauchbare. Er ist ein Gegner der Hungrigen [weil nicht eßbar] und doch der Tisch der Hungrigen. Der Staub ist dem Munde schädlich, er ist die Nahrung der verfluchten Schlange. Zur Strafe wurde er die Nahrung der Schlange und aus Erbarmung der Tisch für alle. Er ist für die Essenden ungeeignet und spendet uns doch alle Nahrungsmittel. Er schadet den Schauenden und verschafft uns doch alle Heilkräuter. Er trübt die Augen und öffnete doch die Augen der Blinden [6]. Es ist in ihm selbst und seinem Nährstoffe jeglicher Nutzen enthalten. Wohlan denn, o Beschauer, bewundere die Schätze, welche die Erde ausschüttet! Dieses magere Ding ist die Quelle alles Fettes. Dieses trockene Ding sprudelt uns die fließenden Quellen hervor. Aus dem seiner Natur nach schwachen Boden kommt das Eisen und das Erz. Dem Anscheine nach arm, gießt er Gold und Silber aus. Er ist der Schatzmeister der Vögel, der Hausvater des Wildes, die große Vorratskammer, die alles, die Haustiere, die Kriechtiere, die Menschen, ernährt.

8.

Es gibt noch etwas Wunderbares im Schoße des Staubes, das wegen seiner Unscheinbarkeit nicht beachtet wird. In der Erde wachsen die verschiedensten Wurzeln friedlich nebeneinander: neben einer süßen eine bittere, neben einer heilkräftigen eine todbringende. Der Staub bringt das Gift der bitteren ebenso hervor wie die Süßigkeit der heilkräftigen. Die bittere sammelt ihr Gift, ohne daß es sich in die süße ergießt; die süße sammelt ihre Süßigkeit, ohne sie den Wurzeln ihrer Umgebung mitzuteilen. Wie bringt es doch der verachtete Staub zustande, jeglichem sein Wachstum zu verleihen? Den Früchten gibt er ihren Wohlgeschmack und damit zugleich ihre Farben, den Blumen ihre Wohlgerüche und damit zugleich ihre Wohlgestalt. Den Früchten verschafft er Wohlgeschmack, den Wurzeln Aroma. Den Blüten verleiht er Schönheit, und die Blumen kleidet er in Pracht. Für den Samen wird er zum Künstler: er flicht den Weizen zu Ähren, festigt den Halm durch Knoten, wie ein Gebäude durch Gebälk, damit er die Frucht tragen und vor dem Winde bestehen könne. Wie viele Brüste hat doch die Erde, um jegliches mit ihrer Feuchtigkeit zu säugen! Es ist wunderbar, daß sie so viele Brüste hat, als es Wurzeln gibt, und daß sie die bittere und die süße Wurzel, jede ihrer Art entsprechend, säugt. Es ist wunderbar, daß es nur eine Brust ist, die alle Früchte aufzieht. An ihr saugen nämlich die Wurzeln und [dadurch] die Früchte, die süßen und die bitteren. In der einen vermehrt sie die Süßigkeit, in der andern die Bitterkeit.

9.

Ist dies schon bei getrennten Dingen merkwürdig, so noch viel mehr bei solchen Dingen, die miteinander zusammenhängen. Der gleiche Saft nimmt in ein und demselben Baume verschiedenartige Eigenschaften an. So schmecken z. B. die Früchte süß, die Blätter bitter, ja, die Frucht ist beim Beginne der Reife noch sehr bitter. Sie stellt daher für die Büßer ein Vorbild dar, weil sie am Ende süß und angenehm ist 7. Wenn nun schon der Staub, den du mit Füßen trittst, bei seiner Erforschung dich verwirrt, wie wirst du dann die Majestät dessen ergründen, der dich schon durch unscheinbare Geschöpfe aus der Fassung bringt?

10.

Nichts erscheint dir verächtlicher als der Staub, nichts armseliger als das Haar. Der verächtliche Staub ist unter dir, und doch erfassest du die Größe seines Reichtums nicht. Ebenso besiegt dich das Haar auf deinem Haupte; denn du begreifst seine Art und seine Menge nicht. Von den Meeren und Abgründen, vom Himmel und seinen Gestirnen will ich gar nicht reden. Mitten zwischen zwei unscheinbare Geschöpfe hat dich der Schöpfer gestellt. Das Obere [das Haar] schlägt dich, damit du nicht über den Allerhöchsten grübelst, und das Untere [der Staub] weist dich zurecht, die erhabene Hoheit nicht ermessen zu wollen. Durch diese beiden unscheinbaren Geschöpfe belehrt dich der Herr der Geschöpfe. Zügle doch deine Verwegenheit, damit du dich nicht an Geheimnisse wagest! Die Tadler sind nahe, sie sind ja jederzeit bei dir. Weil die Überhebung dir nahe ist, darum ist dir auch die Züchtigung nahe.

11.

Kein Reiter spornt ohne Zügel sein Pferd zum Laufe an. Sie fallen dem Tiere zwar lästig, halten es aber im Zaume. Dem wilden Feuer [des Pferdes] ist auf diese Weise Dämpfung nahe. Lege denn auch du deiner Forschung Zügel an, daß sie nicht wild dahinrase! Es gibt Zügel, die man freiwillig anlegt, und es gibt Zügel, die mit Gewalt angebracht werden. Die freiwilligen sind in deiner Hand, um das Ungestüme deines Freiheitsdranges zu hemmen; die gewaltsamen sind in der Hand des Herrn. Wolltest du dich auch erfrechen, du bist ohnmächtig. Du magst wollen oder nicht, die Zügel deines Herrn sind dir angelegt. Wie weit reicht wohl dein Lauf? Mäßige dich also, o Ohnmächtiger!

12.

Der Vater ist vollkommen durch seine Wesenheit [d. h. durch sich selbst], der Erstgeborene durch seine Erzeugung. Der Vater ist vollendet, weil der Sohn vollendet ist; der Erzeugte ist ebenso vollendet wie sein Erzeuger. Die Wurzel ist genau so vollkommen wie die Frucht. Der Baum versagt seiner Frucht den ihm eigenen Wohlgeschmack nicht, ebenso wohnt der Wohlgeschmack der unendlichen Wurzel dem von ihr Erzeugten inne. Wenn aber die Wurzeln ihre Kostbarkeiten ihren Früchten nicht vorenthalten, wie könnte da die gebenedeite Wurzel ihren Reichtum ihrer Frucht vorenthalten? Siehe, der Baum verbirgt in seinem Innern seinen Wohlgeschmack vor allem und jedem, und doch ergießt er ihn in das Innere der Frucht. Hat ihn seine Frucht erhalten, so teilt sie ihn den Essenden mit. Durch die Frucht [8] wurde uns die Süßigkeit gegeben, die in der Wurzel ist. Hätte die Frucht sie nicht erhalten, so hätte niemand zu ihr gelangen können. Die Wurzel teilte sie ihrer Frucht mit, weil sie dieselbe über alles liebt; die Frucht teilte die Süßigkeit den Bedürftigen mit, weil sie dieselben liebt. Wie der Vater seine Frucht liebt, so liebt die Frucht die Essenden. Was die Wurzel birgt, kann durch ihre Frucht gekostet werden.

13.

Ersinne doch nicht eine neue Lehre aus deinem Kopfe in deinem Zeitalter! Es reicht für dich hin, was von den früheren Quellen herabgeströmt ist. Heil dir, wenn du imstande bist, die von dort kommenden Ergüsse aufzunehmen! Vier Quellen ergossen die Wahrheit in die vier Weltgegenden. Dein Durst ist nicht größer als der Simons [9]; die Fluten, die er trank, reichen auch für dich hin. Die Offenbarung [10], die von oben herabfloß, löschte seinen großen Durst. Der mächtige Strom, der zu ihm kam, ergoß sich aus ihm und kam zu dir. Er ist größer als der Fluß Edens, laufe also nicht zu Pfützen hin! Er ist größer als die ganze Schöpfung, weil er vom Herrn der Schöpfung ausströmt; denn die Offenbarung fließt bis jetzt und bis in Ewigkeit fort. Du liebst den Sohn nicht mehr als Simon, der hörte und schwieg. An allen anderen Stellen redet er, aber an dieser Stelle [11] schweigt er nur. Wenn er auch beim Abendmahle schwieg, so konnte er es doch nicht unterlassen, wenigstens zu winken. Aber bei dieser Gelegenheit war er ganz still, empfing die Seligpreisung und beobachtete Schweigen. Durch Schweigen setzte er seiner Zunge Schranken, durch Stille stillte er seinen Forschungsdrang. Aber die Schranke, welche Simon nicht überschritt, treten Vermessene mit Füßen.

14.

Wunderbares enthalten die hl. Schriften, jedoch unsichtbar der Rechthaberei. Unser Herr nahm sich nicht heraus, den Simeon über sich zu belehren - er war sich sozusagen fremd -, aber sein Vater offenbarte über ihn. Nicht als hätte unser Herr nicht selbst über sich offenbaren können, er wollte nur an seiner Person den Verwegenen ein Beispiel geben. Denn wenn er selbst über sich schwieg, wer dürfte sich dann vermessen, über ihn zu grübeln? Wenn er sich enthielt, über sich zu offenbaren, wer dürfte dann seine Erzeugung erforschen wollen? Er bekräftigte jenes Wort: „Der Vater kennt den Sohn" [12]; darum verhielt er sich schweigend, damit sein Erzeuger über ihn rede. Der Vater, in dessen Schöße sein Sohn ist, weiß über ihn zu belehren. Der eine Vater begann und vollendete die Belehrung über den einen Erstgeborenen, wie auch der Erstgeborene den Willen des Vaters vom Anfang bis zum Ende erfüllte.

15.

Ja, die Beweisführung der Forscher versagt, und unsere Vermessenheit bleibt unbefriedigt. Die Ruhmsucht müht sich mit Neuerungen ab, um nicht die Lehre von gestern vortragen zu müssen. Erniedrigung erscheint es dem Hochmütigen, die Wahrheit, so wie sie bereits niedergeschrieben ist, zu lehren. Während er tiefgründige Untersuchungen anstellt, verliert er die offen daliegende Wahrheit. Simon gab dir ein Beispiel, ahme ihn nach! Der Fischer [13] wurde zum Maler [14]: er malte den Kirchen ein Musterbild, das sich jeder auf sein Herz zeichnen soll. Wir sollen alle zum Sohne sagen: Du bist der Sohn des lebendigen Gottes! Dieses Wort ist für die Oberen und für die Unteren [Engel und Menschen] zu erhaben, und doch soll es dir zum täglichen [15] Brote werden, und nie mögest du daran Ekel empfinden! ¹⁶ Selig ist, wer ihn einfach Sohn Gottes nennt. Dieselbe Seligpreisung, die unser Herr [über Petrus] aussprach, wird auch ihm zuteil.

16.

Nähere dein Auge dem Lichte, es wird dasselbe schauen, ohne darüber zu grübeln. Ebenso wendet es sich dem Schlafe zu, ohne sich mit der Untersuchung desselben abzuquälen. Nähere deinen Mund der Frucht, er gibt sich nicht mit ihrer Erforschung ab. Du wandelst auf der Oberfläche der Erde, ohne ihren Umfang zu untersuchen. Lieb ist dir die ganze Schöpfung auch ohne Forschen und Grübeln. Die endlichen Dinge lassest du unbeachtet und sinnest über den Unendlichen nach. Der Schöpfung gegenüber bleibst du in Ruhe, dem Schöpfer gegenüber gerätst du ins Grübeln. Dem All gegenüber verhältst du dich ganz ruhig und still, gerätst aber in Unruhe gegenüber dem Herrn des Alls.

17.

Bei der Nahrungsaufnahme hältst du Maß, beim Forschen aber nicht. Der Schoß deiner Fassungskraft ist klein, gib ihr also nur mit Maß Belehrung! Ihre Nahrung soll mit ihrem Schoße [Aufnahmsfähigkeit] im Verhältnis stehen! Sie soll nicht zuviel zu sich nehmen, sonst muß sie sterben! Du sollst dich allerdings mit [gesunder] Lehre nähren! Sie ist ja eine Tafel, die alle ernährt. Sie ist die Tafel des [Himmel-] Reichs. Nimm ein wenig davon, um davon Nutzen zu haben; aber ihre Köstlichkeit verführe dich nicht, viel davon nehmen zu wollen, das keinen Nutzen bringt! Mit Maß forschen ist eine Arznei des Lebens, ohne Maß ist es tödliches Gift. Der du mit Maß Wasser trinkst, halte auch Maß im Forschen! Besser zuviel Wasser als zuviel Fragen.

18.

Derjenige, nach dessen Höhe du dich ausstreckst, ist nicht bloß um ein geringes höher als du. Soviel der Himmel höher ist als du, ebensoviel höher ist er über dem Himmel. Hundertmal höher als du ist seine Erforschung. Nicht als ob er überhaupt unerkennbar wäre, weil er in unzugänglicher Höhe thront; er ist ja deutlich und klar in seinen Werken erkennbar, mag er auch seinen Geschöpfen verborgen und unsichtbar bleiben. Er ist in allem und zugleich außerhalb allem. So nahe er uns durch seine Huld ist, so ferne ist von uns seine Erforschung. Dies weiß der Verständige, aber von seinem Wesen weiß er nichts. Der Verstand müht sich ab, ihn zu begreifen, erkennt aber nur, daß er existiert. Die Vernunft strengt sich an, ihn zu erfassen; wenn sie glaubt, ihm nahe zu sein, so ist er weit entfernt. Sinne und Gedanken eilen auf ihn zu, erreichen ihn aber nicht Während sie dahinzueilen und ihn zu erreichen wähnen, stehen sie in Wirklichkeit erstaunt und verlegen still.

19.

Dies hört das Gehör, ohne von ihm [seinem eigentlichen Wesen] etwas zu hören. Woge um Woge schlägt an das Gehör, wenn es die hl. Schriften hört. Während es zu hören sucht, daß er müde sei, hört es wiederum, daß er nie müde werde. Das eine Ohr hört, er schlafe, und das andere, er schlummere nicht. Es vernimmt, er sei klein und eingeschränkt, vernimmt aber wiederum, daß er die Himmel erfülle. Während er vor dem Gehöre klein zu sein sucht, ist er über alle Geschöpfe erhaben. Es hört, er habe Glieder; es geht aus, sie zu messen, und findet keine. Während es über seinen Wagen nachsinnt, findet es ihn ohne Wagen. Während es hört, er sei an einem Orte, hört es auch, er sei an jedem Orte. Während es sucht, ihn den Guten zu nennen, wird er als der Gerechte bezeichnet.

20.

Das Auge schaut auf seine Gerechtigkeit und trifft auf seine Güte. Der Verstand schaut auf seine Barmherzigkeit: da eilt seine strenge Rute herbei. Erfreulich ertönt der Ruf der Vergebung, schrecklich der Ruf der Rache. So irrt der Verstand bestürzt und staunend zwischen Gottes Güte und Gerechtigkeit hin und her. Der Beobachter steht verwirrt zwischen Prüfung und Züchtigung. Während er sieht, wie die Bösen übermächtig sind, sieht er die Guten geschlagen. Gottes Läuterung prüft die Treuen, seine Rute züchtigt die Frevler. Gerechtigkeit und Güte sind eng verbunden, aber nicht vermengt; sie sind vereint, aber nicht verwirrt. Nur wegen seiner Unzulänglichkeit kann der Verstand sich nicht zurecht finden, weil er es nicht fassen kann. Während er den Tod von Greisen sieht, sieht er auch den Untergang von Kindern. Auf der einen Seite erblickt er Gerechtigkeit, auf der andern ihr Gegenteil; denn der eine Gerechte leidet, der andere bleibt verschont. Die einen Guten sieht er in Bedrängnis, die andern in Frieden. Dieses erscheint als widersinnig. Betrachtet er ferner die Bösen, so wird der eine schon beim ersten Morde ertappt, ein anderer dagegen tötet eine Menge und geht frei aus.

21.

Wie zwischen den Wogen schwache Schiffe untergehen, ebenso leiden schwächliche Geister zwischen der Güte und der Gerechtigkeit Schiffbruch. Weil hier Unklarheit herrscht, so gerät die Armseligkeit [des Geistes] in Verlegenheit. Wenn man auch nicht alles davon begreift, so begreift man doch soviel, als zuträglich ist. Es genügt für uns zu wissen, daß der Richter aller nicht ungerecht handeln kann. Es ist für uns genug, zu wissen, daß wir ihm keinen Vorwurf machen können; denn es wäre Vermessenheit, wenn das Gefäß seinen Bildner belehren wollte. Mit welchem Rechte könnte der Mensch denjenigen tadeln, der die Urteilskraft verleiht? Wie könnte er ohne den urteilen, der ihn vernünftig gemacht hat? Welches Wissen könnte den richten, der alles weiß? Du hast von ihm deinen Verstand erhalten, sei also durch das dir Verliehene verständig, und wenn du von ihm etwas empfangen hast, so nahe ihm durch das Seinige [durch die verliehene Vernunft]! Die Gabe des Gebers bringt dich ja zum Geber; durch die Einsicht, die er dir verliehen, vermagst du dich selbst und deinen Gott zu erkennen. Was immer von ihm dir zufließt, zieht dich in Ruhe [17] zu ihm; aber deine Anstrengung reicht nicht aus, um zu ihm zu gelangen. Er hat dir Vernunft gegeben und dich erhöht; setze doch nicht durch sie ihren Geber herab! Wenn du Gewinn erzielt hast und reich geworden bist, so verdankst du ihrem [der Vernunft] Kapital die Größe des Gewinnes. Dein Wissen stammt von ihm; du hast nur das Abbild, er die Vollendung. Wenn du durch den Verstand, den sein Hauch dir einblies, deine Schuldigkeit erkennst, um wieviel größer wird dann die Erkenntnis desjenigen sein, der die Quelle des Verstandes selbst ist! Betrachte genau die erlangte Erkenntnis deiner Schuldigkeit, so wirst du erkennen, daß sie der Weisheit anderer bedarf. Wo bleibt also dein Wissen? Es ist nichts im Vergleiche zur [wahren] Weisheit. Es ist also Vermessenheit, wenn das Geschöpf weiser sein will als sein Schöpfer.

22.

Wer nun solche Wissenschaft besitzt, der möge dir sagen, von wem er sie erhalten hat. Wenn er sie nicht von seinem Herrn empfangen hat, dann ist er weder dessen Diener noch dessen Freund. Er kann sich aber nicht verbergen; denn es gibt ein Mittel [18], das ihn offenbart: daß er nämlich des Schöpfers bedarf, überführt ihn, daß er ein Geschöpf ist. Wenn aber sein Herr ihm verliehen hat, zu wissen, wie kann der Herr dann von ihm getadelt werden? Er kann ja über die Gabe nicht hinausgehen, die er von Gott empfangen hat. Je größer aber die ihm verliehene Gabe ist, desto mehr bedarf er des Gebers. Wenn dieser den

Dürftigen nicht vollkommen gemacht hat [19], so kommt dies nicht daher, daß sein Schöpfer dazu zu schwach wäre, sondern er hat ihn dem Bedürfnis unterworfen, damit er fühle, wer ihn ernährt. Alles, was der Erschaffene hat, hat er von dem Einen aus Gnade empfangen.

23.

Wenn nun der Erschaffene schon durch die ihm nur geliehenen Gaben groß ist, um wieviel größer muß dann der Herr der Güter sein? Seine Güte drängte ihn heftig, dir viele Gaben zu verleihen. „Er ist arm geworden, um dich reich zu mache" [20]. Sei nicht bei seinem Reichtum arm; denn es gefällt ihm nicht, wenn du in deiner Dürftigkeit bleibst. Seine Armut hat dich reich gemacht, mache sie nicht arm durch dein Grübeln! Er, der alles reich macht, wird freilich nicht arm; arm wird nur der Grübler selbst. Weit besser als du ist der Stumme, der sich gegen seinen Schöpfer nicht empört; weit besser als du ist der Taube, der über seinen Erschaffer nicht grübelt. Dein sprachfähiger Mund redet vermessen; besser als du ist der Schweigende. Unser Herr hat dich über beide [21] erhöht; du aber vergiltst ihm auf verkehrte Weise. Der Erstgeborene [der Sohn Gottes] hat deine Niedrigkeit erhöht; erniedrige du seine Erhabenheit nicht! Doch derjenige, der alle erhöht, wird nicht niedriger; nur dich erniedrigt das Grübeln über ihn. Seine Güter verwandeln sich dir ins Gegenteil, wenn du dich verkehrt beträgst.

24.

Werde nicht arm durch den, der alle reich macht; nicht erniedrigt durch den, der alle erhöht! Verirre dich nicht durch den, der alle sammelt; gehe nicht verloren durch den, der alle findet! Wenn du nämlich über ihn grübelst, so verirrst du dich durch ihn. Willst du ihn ermessen, so gehst du durch ihn verloren. Willst du ihn erfassen, so wirst du umfaßt [so daß dir kein Ausweg bleibt]; denn er ist unbegrenzt. Der Erforscher ist mehr als das von ihm Erforschte. Du nennst ihn Schöpfer und grübelst doch über ihn wie über ein Geschöpf. Du nennst ihn den Allerhöchsten und erniedrigst ihn zur Untersuchung; denn wer erforscht werden kann, ist niedriger, und derjenige, der ihn erforscht, ist größer. Wenn Gott vom Menschen erforscht und begriffen werden könnte, so würde ein Schiedsrichter den Forschenden und Begreifenden vorziehen. Wie könnte also ein Mund, der sich soweit erfrecht, von Schuld freigesprochen werden? Knechte ehren hoch ihre Herren und Kriegsheere ihre Könige; du aber erniedrigst den allerhöchsten Erstgeborenen durch Grübelei. Dem Feuer zu nahen, bist du zu feig; aber gegen dessen Schöpfer erhebst du dich vermessen. Die Glut des Feuers erschreckt dich; aber über die Erhabenheit sinnest du grübelnd nach. Weil du [dabei] nicht versengt worden bist, erhebst du dich stolz. Die Barmherzigkeit verschonte dich gnädig, Schwächling; aber aus den Blitzen, die andere verbrannten, nimm ab, wie sie dich gnädig verschonte, o Frecher! Lerne den Sender kennen aus dem Blitze, der von ihm entsendet wird! Dein Auge fürchtet sich vor dem Blitze und dein Ohr vor dem Donner, und doch hat es deine Zunge so eilig, den Herrn beider zu ergründen.

25.

Die sichtbaren Dinge begreifst du nicht, wie kannst du dann den Unsichtbaren begreifen wollen? Du stehst als ein armseliges Geschöpf da, einer aber ist die Schöpfung voll. Du bist nur an einem Orte, er aber ist größer als jeder Raum. An welchem Orte willst du wohl den suchen, der von keinem Orte umschlossen wird? Siehe, in diesem kleinen Raume kann dein Verstand nicht umherfliegen. Untersuche nur das, was vom Himmel abwärts unten ist! An den sichtbaren Dingen erprobe deinen Scharfsinn! Rede über die Quellen, diese offenen, nie versiegenden Schätze! Werden sie aus nichts erzeugt oder werden sie aus etwas gesammelt? Wenn sie aus einem Vorrat erzeugt werden, dann ist der Schöpfer arm, weil auch er, wie der Mensch, seine Schatzkammer aus etwas versehen muß. Aber der Schöpfer ist nicht arm, wohl aber der Grübler. Sein Wille ist seine Schatzkammer; denn aus nichts entstand alles. Wenn aber die Wasser nur immer wieder an ihren Ort zurückkehren würden [22], dann wäre der Schöpfer nur in der Kunst größer als der Mensch. Durch den Willen ist der Schöpfer groß; denn sein Wille ist sein Wirken. Er ist keiner Kunst unterworfen, die ihm erst zeigen müßte, wie er es machen solle; sie kann ihren Schöpfer nicht belehren, wie er schaffen müsse. Keine Kunst gebietet jenem Willen, der alles erschafft.

26.

Ein Künstler ist nämlich wie ein Sklave unter dem Joche der Kunst; er arbeitet nicht nach seinem Willen, sondern ist der Kunst unterworfen. Er steht zwischen Zweifeln, weil er nicht, wie er will, arbeitet; bald will er, bald will er nicht. Von der Kunst geht ihm wie einem Unbeholfenen die Anleitung zu. Der Schöpfer dagegen wird nicht von der Kunst unterstützt, sondern er hat die Kunst geschaffen, daß sie den Menschen unterstütze. Durch sie wird der Künstler befähigt, aus etwas etwas zu bilden. Wenn es sich bei Gott auch so verhalten würde, so wäre er dem Menschen gleich; wenn er auch größer an Kunst wäre, wäre er doch bezüglich seiner Gottheit verkleinert. Ist aber Gott wirklich Gott, so hat sein Wille Macht über alles. Der Mensch schafft aus etwas, Gott aus nichts.

27.

Ebensowenig als unser geschöpfliches Wesen dem absoluten Wesen gleichkommt, gleicht es ihm an Wirkungsmacht. Schildere uns doch, welcher Art das Wesen des Himmels ist! Ist der Himmel dicht oder fein, naß oder trocken? Gewaltiger als das Feuer hier unten ist die Sonne oben, und doch verbrennt sie das Firmament nicht, weil es [Gottes Gebot] nicht gestattet. Der nämliche Befehl hält sie zurück, welcher das Feuer des Ofens [23] zurückhielt. Was wäre wohl imstande, die unbegreiflichen Geschöpfe zu beschreiben? Sind ja selbst die sichtbaren Dinge, sobald man sie erforschen will, wie wenn sie unsichtbar wären. Wenn nun schon die sichtbaren Dinge verborgen sind, um wieviel mehr die unsichtbaren? Und wenn die unsichtbaren Geschöpfe verborgen sind, um wieviel mehr muß der verborgen sein, der sich in seine geheimnisvolle Wesenheit hüllt! Deine Gier [zu grübeln] ist viel größer als die Wissenschaft deines Forschens. Vor dem Feuerbrande fliehst du, aber den Herrn desselben bestrebst du dich zu erforschen. Fürchtest denn du nicht das Feuer, wie dieses sich vor seinem Herrn fürchtet? Wenn du aber das Feuer fürchtest, so fürchte dich auch vor dem, der im Feuer wohnt! Das Feuer, welches [Gott] dient, ist so überaus glänzend; um wieviel glänzender muß der sein der von ihm bedient wird! Vor dem Dinge, das dient, fliehst du; aber über den, dem gedient wird, grübelst du.

28.

In herrlicher, aber nur entlehnter Schönheit betraten die Engel Sodoma. Beim Anblicke ihrer alles überragenden Schönheit wurde jung und alt rasend in sie verliebt. Da kam das Feuer der Höhe zur Hilfe der Söhne der Höhe herab, nicht um die Heiligen zu retten, sondern um die Frevler zu verderben. Die Himmlischen hatten eine andere Gestalt angenommen, darum wagten die Irdischen solche Frechheiten. Wären die Geisteswesen in Strahlenglanz erschienen, so wären die Staubgeborenen erschreckt zu Boden gestürzt. Sie hielten die Engel, die geistiger Natur sind, für ihresgleichen; daher ging ihre Lüsternheit über die Grenzen ihrer Natur hinaus und überschritt sie doch wieder nicht. Der wenn auch unnatürliche Umgang verlangte nach Wesen gleicher Gattung, nicht aber nach Himmelsbewohnern, die ganz anderer Natur sind. Wesen, die nicht Söhne unserer Erde sind, sind nicht geschaffen für den Umgang mit uns. Nur wenn sie zu uns gesandt werden, dann können sie durch den Willen des Allmächtigen mit uns verkehren. Die Lüsternheit [der Sodomiten] begehrte also der Himmlischen, welche die Gestalt der Irdischen angenommen hatten. Dies war gegen ihre Natur und doch wieder innerhalb ihrer Natur, da sie ja nur nach ihresgleichen begehrten.

29.

Wer über Gott nachgrübelt, dessen Tollheit überschreitet die Grenzen der Natur. Er bekennt zwar seinen Glauben an das absolute Wesen, forscht aber doch darüber wie über ein Geschöpf. Er erhebt Gott überaus hoch dem Namen nach, aber durch das Grübeln erniedrigt er ihn wieder. Gib entweder die Benennung oder das Forschen auf! Nennst du ihn Gott, so muß alles Grübeln aufhören; zwischen Gott und dem Mengen wird nur Glaube gefordert. Glaubst du an ihn, so ehrst du ihn; forschest du aber über ihn, so entehrst du ihn. Zwischen dem Menschen und Gott gibt es nur Glaube und Gebet; denn du mußt seiner Wahrhaftigkeit glauben und zu seiner Gottheit beten. Er sagt in der Hl. Schrift, daß er die Geschöpfe erschaffen habe. Du glaubtest es ihm, ohne es gesehen zu haben. Du hast das, was du glaubtest, nicht selbst erfahren; hättest du es selbst erfahren [und nur deshalb geglaubt], so hättest du ihn dadurch für unzuverlässig gehalten. Wie nämlich das Selbsterfahren dem Glauben entgegen ist, so auch die Grübelei. Die Grübelei forscht; wenn sie aber forscht, glaubt sie nicht; ja, je mehr sie forscht, desto weiter entfernt sie sich vom Finden.

30.

Der Glaube geht nicht irre, er findet die klare Wahrheit, da sie ihm ja entgegenkommt. Die Einheimischen werden aber von den Auswärtigen [24] als vermessene Menschen zurechtgewiesen. Durch Irrende wird ferner der Wissende beschämt, der da weiß und doch verwegen forscht. Die Anbeter der Sonne forschen nicht über sie nach, die doch nur ein Geschöpf ist. So offenkundig auch ihre [der Sonne] Dienstbarkeit ist, so geben sie ihr doch den Namen ihres [der Sonne] Herrn [25]. Auch der Heide untersucht das Götzenbild nicht, das der Irrwahn bildete. Denn wenn er es untersuchen würde, dann könnte er es unmöglich mehr anbeten. Er könnte nicht mehr zu ihm beten, weil er erforscht hätte, daß es taub ist. Die Erfahrung würde ihn belehren, daß es weder sieht noch hört. Der Irrtum gestattet also den Irrenden nicht, daß sie nachforschen, führt aber das Forschen bei den Gläubigen ein, um ihnen den Tod zu bringen Er [der Irrtum] verhindert nämlich [bei den Heiden] das Forschen, um sie blind zu erhalten; dagegen gestattet er es [den Christen], um sie blind zu machen. So heilsam es ist, ein Götzenbild zu untersuchen, ebenso verderblich ist es, über Gott nachzugrübeln.

31.

Der Irrtum verleiht Glauben, wo Untersuchung nützlich wäre, führt aber das Forschen ein, wo nur der Glaube erforderlich ist. Findet einmal das Forschen Eingang, dann ist es um den Glauben geschehen, und der Mensch kommt wegen seiner Schwäche bei beiden nicht zum Ziele; denn er erreicht nichts für das Forschen und gewinnt nichts für den Glauben. Untersuche den Tauben, damit du erfahrest, daß er des Gehöres beraubt ist; untersuche aber nicht bei dem alles Hörenden, wie und wodurch er hört! Er hört nämlich nicht mit Ohren, weil er ganz und gar Gehör ist; er sieht auch nicht mit Augen, weil er voll und ganz Gesicht ist. Er ist ein Wesen, das mit seinem ganzen Sein hört und sieht. Nimm zum Glauben deine Zuflucht; denn Gott ist über alle Forschung erhaben! Nur der Glaube kann unsere Schwäche beleben.

32.

Weil der Irrtum die Schwachen beneidete, reizte er sie durch die Forschung, versah sie durch die Kritik mit scharfen Waffen und stellte sie zur Schlacht auf, da er sah, daß die Liebe gekommen war, um den Menschen zum Himmel emporzuführen. Die Streitsucht beeilte sich, die zum Himmel führende Wurzel abzuschneiden. Da verstummte der Disput mit den Ungläubigen und die Untersuchung der Irrlehren. Die Streitsucht sah, daß ihre Partei unterliege und gestürzt werde, da lieh sie sich die Larve der Wahrheit, um dadurch die Kinder der Wahrheit zu täuschen. Sie verursachte unter ihnen durch die Forschung Spaltungen, indem sie gegen die Erhabenheit [Gottes] aufreizte. Da die Außenstehenden die siegreiche Partei nicht zu besiegen vermochten, so wurde sie jetzt dadurch besiegt, daß sie unter sich zu streiten begann.

33.

Unserer Schwäche genügt die Wahrheit, die mit offenkundigen Erweisen kam. Bekenne einfach, daß es wirklich einen Vater und einen Sohn gibt, genau wie die Namen lauten! Die Voraussetzung des Namens ist das Objekt, mit ihm sind die Namen verbunden; denn wer würde etwas, das gar nicht existiert, einen Namen beilegen? Wie könnte denn eine Frucht diesen Namen tragen, wenn sie nicht wirklich vorhanden wäre? Nenne also den Vater den Stamm und heiße den Sohn seine Frucht! Er ist mit ihm vereinigt und von ihm getrennt; er ist in seinem Schoße und zu seiner Rechten. Wenn er nicht mit ihm verbunden wäre, so wäre er nicht als sein Geliebter in seinem Schoße, und wenn er nicht von ihm getrennt wäre, so säße er nicht zu seiner Rechten. Er ist mit ihm vereinigt, weil er in seinem Schoße ist, und er ist von ihm getrennt, weil er zu seiner Rechten sitzt. Eins sind sie durch einen Willen, zwei aber wegen der zwei Namen. Sie haben nicht zwei Willen, wohl aber zwei Benennungen. Den Namen der Vaterschaft, weil er Vater ist: dieser Name schließt seinen Ruhm in sich; und den Namen der Sohnschaft, weil er Sohn ist: dieser Name schließt seine Erzeugung in sich. Der Name „Vater„ zeigt das Verhältnis an und der Name „Sohn" verdeutlicht es. Die Ordnung der Namen schließt die Ordnung ihres gegenseitigen Verhältnisses ein. Wie ihre Namen nicht verborgen sind, obwohl sie eins sind, so wird auch ihr Verhältnis, daß sie eins sind, nicht verheimlicht. Die Juden allerdings wollten den Sohn, der doch nicht verheimlicht werden kann, verheimlichen; aber seine Geschichte ist von seinen Propheten geoffenbart und in geheimnisvollen Vorbildern deutlich dargestellt.

34.

Auch die Frucht und der Baum sind nicht eines, obwohl sie eins sind. Die Frucht ist als Frucht bekannt und der Baum als Stamm. Durch ein und dieselbe Liebe sind sie vereinigt, aber durch zwei Namen getrennt. Den Namen Frucht trägt die Frucht allein; Baum aber ist der Name des Stammes. Es sind da zwei Namen und zwei Dinge durch eine Kraft und durch eine Liebe verbunden: Wäre bloß der Name Frucht vorhanden, die Frucht selbst aber würde nicht existieren, so würde man mit Baum den Stamm, mit dem Worte Frucht aber etwas bezeichnen, was jener nicht hervorbringen würde. Gleichwie aber der Baum sowohl dem Namen als auch der Sache nach existiert, ebenso ist auch die Frucht dem Namen und der Wirklichkeit nach vorhanden. Wäre die Frucht nur dem Namen, der Stamm aber der Sache nach vorhanden, dann würde man Lüge und Wahrheit zugleich nennen, da das eine wäre, das andere aber nicht. Ist also der Vater wirklich, so ist auch der Sohn wirklich, und zwar sowohl dem Namen als auch der Wirklichkeit nach.

35.

Wie nun einerseits der Vater und der Sohn nicht zwei Willen haben können, so müssen sie doch anderseits wieder in Wahrheit als Zweiheit angesehen werden. Den Vater haben wir durch seinen Namen kennen gelernt, ebenso ist uns der Sohn durch seinen Namen bekannt geworden. Ohne die Namen gibt es kein Wissen, durch den Namen werden die Begriffe vermittelt. Nimm die

Namen und die Bezeichnungen weg, dann werden alle Ordnungen durcheinander geworfen. Du erkennst dann nicht, wen du [im Gebete] anrufst; du weißt dann nicht, wen du bekennst. Du kannst dann nicht unterscheiden, wer gezeugt hat, und ebensowenig erkennen, wer gezeugt wurde; denn die zwei Namen sind wie zwei Leuchten gekommen. Sie verscheuchten das Dunkel, das den Zuhörern den Unterschied verhüllte. Den Vater lernst du durch seinen Namen kennen und ebenso den Eingeborenen durch seine Benennung. Du hast gehört: Vater! Das ist genug für dich. Auch der Name „Sohn" reicht für dich hin. Hier gibt es kein Angesicht, daß du aus den Gesichtszügen belehrt werden könntest. Die Namen gelten uns als die Gesichter, durch ihre Namen kann man sie unterscheiden. So lernt man ja auch weit entfernte Menschen durch ihre Namen kennen. An die Stelle der entfernten Angesichter treten die nahen Namen, an die Stelle der Gesichtszüge die Benennungen, an die Stelle der Gestalten die Namen. Der Laut flammt anstatt des Lichtes auf, die Stelle des Auges vertritt das Gehör. Das Ohr naht den Namen und unterscheidet sie wie Gestalten.

36.

Aber auch die Gleichnisse sind nicht imstande, die Wahrheit vollkommen darzustellen. So kann z. B. die Frucht eines Baumes über den Erstgeborenen keine erschöpfende Aufklärung geben. Die Frucht hängt nämlich an ihrem Baume, aber wenn man sie abgepflückt hat, ist sie von ihm getrennt; denn sie kann nicht mehr an ihrem Baume sein, wenn sie bei dem ist, der sie weggenommen hat. Der Erstgeborene ist aber bei seinem Vater, er blieb bei ihm und kam zu uns, er ist bei ihm und auch bei uns. Er kam und ging, obwohl er doch überall ist. Die Schöpfung ist voll von seinem ganzen Wesen, während er doch ganz in seinem Vater ist. Weder sein Gehen noch sein Kommen vermag ein Mund auszusprechen. Ehe er kam, war er schon hier, und auch, nachdem er wegging, ist er noch da. Bevor er zu seinem Vater ging, war er schon ganz bei ihm. Er ging dorthin, obwohl er schon dort war. Er kam hierher, obwohl er bereits hier war. Sein Gehen und sein Kommen ist wirklich. Er kam und ging, ohne zu scheiden. Gott ist allgegenwärtig, seine Frucht ist nicht von ihm entfernt. Vom Erstgeborenen, der alles erfüllt, ist auch sein Vater nicht entfernt. Wenn die Geschöpfe von ihm abhängen, wie können sie da fern von ihm sein? Ferne ist seine Nähe und nahe ist seine Ferne. Ferne ist er, wenn er auch noch so nahe ist. Wer kann über ihn sich aussprechen?

37.

Wie hat sich doch Adams Vermessenheit auf seine Kinder fortgepflanzt! Adam strebte vermessen nach höherem Range, seine Kinder erhoben sich frech gegen seinen Herrn. Die Kinder Adams forschten und wähnten dann, Gott erfaßt und begriffen zu haben. Wer sich gegen Gott vermessen erhob, der schaue auf Adam wie in einen Spiegel! Auch derjenige, der Gott erforscht zu haben vermeint, ist des Todes schuldig [wie Adam]. Nicht weil er weiß, daß Gott existiert, ist er schuldig, sondern weil er sich erfrechte zu grübeln. Wenn du einmal glaubst, daß das absolute Wesen ist, so ist es Zweifelsucht. wenn du weiter grübelst. Wenn du weißt, daß er ist, so forsche nicht, wie er ist. Von wo aus willst du denn den Unbegrenzten sehen? Willst du das absolute Sein untersuchen, wohlan, so beginne an seiner Grenze! Und wenn du dann gefunden hast, daß er unbegrenzt ist, von wo aus willst du dann zu messen beginnen? Hältst du dich in der Mitte auf, dann bist du von seiner Grenze entfernt. Wenn du also an jeder Stelle dazu unfähig bist, so kehre doch zum Gebote zurück! Schaue auf Adam! Wäre er beim Gebote geblieben, so wäre er Herrscher geworden. Weil er sich aber erkühnte, das Gebot zu übertreten, so erlangte er die gewünschte [Herrscher-] Würde nicht. Als ihn Gott schuf, schuf er ihn zu einem erschaffenen Gott, indem er ihm die Freiheit verlieh, nach seinem eigenen Willen zu wandeln. Allein Adam wollte törichterweise nach dem verlangen, was er bereits besaß; während er aber mit aller Gewalt danach trachtete, verlor er auch das, was er bereits besaß [26].

38.

Gott gab dir nun die Gebote als Lehrmeister. Sie belehren dich: Wenn du sie beobachtest, wirst du ein Bruder Christi. Anstatt aber auf sie einzugehen, suchst du, wie du ihnen entgehen könntest. Trete ein in die Untersuchung der Gebote, und sie werden dir als Spiegel dienen. Schaue in ihnen deine Aufgabe und deine Pflicht! Suche in ihnen den Lohn und die Verheißung! Ferner sollen dir die Gerechten ein Vorbild der Liebe sein! Ahme sie nach! Betrachte z. B. den Henoch und sei ebenso tugendhaft! Ahme den Noë, den zweiten Stammvater, nach! Wenn du aber meinst, sie zu übertreffen, kannst du Abraham übertreffen? So zahlreich auch deine Tugenden sein mögen, sein Schoß bleibt doch der Hafen, in den du einlaufen sollst [27] Unser Herr lehrte dich in seinem Evangelium, daß dein Weg zu ihm [Abraham] führe. Forsche daher als ein Verständiger, wie sein Wandel beschaffen war! Wenn aber Abraham nur dadurch, daß er glaubte [28], die allerhöchste Stufe erlangte, wie willst dann du durch Grübeln auf seiner

Stufe stehen? Zweierlei kann man von ihm lernen: Glauben und Nicht-Forschen; denn weil er glaubte, empfing er die Verheißung; weil er nicht forschte, erhielt er das Reich. Wer glaubt, grübelt nicht; wer aber grübelt, glaubt nicht.

39.

Siehe! Abraham hätte gar wohl über die Worte, die er vernahm, nachgrübeln können; denn er hatte nicht durch ein Gebot gelernt, daß ein Gott im Himmel ist, sondern er urteilte aus sich selbst, daß die Schöpfung einen Herrn haben muß. Der aber seinen Gedanken sah, offenbarte sich ihm, damit er in seinem Glauben bestärkt wurde. Als aber Abraham eingesehen hatte, daß Gott ist, grübelte er über ihn nicht nach, wie er sei. Und auch nachdem sich ihm Gott geoffenbart hatte, fragte ihn Abraham nicht: Wie bist du? Er kannte auch den Messias [29], forschte aber nicht, wie er sei. Er sah ihn und sehnte sich mit Freuden nach ihm. Er vollbrachte das Geheimnis [30] und beobachtete Stillschweigen. Wie wagst du dich also kühn an die Erforschung des Eingeborenen? Fliehe und verberge dich, bei den Geboten forschend, was du zu tun hast und wie du das Leben erlangen kannst! Untersuche, welches der Gebote für dich der Schlüssel zum Leben sein könne!

40.

[31] Beachte jedoch, welche Gebote nur ihrer Zeit dienen sollten und nur für sie zweckdienlich waren, und laß dich nicht beirren, wenn du einander widersprechende Aussprüche vernimmst! So lautet ein Ausspruch: [32] „Ich will Schlachtopfer", und ein anderer: „Ich verabscheue die Brandopfer"; ein Ausspruch lautet: „Reinige das Unreine!" und ein anderer: „Vermische und iß!" [33] Ein Ausspruch lautet: „Feiere Feste!" und ein anderer: „Ich entweihe die Feste"; ein Ausspruch lautet: „Heilige den Tag!" und ein anderer: „Ich verabscheue die Sabbate"; ein Ausspruch lautet: „Beschneide das Männliche!" [34] und ein anderer: „Ich verabscheue die Beschneidung". Wenn du all' dieses vernimmst, so ergründe die Zwiespältigkeit durch Untersuchung und laß dich nicht wie so viele irre führen welche die Tiefe [35] verschlang!

41.

Höre also: Die Aussprüche ergingen zwar aus Einem Munde, aber an verschiedene Geschlechter. An das erste Geschlecht erging ein Ausspruch, das Geschlecht verschwand und mit ihm das Gebot; es kam ein anderes Geschlecht und es erfolgte ein anderer Ausspruch, der ein neues Gesetz verordnete. Die Aussprüche aller Geschlechter sammelten sich und häuften sich an bei dem einen [letzten] Geschlechte [36]. Es traten nun Toren [37] auf, welche die sich widersprechenden Aussprüche durch die Annahme verschiedener Götter, als Urheber derselben erklärten. Sie sahen eben nicht, daß auch die einzelnen Geschlechter einander unähnlich waren und daß dieselben sich in ihrer Handlungsweise von einander unterschieden. Wenn das Gesetz eines Geschlechtes alle Geschlechter verpflichten würde, warum hat dann die Flut jene hinweggerafft, die sich doch dem Baume nicht genaht hatten? Wenn der Ausspruch an Adam sich auch auf Noë bezog, wie stand es dann mit der Vergeltung, da er ja gegenstandslos war? Es müssen aber in allen Geschlechtern entsprechende Verordnungen vorhanden sein, und daher ergingen an die [einzelnen] Geschlechter Aussprüche zum Frommen der Söhne des [jeweiligen] Geschlechtes. Aber auf diese Weise häuften und vermehrten sich die Aussprüche; die gehäuften Aussprüche verwirrten die Unwissenden, so daß sie von dem Einen [Gotte] abirrten. Aus den [vielen] auf Erden geschehenen Aussprüchen schlössen sie auf [mehrere] Götter im Himmel.

42.

Zahlreich waren die Aussprüche der Propheten, welche der Gebrechlichkeit wehren sollten; alle möglichen Arzneien wandten sie gegen die Krankheit der Hinfälligkeit an. Es gibt Gebote, welche zessieren, weil das frühere Leiden nicht mehr vorhanden ist; es gibt aber auch solche, welche fortbestehen, weil auch die Leiden fortbestehen. Die Apostel und die Propheten sind ja Seelenärzte. Sie brachten Heilmittel herbei, welche dem Elend der Menschheit entsprechen; sie bereiteten Arzneien für die Krankheiten ihrer Geschlechter. Ihre Arzneien dienen aber den Späteren wie den Früheren. Es gibt Krankheiten, welche den einzelnen Geschlechtern eigentümlich sind, und Krankheiten, welche allen Geschlechtern gemeinsam sind. Gegen die neu auftretenden Krankheiten gaben sie neue Arzneien, gegen die in allen Geschlechtern gleichbleibenden Krankheiten gaben sie gleichbleibende Arzneien. So gab man das Gebot: Du sollst nicht stehlen! Die Krankheit dauert fort, daher auch das Gegenmittel. Man gab das Gebot der Beschneidung; die Krankheit ist verschwunden und damit auch das Gegenmittel. Man richtete für die Beschnittenen ein Instrument gegen die neu aufgetretenen Krankheiten her; aber die Instrumente, welche man wegen der früheren Krankheiten hergerichtet hatte, sind unnütz geworden, weil diese Krankheiten heute nicht mehr bestehen. Weil der Schaden beseitigt ist, ist das Instrument überflüssig geworden. So sind heutzutage die Gebote des Sabbats, der Beschneidung und der [levitischen] Reinheit für uns Spätere überflüssig, den

Mittleren waren sie jedoch nützlich. Den Früheren waren sie unnütz, weil diese durch die Erkenntnis gesund waren; auch den Späteren sind sie unnütz, da diese durch den Glauben gesund sind. Nur den Mittleren dienten sie, da diese durch das Heidentum verletzt waren. Wer sich heutzutage noch der Gesetze als Instrumente bedient, der ist ein Genosse des Mörders, weil er gesunde Glieder abtrennt.

43.

Die Gesetze sind eisernen Instrumenten gleich, so belehrt dich Jeremias [38]. Den Verwundeten sind sie nützlich, verletze aber nicht damit die Unversehrten! Sie sind für die Krankheiten bestimmt, verwunde nicht mit ihnen die Gesunden! Schlimmer als die sichtbaren Verletzungen sind jene, welche die unsichtbare Seele beschädigen. So heilsam sie für die Kranken sind, so schädlich sind sie für die Gesunden. Du darfst den gesunden Körper nicht quälen, weil dir Arzneien zu Gebote stehen. So ruhten auch schon zu ihrer Zeit bisweilen die Gesetze; denn, wo Gesundheit war, brauchte man keine Binden und Arzneien, die ärztliche Behandlung ist bei Gesunden überflüssig. Wenn aber noch zur Zeit der Krankheit die Arznei da und dort unnütz war, so sind jetzt, wo das [Juden-] Volk und seine Krankheiten verschwunden sind, seine Arzneien erst recht unnütz.

44.

Die eine Krankheit hörte auf, die andere besteht fort; die eine Arznei hörte auf, die andere besteht fort. Die Krankheiten und die Arzneien der Opfer, der Sabbate und der Zehnten hörten auf, es bleiben aber die Krankheiten und die Arzneien: Du sollst nicht schwören, du sollst nicht stehlen, du sollst nicht ehebrechen! Laufe doch nicht einem Gesetze nach, das samt seiner Krankheit aufgehört hat; hab' aber recht acht auf das Gesetz, das Arznei für deine Verletzung ist, behandle jedoch deine Wunden nicht mit Arzneien, die nutzlos sind! Du häufst nur Krankheit auf Krankheit, wenn du zur Schuld Eigensinn hinzufügst. Der Gesetzgeber zürnt, weil du bindest, was er gelöst hat. Das Gesetz, das er dir gab ist abgeschafft, aber du beobachtest, was er gelöst hat.

45.

O Tor, denke doch ein wenig über die Gesetzesbeobachtung nach! Was hilft denn die Beschneidung, wenn die Sünde im Innern bleibt? Die Sünde bleibt in deinem Herzen, aber deine Vorhaut schneidest du weg, statt daß du bei dir sprechen würdest: Die Beschneidung war zu ihrer Zeit vortrefflich; der All-Hirte hat sie der törichten Herde [39], die er sich erworben, zum Merkmal gemacht. Der Allwissende hat sie der Schar, welche ihre Führer tötet, zum Zeichen gemacht. Es [das Judenvolk] war eine Herde, die sich immer wieder unter die verirrten Herden mischte. Er bezeichnete sie [diese Herde = Juden] daher mit einem sichtbaren Merkmale, damit sie auch gegen ihren Willen abgesondert bliebe. Denn das sichtbare Zeichen, das er ihnen gab, sollte das Ungestüm ihrer Tollheit zügeln. Er hat die Herde nur wegen dessen, was in ihr war, behütet [40]. Was in ihr verborgen war, trat hervor und ward der Hüter der Menschheit. In der armseligen Herde war verborgen der Hirte der Hirten. Er verließ die törichte Herde, damit die [Heiden-] Völker seine Herde würden.

46.

Bereite dir doch keinen Schmerz durch die Beschneidung, deren Zeit vorüber ist; bereite dir aber Schmerz durch eine [andere] Beschneidung: beschneide die häßlichen Auswüchse in deinem Innern! Dein Wille ist freigeboren; der kann dich durch Beschneiden von der Sünde befreien. Äußere Gewalt kann nicht ins Innere dringen und deine Gesinnung beschneiden. Beachte, daß derjenige, der ihnen die Körper zu beschneiden gebot, ihnen auch zurief: „Beschneidet eure Herzen!" [41] Warum forderte er eine andere Beschneidung, da doch ihr Fleisch schon beschnitten war? Wenn er eine andere Beschneidung verlangt, so wende die äußerliche nicht mehr an!

47.

Erwähle dir das erste Gebot, den König aller Gebote! Erwähle das zweite Gebot, den Heerführer aller Gebote! Vom Könige und vom Heerführer hängt ja das ganze Heer ab. Und an diesen zwei Geboten hängen auch das Gesetz und die Propheten. Laß den Sabbat und die Beschneidung; denn sie haben dich auch freigelassen und sind abgeschafft! Du bist zum innerlichen Leben verpflichtet, beobachtest aber nur Äußerlichkeiten. Die Seele im Innern geht verloren, aber der äußerliche Sabbat wird beobachtet.

48.

[42] Die abtrünnigen [Juden] beobachteten die Gebote zu ihrer Zeit nicht, aber uns will man jetzt zwingen, das Gesetz zu beobachten, dessen Zeit abgelaufen ist. Es [das Judenvolk] will seine frühere Krankheit den Gesunden verschaffen; durch Schneiden, Brennen und Arzneien, die gegen seine eigenen Krankheiten bestimmt waren, sucht es die gesunden Glieder zu zerfleischen. Es bestrebt sich,

die Handschellen, Fußfesseln und Bande, welche für seine eigene Sklaverei bestimmt waren, denen anzulegen, die sich durch die Liebe seines Herrn der Freiheit erfreuen. Der rohe Sklave bemüht sich, den Freien seine eigenen Fesseln anzulegen und verlangt, daß sie stolz seien auf das Joch, das ihnen ein Sklave auferlegt. Unter dem Scheine der Ehre will er die Freigeborenen beschimpfen. Er treibt uns zu Moses, um uns dadurch von Christus zu trennen.

49.

Wenn es [das Judenvolk] schon darauf stolz ist, daß es an der Seite des Sklaven [Moses] steht, um wieviel mehr darf derjenige stolz sein, der an der Seite des Herrn selbst steht. Aber es steht gar nicht einmal an der Seite des Sklaven, wer den Herrn des Sklaven verleugnet. Von ihnen [den Juden] wird Moses beschimpft, bei uns dagegen geehrt. Den Herrn muß man ehren, wie es einem Herrn gebührt, die Sklaven aber, wie es Sklaven gebührt. Den Moses hat es [das Judenvolk] zu seiner Zeit verfolgt und seinen Herrn hat es zu seiner Zeit gekreuzigt. Schon damals, als die [Heiden-] Völker noch im Irrtum waren, war er [Christus] zu ihnen geflohen [nach Ägypten]. Heute, wo das Volk [der Juden] ihn verleugnet und im Irrtum ist, ruft er die [Heiden-] Völker zu sich. In der Gemeinde der Völker herrscht Reinheit, in Ägypten aber herrschte [damals] [43] Unreinheit.

50.

Es [das Judenvolk] wäre wieder nach Ägypten zurückgekehrt, wenn das Meer es nicht daran gehindert hätte [44] Das Land voll Heiligkeit [die Kirche] betrat es nicht, aber dem Land voll Trug [Ägypten] eilte es zu. Es hatte zuviel Blut gekostet, daher konnte es das Morden nicht mehr lassen. Damals mordete es offen, jetzt mordet es heimlich. Es durchstreift Land und Meer, um seine Anhänger der Hölle zuzuführen. Es hat keine Propheten mehr, die es in seiner Raserei offen morden könnte; es wurde unter die Könige zerstreut, damit sie es mit Gewalt zur Ruhe brächten. Aber es sah, wie die Heiden auf die Propheten und nicht auf die Dämonen achteten, daher legte es die Maske gerade der Propheten an, die es vordem gemordet hatte. Je nach Bedarf legte es den Prophetenmantel an oder ab, um durch Disputieren [über Bibelworte] zu morden. Die Leiber der Propheten hat es gemordet, ihre Stimmen aber hat es angenommen, um statt der Propheten diejenigen zu morden, die in den Propheten lesen.

51.

Armseliger, fliehe vor ihm [dem Judenvolke]; denn nichts gilt ihm dein Tod und dein Blut! Es hat das Blut Gottes auf sich genommen, sollte es da vor deinem Blute zurückschrecken? Es trägt kein Bedenken, dich in Irrtum zu führen; es trug ja auch kein Bedenken, sich selbst in Irrtum zu führen. Es hat sich nicht gescheut, unter der Wolkensäule ein Kalb anzufertigen, und hat sich nicht entblödet, im Tempel ein Bild mit vier Gesichtern [45] aufzustellen. Gott hing es am Kreuze auf: die Geschöpfe erschauderten, als sie es sahen. Der Geist zerriß den Vorhang, damit der Ungläubige sein Herz zerreiße. Die Felsen der Gräber spalteten sich, aber das Herz von Felsen blieb ungerührt. Als der Geist sah, daß es [das Judenvolk] nicht erschauderte, da floh er es ob seiner Tollheit.

52.

Die Verfluchten [die Juden] schnaubten mit ihrer Nase [46] vor ihrem ehrfurchtgebietenden Gotte. Der Prophet schämt sich, ihre Unverschämtheit so zu erzählen, wie sie tatsächlich war [47] Schamhaft berichtet Ezechiel ihre Unverschämtheiten. Weil sie von einem Schamhaften erzählt werden, darum werden sie auch nur geschämig berichtet. Während in ihrem Munde das Heilige geschändet wurde, wurden im Munde der Reinen [48] sogar ihre Schmutzereien rein. Sie schlachteten die Propheten wie fehlerlose Lämmer ab. Ärzte kamen zu ihnen, sie aber wurden denselben zu Schlächtern.

53.

Fliehe und rette dich vor dem rasenden Volke, nimm eilends deine Zuflucht zu Christus! Damit du nicht als Grübler zu ihm kommst, nahe dich ihm als Anbeter! Wenn der Ungläubige ein Kreuziger und der Anbeter ein Grübler ist, so ist das für die Einsichtigen ein großes Leid, da der eine lästert, während der andere grübelt. [Gottes Sohn] kam zum Samen Abrahams, aber die Erben wurden zu Mördern. Er kam zu den törichten Heiden, da wurden Einfältige zu Grüblern. Sei einfältig deinem Herrn gegenüber und klug deinem Widersacher gegenüber! Forsche, untersuche und lerne seine Schlingen kennen, wo und wie er sie verbirgt! Sei verständig, beobachte und betrachte sein verstecktes und feines Netz! Neige dein Ohr, beobachte und schaue, wo er seine Fallstricke legt! Verschaffe dir einen Führer und lerne, wo der Feind dir Nachstellungen bereitet! Allein, anstatt deinem ränkevollen Gegner nachzuspüren, bist du dahin gekommen, über deinen Gott nachzustudieren.

54.

Wisse, daß Gott Gott ist und daher von dir nicht erfaßt werden kann! Wisse aber auch, daß der Böse ein Betrüger ist und daß deine Aufmerksamkeit auf ihn gerichtet sein soll! Nahe daher jedem von beiden mit kluger Unterscheidung je nach seiner Art! Dem Satan tritt im Kampf entgegen, Gott aber nahe in Einfalt! Bekriege jenen im Streite, diesem aber glaube, dass er ist! Erkühne dich nicht, in seine große geheimnisvolle Flut zu tauchen, damit nicht der Abgrund vor dir zu tief werde und deinen Geist Schauder ergreife!

ZWEITE REDE

1.

Gerne möchte ich mich nahen, aber ich fürchte, mich zu entfernen; denn der Verwegene, der sich forschend nähert, entfernt sich sehr weit. Wer sich aber mit Maß nähert, den stößt die Billigkeit nicht zurück. Nähern wir uns also nicht zu sehr, damit wir uns nicht entfernen! Entfernen wir uns nicht, damit wir nicht zugrunde gehen! Nahen wir uns also mit Maß und Zurückhaltung dem unermeßlichen Wesen! Weil langes Gerede darüber nichts nützt, so möge nur Weniges gesagt werden! Wie sollte der armselige Staub imstande sein, von seinem Bildner zu sprechen! Gnade hat den Staub geformt, damit er ein Ebenbild seines Schöpfers sei; die Gerechtigkeit aber soll ihn abschrecken, gegen seinen Schöpfer sich frech zu erheben. Wohl gab der Schöpfer dem Gefäße Verstand, jedoch um sich selbst kennen zu lernen. Nun aber grübelt das Gebilde über den Bildner und tut durch Forschen der Gnade Unrecht. Geben wir daher demjenigen, der mit Maß lernt, gleichsam nach der Wage Gehör! Wir wollen eine Wage aufstellen und nach Gewicht nehmen und geben! Von den Meistern wollen wir darnach nehmen, darnach aber auch den Schülern geben!

2.

Du hast gehört, daß Gott Gott ist. So lerne dich selbst als Menschen kennen! Du hast gehört, daß Gott der Schöpfer ist; wie soll dann das Geschöpf ihn erforschen können? Du hast gehört, daß Gott Vater ist; an seiner Vaterschaft erkenne seinen Sohn! Ist nämlich der Vater der Erzeuger, so ist der von ihm Erzeugte natürlich sein Sohn. Den einen Sohn, der da der Eingeborene ist, sollen deine Fragen nicht zerteilen! Du hast von der Herrlichkeit des Sohnes gehört; lästere ihn nicht durch deine Untersuchung! Du hast vom Geiste gehört, daß er der Hl. Geist sei; benenne ihn also mit dem Namen, mit dem man ihn bezeichnet! Du hast seinen Namen gehört, bekenne also diesen seinen Namen! Aber sein Wesen zu erforschen, dazu bist du nicht berechtigt. Du hast vom Vater, vom Sohn und vom Hl. Geiste gehört; so schließe also von den Namen auf das wirkliche Dasein der Personen! Die Namen sind nicht vereint, aber die drei sind wahrhaft eins. Bekennst du ihre Namen, nicht aber ihr persönliches Dasein, so bist du wohl dem Namen nach ein Anbeter, in der Wirklichkeit jedoch ein Leugner. Wo kein persönliches Dasein vorhanden ist, da haben wir nur einen leeren Namen. Was nicht wirklich ist, dessen Benennung ist eitel. Der

Ausdruck Person belehrt uns, daß sie wahrhaft etwas ist. Daß sie etwas ist, wissen wir; wie sie aber ist, das begreifen wir nicht. Dadurch, daß du weißt, sie existiert, hast du noch nicht erfaßt, wie sie ist. Deshalb, weil du sie nicht begreifst, darfst du ihr Dasein nicht leugnen. Beides ist Lästerung, Skepsis und Grübelei.

3.

Das Meer ist groß. Wenn du es ergründen willst, so wirst du von der Wucht seiner Wogen abgetrieben. Eine einzige Woge kann dich davontragen und an eine Klippe schleudern. Es genügt für dich, o Schwächling, daß du in einem Schiffe Handel treiben kannst. Der Glaube ist aber für dich besser als ein Schiff auf dem Meere. Das Schiff leiten zwar die Ruder, allein die Fluten können es versenken; dein Glaube aber versinkt nicht, wenn nicht dein Wille es will. Wie wünschenswert wäre es für den Seemann, wenn das Meer sich nach seinem Willen richten würde! Doch anders denkt der Seemann und anders macht es die Woge. Nur unser Herr schalt das Meer, so daß es schwieg und sich beruhigte. Er hat aber auch dir die Gewalt verliehen, gleich ihm ein Meer zu schelten und zum Schweigen zu bringen. Das Forschen ist ärger als das Meer und die Streitsucht stürmischer als die Wogen. Tobt in deinem Geiste die Grübelei, so schilt sie und glätte ihre Wogen! Wie der Sturm das Meer aufwühlt, so regt das Grübeln deinen Geist auf. Unser Herr schalt, da hörte der Wind auf, und das Schiff glitt ruhig dahin. Schilt das Grübeln und bezähme es, dann wird dein Glaube beruhigt sein.

4.

Davon sollten dich schon die Geschöpfe überzeugen, deren Gebrauch du kennst. So bist du z. B. nicht imstande, die Quelle zu erklären, und doch unterlässest du es nicht, von ihr zu trinken. Dadurch aber, daß du von ihr getrunken hast, glaubst du noch nicht, sie begriffen zu haben. Auch für die Sonne bist du unzureichend, und doch entziehst du dich ihrem Lichte nicht. Deshalb aber, weil sie zu dir herabsteigt [durch ihre Lichtstrahlen], wagst du es doch nicht, zu ihrer Höhe emporzusteigen. Die Luft ist zu groß für dich, und doch erhält der Hauch von ihr dein Leben. Ihr Unterpfand [der Hauch] ist bei dir; aber wie groß ihr Maß ist, erkennst du nicht.

5.

Du empfängst von den Geschöpfen nur eine geringe zweckdienliche Hilfeleistung und dennoch lässest du ruhig das Viele unbegriffen in ihren Schatzkammern liegen. Das Wenige verschmähst du nicht, aber nach dem Vielen trägst du kein Verlangen. Die Geschöpfe des Schöpfers belehren dich also über den Schöpfer, daß du dich um seine Hilfe bemühen, aber von der Grübelei über ihn dich fernhalten sollst. Empfange das Leben von der [göttlichen] Majestät, laß aber das Grübeln über die Majestät! Liebe die Güte des Vaters, forsche aber nicht über seine Wesenheit! Liebe und schätze die Milde des Sohnes, forsche aber nicht über seine Zeugung! Liebe das Schweben [42] des Hl. Geistes, wage dich aber nicht an seine Ergründung! Den Vater, den Sohn und den Hl. Geist lernen wir aus ihren Namen kennen. Doch sinne nicht über ihre Persönlichkeit nach, sondern erwäge nur ihre Namen! Willst du das Wesen erforschen, dann bist du verloren; glaubst du aber an den Namen, so wirst du leben. Der Name des Vaters sei dir eine Schranke; überschreite sie nicht, um seine Natur zu ergründen! Der Name des Sohnes sei dir eine Mauer; gehe nicht darüber hinaus, seine Zeugung zu ergründen! Der Name des Hl. Geistes sei dir ein Zaun; laß dich nicht in eine Ergründung desselben ein! Diese Namen sollen dir also eine Schranke sein; durch die Namen halte die Untersuchungen zurück! Nachdem du die Namen und die Wirklichkeit gehört hast, wende dich den Geboten zu! Du hast vom Gesetz und von den Geboten gehört, wende dich nun den Sitten zu! Und wenn deine Sitten vollkommen sind, dann wende dich den Verheißungen zu! Laß nicht das Gebotene fahren, um dich mit Dingen abzumühen, die nicht vorgeschrieben sind! Du hast die Wahrheit durch offenbare Dinge erfahren, verirre dich nicht wegen verborgener Dinge! Offenbares sprach Simon aus, er gab die Wahrheit und empfing Seligsprechung [50] Siehe, Simon sprach nur eines [51], verirre dich also nicht durch vieles!

6.

Die Wahrheit ist in wenigen Worten niedergeschrieben, stelle also keine lange Untersuchung darüber an! Daß der Vater ist, weiß jedermann; wie er aber ist, das weiß niemand. Daß der Sohn ist, bekennen wir alle; allein sein Wesen und seine Güte begreifen wir nicht. Den Hl. Geist bekennt jeder; ihn zu ergründen, vermag niemand. Bekenne also, daß der Vater ist, bekenne aber nicht, daß er begreiflich ist! Glaube ferner, daß der Sohn ist; daß er aber erforschbar sei, glaube ja nicht! Daß der Hl. Geist ist, halte für wahr; daß er ergründet werden könne, halte aber nicht für wahr! Daß sie eins sind, glaube und halte für wahr;

bezweifle aber auch nicht, daß es drei sind! Daß der Vater der erste ist, glaube; daß der Sohn der zweite ist, halte für wahr; zweifle auch nicht daran, daß der Hl. Geist der dritte ist! Nie gebeut der Erstgeborene dem Vater; denn dieser ist der Gebieter. Nie sendet der Hl. Geist den Sohn; denn dieser ist sein Sender. Der Sohn, der zur Rechten sitzt, maßt sich nicht die Stelle des Vaters an; ebensowenig maßt sich der Hl. Geist den Rang des Sohnes an, von dem er gesandt wird. Der Sohn freut sich über die Erhabenheit seines Erzeugers und der Hl. Geist über die Erhabenheit des Geliebten des Vaters. Nur Freude und Eintracht, Vereinigung samt Ordnung, herrschen dort. Der Vater kennt die Zeugung des Sohnes, und der Sohn kennt den Wink des Vaters. Der Vater winkt, der Sohn versteht es, der Hl. Geist führt es aus. Da gibt es keinen Zwiespalt, weil es da nur einen Willen gibt; da ist keine Verwirrung bei der Vereinigung, sondern die größte Ordnung. Meine ja nicht, daß Verwirrung herrsche, weil sie vereinigt sind, noch denke, daß eine Zerteilung vorliege, weil sie getrennt sind! Sie sind vereinigt, aber nicht verwirrt; getrennt, aber nicht zerteilt. Ihre Vereinigung ist keine Verwirrung und ihre Trennung ist keine Zerteilung. Die Art und Weise, wie sie getrennt und vereinigt sind, kennen nur sie allein [52] Nimm deine Zuflucht zum Schweigen, Schwächling!

DRITTE REDE

1.

Die Lehre ist zwar älter als die Lehrer und die Lernenden, sie ist jedoch die Gespielin der Jugend, um bei allen alles zu sein: Lehrerin bei den Meistern und Lernende bei den Schülern. Sie lehrt und lernt also, da sie auf beiden Seiten tätig ist. Mit den Beredten erwirbt sie Ruhm, bei den Klugen zeigt sie ihre Weisheit. Sie weilt bei den Einfältigen und bei den Scharfsinnigen, in jedem Maße [je nach der Fähigkeit des Einzelnen] teilt sie sich allen Seelen mit. Jedem Dinge gibt sie sich als die Herrin aller Dinge hin. Sie paßt sich [verschiedenen] Maßen an, obschon sie über jene erhaben ist, die sie messen wollen. Die Lehrlinge können sie nicht ausmessen, da ihre Kräfte dazu nicht ausreichen; es gibt keine Meister, welche ihr Maß finden könnten, da sie ihre Quellen nicht zu erschöpfen vermögen.

2.

Während aber die Lehre größer ist als die Lehrer und die Lernenden, so ist sie doch viel kleiner als ihr Schöpfer, weil sie unfähig ist, ihn zu erforschen. Kein Lernender vermag zu begreifen, wie groß die Macht des Schöpfers ist. Er kann nicht ermessen, was er erschuf, noch was er zu erschaffen imstande ist; denn diese Geschöpfe, die er schuf, und diese Werke, die er wirkte, machen nicht die ganze Macht des Schöpfers aus. Nicht deshalb, weil er es nicht könnte, will er nicht mehr erschaffen. Sein Wille ist unbeschränkt; wenn er wollte, könnte er tagtäglich erschaffen; allein dann entstünde ein Wirrwarr. Wenn die Geschöpfe immer mehr würden, dann würden sie wegen ihrer Unzahl einander gar nicht mehr kennen lernen können. Obwohl er ihnen allen gewachsen bliebe, so würden sie doch sich nicht gewachsen sein. Zu welchem Nutzen würde er sie dann erschaffen haben, wenn sie doch einander fremd bleiben müßten? Was auch immer der Schöpfer erschuf, es geschah nicht, um sich selbst größer zu machen; denn er war nicht kleiner, bevor er schuf, noch wurde er größer, nachdem er geschaffen hatte. Seine Werke wollte er groß machen; darum schuf er mit Maß. Wohl hätte er diese Schöpfung unendlich groß machen können; allein dann wären ihre Bewohner in Verwirrung geraten, und mit der Verwirrung wäre Schaden verbunden gewesen; denn man hätte weder auf die Gerechten gemerkt, noch auf die Propheten geachtet. Wäre die Schöpfung hundertmal größer, als sie wirklich ist, so wären die Prediger außerstande, der ganzen

Schöpfung zu genügen [53]. Gott stellte Jerusalem in die Mitte [der Welt], damit die ganze Schöpfung auf dasselbe merke. Als er daher die Israeliten aus Ägypten herausführte und als er sie später aus Babel heimführte, bemerkte ihren Wegzug und ihre Heimkehr die ganze Schöpfung. Wäre aber die Welt größer, als sie es in der Tat ist, so hätte sie es nicht in dieser Weise bemerken können. Nur der könnte sie dann erfassen, der nach allen Seiten hin größer ist als sie. Die Schöpfung hätte davon nicht den gleichen Nutzen wie jetzt. Denn wenn sie schon jetzt, wo sie doch [verhältnismäßig] klein ist, von irrigen Reden erschüttert wird, um wieviel mehr würde sie erschüttert werden, wenn sie noch größer wäre? Auch könnte die Sonne nicht von einem Ende zum andern eilen, da der Zwischenraum zu groß wäre, der Tag würde zum Jahre werden. Es würde ein großer Nachteil sein, wenn die Ordnung zerstört würde. Winter und Sommer würden zu lange dauern, Tag und Nacht endlos sein. Wann würde die Saat keimen und wann die Frucht reifen? Er könnte es allerdings so einrichten, aber für uns wäre es zu drückend. Also nicht gemäß seiner Macht schafft der Schöpfer alles und jedes, sondern nach der Maßgabe unseres Vorteils schafft und wirkt er alles.

3.

Aus diesem unendlichen Schoße ging der unerforschliche Sohn hervor. Willst du ihn dennoch erforschen, so will ich dir Berater sein. Gehe hin und erforsche zuerst seinen Vater, erprobe deine Kraft an seinem Erzeuger, mit seiner Ergründung beginne und ende! Miß ihn nach Länge und Breite! Wenn du den Ewigen [54] gemessen haben wirst, dann hast du auch den Sohn aus seinem Schoße gemessen. Bist du imstande, den Vater zu messen, so bist du es auch beim Eingeborenen. Aber du vermagst dies weder beim Ewigen noch bei seinem Sohne. Steige also, Schwächling, wieder aus dem Meere [der Forschung] empor! Komm, wir wollen uns dem verlassenen Gegenstande wieder zuwenden! Lassen wir doch nicht das Bekannte fahren, um uns mit dem abzumühen, was wir doch nicht erkennen [können]!

4.

Der Schöpfer erschafft also nicht, soviel er kann. Er schafft nicht soviel, als er kann, sondern soviel, als es sich geziemt. Würde er nämlich in einem fort erschaffen und sein Wirken nicht beschränken, so wäre dies ein maßloses Gebaren, das der Klugheit entbehren würde. Er würde einem Brunnen gleichen, der immerfort ohne Beschränkung fließt. Der Schöpfer wäre eine Quelle, die durch ihre Natur gebunden ist und daher ihren Lauf nicht hemmen kann; denn er hätte keine Gewalt über seinen Willen. Wie er uns nur dadurch, daß er [seiner Schöpfermacht] freien Lauf läßt, seinen Willen offenbart, so kann er uns nur dadurch seine Macht zeigen, daß er sie zurückhält. Er beginnt [zu erschaffen], um Geschöpfe aufzustellen; er hört auf, um Ordnung herzustellen. Wenn er täglich Himmel und Erde und Geschöpfe erschaffen würde, so wäre sein Wirken eine Verwirrung ohne Ordnung, und er wäre im Wirken nicht groß, weil er an Weisheit klein wäre. Es muß ja auch der redende Mund nach einer gewissen Ordnung reden. Muß er denn nicht, obwohl er reden kann, auch wieder zu reden aufhören? Das Reden fällt aber dem Munde nicht so leicht wie das Schaffen dem Schöpfer. Die Schöpfungen sind für den Schöpfer viel leichter als die Worte für die Redenden; aber deshalb, weil er schaffen könnte, erschafft er doch nicht immerfort Neues. Er gibt den Menschen beim Reden Ordnung; um so mehr wird er Maß halten, obwohl er stündlich erschaffen könnte. Er hörte also zu schaffen auf, um zu ordnen, was er geschaffen.

5.

Wer wäre wohl imstande, anzugeben, wieviel er hätte schaffen können? Viel ist, was er schuf; viel auch, was er zu schaffen unterließ. Was er erschaffen hat, ist unermeßlich, und was er ungeschaffen ließ, ist unerforschlich. Alles, was er durch seinen Wink hervorbringt, ist aus nichts. Es ist den Forschern gänzlich verborgen, mag es sichtbar oder unsichtbar sein. Du erkennst nicht, wieviel er gemacht hat, noch wieviel er machen kann. Nur der Eingeborene, der in seinem Schoße verborgen ist, kennt das Wie und das Wieviel. Denn der Sohn, der verborgen und offenbar ist, kennt das Verborgene und das Offenbare. Wie könnte aber ein Lehrling zu den Quellen gelangen, die für ihn unzugänglich sind? Den Schwachen und Ohnmächtigen [im Begreifen] könnte [vielleicht] die [Rechnungs-] Lehre hierzu [55] behilflich sein, sie lehrt ja beim Multiplizieren [56] schnelle Sprünge machen. Sie vermehrt 10 mit 10 und springt so auf die Zahl 100; sie vermehrt 100 mit 10 und gelangt zur Zahl 1000; sie springt von einem Tausend zum andern und von einer Myriade zur andern. Daraus kannst du schließen, daß sie auch im übrigen ebenso flink ist [57].

6.

Die Wissenschaft ist die verborgene Brücke der Seele, auf der sie zu den verborgenen Dingen hinübergeht. Sie ist der Schlüssel der Armut, womit diese sich Schatzkammern aufschließt. Sie ist die Ehre des Alters, welches durch sie der Jugend Einsicht mitteilt. Sie ist die Schutzmauer der Jungfräulichkeit, von der sie die Räuber abhält. Sie unterwarf das Meer den Seefahrern und das Land den Bauern; sie legte den Schiffen Zügel an und machte sie über das Meer eilen. Wagen auf dem Meere entstanden ihr, und Schiffe bereitete sie sich auf dem Lande. Sie nimmt sich der Schwachheit an und macht sie kräftig; sie naht sich der Ausgelassenheit und macht sie besonnen. Sie naht sich der Unwissenheit und lehrt sie eine Menge von Kenntnissen; sie naht sich der Stummheit und bringt sie zur Beredtheit. Streng tritt sie mit dem Richter auf, demütig mit dem Schuldigen. Jenen lehrt sie, wie er zu strafen; diesen, wie er zu flehen hat. Sie forscht mit den Forschenden und untersucht mit den Unterrichteten; sie sucht auf der einen Seite und findet auf der andern Seite. Beides ist in ihr verbunden, weil sie zu beidem Dienste leistet. Ohne mit Gewalt zu zwingen, herrscht sie doch über alles. Sie lehrt den Künstler, aus etwas etwas zu machen, damit er Gott kennen lerne, der alles aus nichts macht. So belehrt sie den Geschaffenen, daß sein Schöpfer größer ist als er; denn der Geschaffene schafft aus etwas, der Schöpfer aus nichts.

7.

Meine Brüder! Erwecken wir doch unsere Schläfrigkeit, damit die Wächter [Engel] sich über unser Erwachen freuen! Wappnen wir uns mit dem Glauben und töten wir das Böse, das uns den Tod gebracht hat! Der Gestank unserer Verwesung schlägt uns ins Gesicht, weil unser Geruch nicht in Christus gut ist [58]. Der wache Krieg unserer Streitigkeiten schläfert die Wächter durch seine Kämpfe ein. Weil die Priester sich auf die Disputation werfen, stürzen sich die Könige in den Kampf. Der äußere Krieg läßt nicht nach, solange der innere Krieg wütet. Der Hirte [59]) kämpft mit seinem Genossen, der Priester mit seinem Amtsbruder. Bei dem Streite der Hirten gehen Herde und Weide zugrunde. Während die Hirten uns ganz besonders fein weiden wollten, haben sie unsere gute Weide zertreten, die uns in schlichter Weise erhalten hatte. Während wir nach unserer Bereicherung strebten, raubte man uns all unser Gut. Man hat die Lampe der Wahrheit verborgen, um diese in der Finsternis zu suchen. Die Wahrheit erschallt laut in der Welt, aber man sucht sie in Schluchten. Die Kinder des Lichts stören die im Finstern lagernde Grübelei auf und suchen die offen zutage liegende Wahrheit, als wäre sie verloren gegangen. Sie suchen einen hohen Berg in engen Schluchten; er überragt die ganze Schöpfung, und sie suchen ihn wie schwachen Schimmer. Sie mühen sich ab, die Wahrheit zu erforschen, die doch ausgedehnter als alles ist. Sie wollen sie nicht sehen; statt dieser suchen sie etwas anderes. Sie mühen sich ab, die Wahrheit zu vernichten, welche doch sie gefunden hat, Der Forscher kann allerdings zugrunde gehen, nicht aber die Wahrheit Der Blinde sieht vom Lichte nichts, obwohl es sich bei ihm befindet. Der Taube vernimmt von der Stimme nichts, wenn sie auch neben ihm ertönt. Der Tor ist ferne von der Wissenschaft, wenn auch vor ihm die Bücher aufgeschlagen sind. Mögen gleich alle Kenntnisse naheliegen, die Toren sind doch davon entfernt. Götzenpriester erkannten die Wahrheit, aber christliche Priester suchen sie immer noch. Sogar Magier erkannten, daß ihre Kräfte durch die Kraft der Wahrheit gebrochen wurden. Selbst Sterndeuter erkannten, daß ihre Bücher durch das Buch der Wahrheit abgetan sind. Ebenso erkannten Wahrsager, daß die Wahrheit ihre Schwindeleien zunichte gemacht hat. Teufel erkannten, daß durch die Gesänge der Wahrheit unreine Geister ausgetrieben wurden. Heiden erkannten, daß durch den wahren Gott die Götzen vernichtet wurden.

8.

Die Wahrheit ruft laut in der ganzen Welt, die Grübler aber suchen sie, wo sie sich etwa befinde. Sogar Feinde des Sohnes erkannten sie, aber Verkünder von ihr suchen sie noch. Das jüdische Volk verleugnete ihn [den Sohn = Christus] zwar, wußte aber doch, wer es ausrottete. Wenn sie es auch nicht eingestanden, so erkannten sie doch, woher dies über sie kam. Die Kirche, Christi Braut, belehrt sie, daß ihretwegen [60] Jerusalem verlassen wurde. Das Priestertum, das er gab, zeigt ihnen, daß ihr Priestertum durch ihn aufgelöst ist. Die Propheten, die er uns gab, verkünden laut, daß durch ihn alles in Erfüllung gegangen sei.

9.

Der Satan legte in seinem Neide den Grüblern Streitfragen vor, damit durch die von ihm eingeführten Kontroversen verkehrte Lehren ausgesprochen würden. Nach außen erschienen sie als tugendhaft, während ihr Inneres ganz verdorben ist. Die Einfältigen finden den Sohn, die Gelehrten suchen ihn. Ferne kamen und wurden Jünger; Fremde kamen und wurden Hausgenossen; Auswärtige staunten, daß die Einheimischen noch suchen. Was jetzt am Ende [nach der Einführung des Christentums] vorgeht, gleicht dem, was am Anfang geschah. Die Magier gewahrten in der Ferne den König der in Bethlehem geboren war. Die harmlosen Magier dachten, die Schriftgelehrten und die Hebräer würden den dort geborenen Königssohn auf ihren Händen im Triumphe umhertragen; die Fernen kamen und fanden, daß die Nahen ihn nicht kannten. Der König befand sich unter ihnen, und sie plagten sich mit Nachfragen. Der König war schon tatsächlich geboren, sie aber grübelten noch darüber nach, ob er geboren sei. Die Fremden wunderten sich, daß sie noch in der Schrift über seine Geburt nachforschten. Das Unterpfand [seiner Geburt] war bei den Auswärtigen, die Nachforschung aber bei den Einheimischen. Sein Bote [der Stern] war vor den Fremden, die Unsicherheit über ihn bei den Hausgenossen. Die Magier ließen sich jedoch nicht irre machen durch die, welche ihn suchten; sondern verließen sie und gingen mit ihren Geschenken geraden Weges zu dem Erstgeborenen. Die offenbare Wahrheit war bei den Magiern, das Fragen bei den Pharisäern.

10.

Auch ihr, Lehrlinge, laßt euch nicht dadurch verwirren, daß eure Lehrer die Wahrheit erst suchen! Wie die Magier jenen, über den sie nachfragten, in Bethlehem fanden, so wird er auch von dem, der ihn redlich sucht, in der hl. Kirche gefunden. Ahme den Magiern nach und bringe reinen Lebenswandel als Geschenk dar! Bete den Sohn mit gesundem Glauben an, so wie du ihn gefunden hast und wie er sich dir geoffenbart hat! Gleichwie nämlich die Magier beim Aufleuchten des von ihm gesandten Sternes sich zu ihm aufmachten, so findet ihn der Suchende auch in der Offenbarung, welche Simon ausgesprochen hat [61]. Es möge dich doch die gegenwärtige Zeit, die der früheren gleicht, nicht ängstigen! Die Ankunft des Sohnes, als er zum erstenmale erschien, ist jener ähnlich, wo er wieder erscheinen wird. Denn wie bei der damaligen Ankunft die Fragen der Gelehrten verwirrt waren, ebenso sind sie es jetzt vor seiner Wiederkunft. Auf einem Füllen reitend zog er ein; vor ihm her riefen Heiden. Die einheimischen Beschnittenen hörten den Ruf und begannen, von den Völkern zu lernen; denn sie fingen an zu fragen, wer denn derjenige sei, der da komme. Da es den Hausgenossen entgangen war, lernten sie es von den Auswärtigen. Sie erkundigten sich bei diesen, um von den Außenstehenden ihre eigenen Angelegenheiten zu erfahren. Die heidnischen Völker, die zu den Festen der Blinden [62] gekommen waren, unterrichteten die Hebräer und erzählten ihnen von ihren eigenen Dingen. Die Unbeschnittenen riefen den Beschnittenen zu: Dieser ist Jesus von Nazareth! Die Hebräer fingen an, von den Heiden die Erklärung dieses Namens, der in den Schriften der Blinden aufgezeichnet war, zu lernen. Sie lernten von Fremden das Studium ihrer eigenen Bücher, und Weitentfernte belehrten sie über die Auslegung ihrer eigenen Schriften. Laß dich also nicht verwirren, Zuhörer, wenn ein Gelehrter verkehrte Lehren vorträgt! Erliege nicht, Lehrling, wenn ein Forscher sich verirrt! Wenn dein Lehrer abirrt, so gehe hin und lerne aus den hl. Schriften, daß Kluge nicht strauchelten, wo Forscher abirrten, und daß Hörer nicht sich beirren ließen, wo Lehrer fehlgingen! Nicht Menschenwort trägt die Predigt des Evangeliums - das Menschenwort ist vergänglich, und alles fällt, was daran hängt -, sondern vom Worte Gottes hängt die Predigt der Wahrheit ab. Von diesem Worte, das alles trägt, hängt deine Belehrung, o Lehrling, ab. Wer den Weg verwirrt, gerät selbst dadurch in Verwirrung. Denn er weiß nicht, wie er gehen soll; der Weg ist vor ihm verloren gegangen. Für Kluge aber ist der Weg mit Meilensteinen und Herbergen besät.

11.

Wenn das ganze Volk sich bekehrt und in Sack und Asche gefleht hätte, dann hätte der Allerhöchste die Verkehrtheit der Oberhäupter nicht hingehen lassen. Allein der Priester war wie das Volk, und das Volk machte es den Priestern nach [63]. Beide Parteien verdienen es, voneinander gequält zu werden. Der nachlässige Lehrer hat unruhige Schüler; sie werden von ihm verdorben, und er wird dafür von ihnen belästigt. Ein ausgezeichnetes Oberhaupt hat dagegen Untergebene, die ihm erquickende Ruhe gewähren. Sie werden von ihm behütet, und er wird hinwiederum von ihnen erfreut. Unsere Vorsteher haben uns vernachlässigt und wir sie. Unsere Leiden kümmern sie nicht, und wir sind gegen die ihrigen gleichgültig. An demselben Körper sind Spaltungen, weil Haupt und Glieder uneins sind. Die Tiere auf den Bergen sind einig, in der Kirche aber sind die Seelen uneinig. Wer fühlt wohl über dieses gemeinsame Leiden Schmerz? Nachdem wir den Weg vollendet haben, kehren wir um, seinen Anfang zu suchen. Wir sind am Ende des Weges angelangt und haben noch nicht begriffen, welches sein Anfang ist. Unsere Reise ist am Ende, und wir suchen noch ihren Anfang. Nachdem wir unter Meistern alt geworden, kommen wir dahin, wieder Schüler zu werden. Nachdem wir das Buch zu Ende gelesen haben, fangen wir an, lesen zu lernen.

12.

Knaben, die gestern noch in die Schule gingen, blühen plötzlich auf wie die Staude des Jonas [64]. Siehe, schon bilden sie eine neue Glaubensnorm an Stelle jener, welche die Heiligen gebildet haben; sie ist aber voll des Stoffes zu Streitigkeiten, eine Quelle von Zwisten und Kriegen, selbst Bescheidene berauschend und in Raserei versetzend, so daß sie mit jedem Worte Unsinn reden. Sie macht den Mund zum Strome und das Gehör zur Furt. Stille und Schweigsame sehen sie und werden zänkisch und streitsüchtig. Freunde und Kameraden sehen sie und zücken die Zungen gegeneinander. Die sich sonst zärtlich liebten, sehen sie und hassen sich. Einträchtige und Gleichgesinnte sehen sie und verursachen Schismen und Spaltungen. Seit langer Zeit Vertraute sehen sie und zerreißen das Band langjähriger Liebe. Ehrwürdigkeit sieht sie und wird dadurch zur Ausgelassenheit. Verständigkeit sieht sie, und das Salz der

Wahrheit wird schal. Die Demut sieht sie und bekommt Hörner zum Stoßen. Der Knabe, der am Anfang des Lebens steht, sieht sie und schmäht den sechzigjährigen Greis; der siebzigjährige Greis sieht sie und lästert siebenmal siebzigmal ärger. Hirten sehen sie und werden dadurch zu Tyrannen. Schweigsame Lämmer sehen sie und werden durch Grübeln zu Panthern. Tauben sehen sie und werden zu giftigen Nattern.

13.

Der Eingeborene hat zwei Seiten, eine verborgene und eine sichtbare. Die sichtbare läßt sich nicht verbergen und die unsichtbare läßt sich nicht erforschen. Der allerschlaueste Satan zieht uns von der sichtbaren Seite ab und umstrickt uns mit der verborgenen, damit wir ja nicht das Leben durch die sichtbare erlangen. Schauet den Vater, seinen Erzeuger, an! Auch er hat zwei Seiten. Daß er ist, begreift jedermann; aber sein verborgenes Wesen ist unerforschlich. Seine sichtbare Seite ist so offenbar, daß auch Toren erkennen, daß er ist; aber seine verborgene Seite ist so verborgen, dass selbst die Engel nicht begreifen, wie sie ist. Ja, nicht bloß diese Majestät [Gottes] ist unbegreiflich, sondern auch alle Geschöpfe haben zwei Seiten, eine sichtbare und eine verborgene. Man kann zwar die einzelnen Wesen erkennen, aber ganz erfaßt man sie nicht. Wenn also selbst die Geschöpfe dieses Zweifache an sich haben, daß sie verborgen und doch wieder sichtbar, erkennbar und doch wieder nicht erkennbar sind, um wieviel mehr muß dies dann beim Schöpfer und beim Sohne des Erschaffers der Fall sein, daß sich beides vorfindet: eine sichtbare [65] und eine verborgene Seite? Es gibt daher ein Wissen von seiner Sichtbarkeit und ein Nichtwissen von seiner Verborgenheit. So sicher man weiß, daß er ist, so wenig weiß man, wie er ist. Zur Erkenntnis seiner Sichtbarkeit gibt es einen Weg; Verwirrung aber ist es, seine Verborgenheit ergründen zu wollen.

14.

Frägst du, ob der Sohn existiert, so erfährst du dies im Augenblicke; frägst du aber, wie er ist, so bleibt die Frage offen, bis er kommt. Auch wenn du ihn sehen würdest, könntest du doch nicht wissen, wie er ist. Wenn du dann darüber forschen würdest, so würdest du gar nicht mehr sehen, was du früher gesehen hast. Und wenn du die geschaute Herrlichkeit untersuchen würdest, so würdest du nicht mehr wissen, daß du sie geschaut hast. Und wenn du dieses im Himmelreiche untersuchen wolltest, so bestünde dort deine Qual darin, daß du dich mit dem Forschen über Christus quälst, während die andern alle sich an Christus erfreuen. Eher wäre Hoffnung, aus der Hölle herauszukommen, als daß dort deine Pein aufhören würde, wenn du das Forschen nicht aufgeben würdest. Übrigens, wenn du in dieser Weise grübelst, so nimmt dich das Reich dort gar nicht auf, damit du nicht durch deinen Eintritt Zwietracht in den Ort der Eintracht hineinbringst. Das Himmelreich verschafft der hl. Kirche Sühne; denn die Aufwiegler, welche sie hier beunruhigen, kommen nicht in jenes Reich hinein. Die da Streitigkeiten verursachen, finden nicht Eingang in den Garten des Friedens. Die wahre Kirche diesseits ist ein Abbild des Reiches jenseits. Gleichwie nämlich im Himmelreiche Eintracht herrscht, so muß auch in der hl. Kirche Einigkeit sein. Wenn es dort keine Grübler gibt, warum sollen dann hier Forscher sein? Wenn dort Ruhe und Friede walten, warum soll dann hier Streit sein? Den Einen Sohn sieht man dort und durch ihn seinen Einen Erzeuger. Niemand forscht und grübelt dort, jeder betet an und lobpreist. Wenn dieses den Engeln genügt, warum sollte es nicht auch den Gefallenen genügen? Wenn Geist und Feuer schweigen, soll sich dann Staub und Asche lächerlich machen? Der Himmel und seine Bewohner benehmen sich ehrfurchtsvoll, die Erde und ihre Bewohner dagegen wahnwitzig.

15.

[66] Gebenedeit sei derjenige, der wegen dieser Verkommenheit Drangsale herbeiführte. Er hat offenkundige Räuber herbeigeführt, weil uns Nachbarn im tiefsten Frieden beraubt haben. Er hat den Weg der Irrgläubigen begünstigt, weil die Gelehrten ihn verkehrt haben. Die Irrgläubigen verwüsteten das Heiligtum, weil wir die Lüge mit der Wahrheit verbanden. Weil die Priester einander stießen, darum erhoben die Irrgläubigen das Horn. Welche Rolle wäre für uns groß genug, um darauf die Streitigkeiten zu schreiben? Weil die Brüder sich gegenseitig verfolgten, darum verfolgt nun einer viele [67] Weil wir uns von unserem Helfer abgewendet haben, machte er uns zum Gegenstande des Schimpfes für unsere Nachbarn. Da seine Worte uns gleichsam zum Gespötte geworden sind, so sind auch wir zum Gespötte und zum Gerede geworden. Betrachten wir die Künste und nehmen wir von ihnen ein Beispiel! Wer ausgezeichnet arbeitet, dessen Kunst wird gerühmt; wer aber seine Kunst stümperhaft und schmählich betreibt, der wird auch von allen geschmäht. Der Schöpfer hat also den Künsten die Gerechtigkeit beigesellt, damit auf die Künstler die Unbilden zurückfallen, die sie den Künsten antun. Um so mehr wird bei dem, der der Gerechte ist, das Gebührende besorgt werden. Weil wir unseren Weg verachtet und großer Beschimpfung preisgegeben haben, so hat uns der Herr unsern Nachbarn zum Schimpfe gemacht, so daß wir von ihnen Verhöhnung davontragen. Seht, die Irrgläubigen fragen uns: „Wo ist denn da die Kraft der Wahrheit?" Also an uns wird jetzt die Kraft geschmäht, die alle

Kräfte überwindet! Weil unser freier Wille seine Kraft verbarg und die Wahrheit nicht siegreich verteidigte, so verbarg auch die Wahrheit ihre Kraft, damit die Irrgläubigen uns verhöhnen.

16.

Grausame Rächer haben sich erhoben, freche Räuber sind eingedrungen. Weil wir durch Grübelei entzweit sind, haben sie sich zum Kriege vereinigt. Weil wir durch Forschen entzwei sind, verbinden sie sich zur Plünderung. Weil wir dem Sohne nicht gehorchen, gehorchen sie ihrem Oberhaupte, Weil wir das Gebot verachten, ist dort das Gebot stramm. Weil hier die Anordnungen [mit Füßen] getreten werden, werden sie dort genau beobachtet. Dort erwachen die Gesetze, die bei uns gestorben sind, zu neuem Leben. Weil wir unter uns uneins sind, folgen dort alle Einem. Niemand forscht über den König nach und fragt, wie und wo er sei; wir aber grübeln zum Zeitvertreib über den Sohn des Herrn des Alls nach. Schon durch den Wink jenes Sterblichen werden seine Heerscharen erschreckt; in der Kirche werden die hl. Schriften mit Füßen getreten, und man erzählt sich dafür seine eigenen Phantasien [68]. Was wir hier ausgeliehen haben, das wird uns von dort heimgezahlt [69] Die Habgier [70] ist anderswo erloschen, hier dagegen ist ihre Glut entbrannt. Die Diebereien, die dort nachgelassen haben, stehen hier in [voller] Kraft. Während man dort der Blutsaugerei zu Leibe geht, findet sie bei uns freudiges Entgegenkommen. Während dort die Betrügerei abflaute, haben wir hier ihre Stärke verdoppelt. Und wenn wir auf die Wahrheit zu sprechen kommen, wer steht bei uns in der Wahrheit fest?

17.

Siehe, auch sie [die Wahrheit] ist gegen uns: denn gerade durch die Irrgläubigen richtet Er uns. Dort wird die Sonne verehrt, aber niemand grübelt über sie, die doch nur ein Geschöpf ist; hier aber verachten wir den Schöpfer, indem jedermann den Anzubetenden untersucht. Statt des Feuers, das man dort anbetet, erforscht man hier dessen Herrn. Dort wird das Wasser verehrt, wir aber schätzen unsere Taufe gering. Jene verehren in ihrem Irrtum Geschöpfe statt des Schöpfers; wir aber, die wir doch die Wahrheit kennen, ziehen ihm den Mammon vor. Wir sind noch darauf sehr stolz und irren gegen besseres Wissen. Weil wir unserem Denken keine Schranke ziehen, stürzen die Feinde die Mauern unserer Stadt [71] um, und weil wir unserem Sinnen keine Ruhe gönnen, verwüsten Auswärtige unsere Fluren. Weil unser Herz ganz an der Erde hängt, begraben sie uns unter Erdhaufen [72]. Weil wir nicht nach der Liebe dürsten, werden wir durch Durst gestraft. Weil wir des Erwerbs wegen umherschweifen, irren unsere Gefangenen [73] im Gebirge umher. Weil wir Spreu statt Weizen geworden sind, worfelt uns der Ostwind [74]. Weil wir nach allen Seiten hin ausschwärmen, werden wir nach allen Seiten hin zerstreut. Weil wir nicht zu dem einen Zufluchtsorte eilen, werden wir von einem Orte zum andern gejagt. Weil wir mitten im Frieden tot waren, darum entschlafen wir auf den Straßen. Weil wir die Armen nicht speisen, sättigen sich die Vögel an unseren Leichnamen. Unsere Hirten, die sich so sehr brüsteten, werden nach dem Lande der Magier geschleppt. Unreine stecken unsere Kirchen in Brand, weil wir darin nicht richtig beten; den Altar zertrümmern sie, weil wir ihm nicht gewissenhaft dienen. Die hl. Schriften zerreißen sie, weil wir deren Vorschritten nicht beobachten.

18.

Doch er, den wir verließen, verläßt uns nicht; er will uns nur züchtigen und dadurch wieder gewinnen. Es erhob sich eine einige Macht und drang auf unsere entzweite Einigung ein. Scharfe Gewalthaber standen auf, räuberische Richter drangen ein. Von der Ferne rückte ein Krieg an, weil mitten unter uns ein großer Krieg war. Bevor die Bogenschützen kamen, waren versteckte Bogenschützen bei uns. Bevor die gezückten Schwerter kamen, waren gezückte Zungen unter uns. Durch den Haß, den in unserer Mitte gespannten Bogen, schleudern wir gespitzte Pfeile. Niemand ist da, der nicht auf den andern schießt; wir schießen alle aufeinander. Der Gerechte [75] führt Übel herbei, um dadurch unseren Übeln ein Ende zu machen. Er führt Bogen herbei, um dadurch den Bogen des Neides zur Ruhe zu bringen. Er schleudert auf uns sichtbare Pfeile, um den verborgenen Pfeilen ein Ende zu machen. Er führt geharnischte Feinde herbei, damit wir unsere Schlechtigkeiten ablegen und infolge des Panzers der Auswärtigen den Panzer der Wahrheit anlegen. Wenn er gezückte Schwerter über uns kommen läßt, so sollen die gezückten Zungen zur Ruhe kommen. Wenn er den Bogen des Assyrers herbeiführt, so soll die Begierde nicht mehr ihre Pfeile abschießen. Durch das Schwirren der Bogensehne draußen soll der Spott drinnen zur Ruhe kommen. Infolge der Furchtbarkeit und Wucht der Elefanten sollen wir uns nicht mehr über Niedrige stolz erheben. Bemühen wir uns doch, Buße und Selbstverleugnung unter uns zu säen, denn von allen Seiten sind innen und außen Kämpfe über uns hereingebrochen.

Fußnoten

1. Dan. 4,10. 14.
2. d.h. die Engel
3. wörtlich: Bruder
4. 2 Mos. 34,29 ff.
5. Vgl. Apg. 17,27 f.
6. Joh. 9,6-8 [Heilung des Blindgeborenen].
7. D. h. der Anfang der Buße ist hart, das Ende erfreulich
8. Frucht = der ewige Sohn; Wurzel = der ewige Vater.
9. Petrus.
10. Matth. 16,17.
11. Ebd.
12. Matth. 11,27; Joh. 10,15.
13. Wortspiel im Syrischen.
14. Wortspiel im Syrischen.
15. Ebenfalls Wortspiel im Syrischen.
16. Ebenfalls Wortspiel im Syrischen.
17. d.h. mühelos.
18. wörtlich „ein Prüfungsorgan", wenn nicht nûrô = „Licht" statt kûrô zu lesen ist.
19. d.h. volle Einsicht gewährt.
20. 2 Kor. 8,9.
21. d.h. über den Stummen und den Tauben.
22. Danach scheint Ephräm die Entstehung der Quellen durch immerwährende Neuschöpfung zu erklären.
23. Dan. 3,49-50.
24. Die Einheimischen = die Christen, die Auswärtigen = die Heiden.
25. Obwohl es deutlich ist, daß die Sonne ein Geschöpf Gottes ist, nennen sie dieselbe doch Gott.
26. Er wollte Gott gleich sein, hatte aber schon das Eberbild Gottes und verlor dann die Gnade, wodurch er es war.
27. Luk. 16,22.
28. Gal. 3,6.
29. Joh. 8,56.
30. Die Bindung Isaaks auf dem Berge Moria.
31. 40-45 hat Zingerle nicht übersetzt.
32. Diese kleinen Sätzchen sind großenteils nur sehr freie, sinngemäße Zitate und daher nicht genau zu lokalisieren. Die meisten gehen

auf die Gedanken in Is. 1,13 f., Os. 2,13 und die bekannten Ausführungen im Römer- und Galaterbrief zurück.
33. Vgl. Apg. 10,13.
34. Gen. 17,10.
35. Die Lösung dieser scheinbaren Widersprüche liegt nicht auf der Oberfläche, man muß tiefer in den Geist der hl. Schriften eindringen.
36. d.h. jenem, zu dessen Zeit die Bibel abgeschlossen wurde.
37. d.h. Marcion und seine Anhänger.
38. Jer. 23,29. Die Peschito übersetzt diese Stelle: „Siehe, meine Worte gehen aus wie Feuer und wie Eisen [eisernes Werkzeug], das Felsen zerschneidet, spricht der Herr."
39. gzorô = Herde gzurtô = Beschneidung, gzar = schneiden sind Wortspiele.
40. Wegen des Messias, der aus dem Judenvolke hervorgehen sollte.
41. Vgl. Deut. 10,16; Jer. 4,4.
42. 48-52 inkl. hat Zingerle nicht übersetzt.
43. Als Christus nach Ägypten floh, war das Land noch voll Götzendienst, jetzt sind die Völker christlich geworden.
44. Das Wunder beim Durchzug durch das Schilfmeer wiederholte Gott für das abtrünnige Volk nicht mehr.
45. Nach der nur der Peschito angehörenden Lesart von 2 Chron. 33,7, die jedoch von allen von Barnes [An Apparatus criticus to Chronicles in the Peshitta Version, Cambridge 1897] verglichenen Handschriften bezeugt, aber sonst von keiner Version gestützt wird, stellte König Manasses im Tempel ein Götzenbild mit vier Gesichtern auf. Dieses Götzenbild begegnet uns als der Superlativ der Idololatrie wiederholt bei Ephräm und anderen Syrern, ist aber auch den Griechen nicht ganz unbekannt; so finden wir es z. B. bei Eusebius, Chronicorum 1. II. R. XL, MSG. 19,449 und Ps. Basilius, de poenitentia 3, MSG 31,1480 erwähnt. Nach Ephräm, Rede über d. Propheten Jonas. § 48 [II. syr.p. 384 AB.], hätte es der Ephrämite Micha [Judic. 17 u 18] anfertigen lassen. Auch Seder olam rabba [ed. Ratner c. 24] glaubt zu wissen, daß der Götze des Manasses kein anderer gewesen sei als der des Micha. Wahrscheinlich hat man die Stellen Judic. 18,14. 18. 20 dahin verstanden, daß das Götzenbild zugleich Gußbild, Schnitzbild, Ephod und Teraphim war und es sich daher als viergestaltig, die verschiedenen Gestalten auf die vier Seiten verteilt, vorgestellt. Wahrscheinlich unterstützte ein tatsächlich vorhandenes ähnliches

Idol diesen Gedankengang. Vgl. auch die Monographie: Der Báαλ τετράμορφος und die Kerube des Ezechiel, von Dr. P. Simon Landersdorfer O. S. B., Paderborn 1918; bes. S. 35 ff.
46. Statt bachjoreh [„bei seinem [Gottes] Anblick"] ist banchîreh [vgl. Ezech. 8,19 ed. Lee] zu lesen und wie oben zu übersetzen.
47. Ezech. 8, 17 [= 8,19 Peschito ed. Lee] gehört zu den correctiones scribarum. Nach rabbinischer Überlieferung hätten die Masoreten ein ursprüngliches appi [„meine [Gottes] Nase"] in appam [„ihre Nase[n]] aus Schicklichkeitsgründen geändert. Man nimmt an, die Masoreten hätton zemura = crepitus ventris aufgefaßt und die Stelle im Sinne von : crepitus ventris foetorem dederunt in nares meas [Dei] verstanden, welche Auffassung, wie Knabenbauer in seinem Kommentar richtig bemerkt, besser als jede andere in den Kontext paßt. Da aber das „in nares meas i. e. Dei" den Masoreton zu graß erschien, änderten sie das Suffix und erhielten dann die Abschwächung: „in nares suas". Davon scheint Ephräm Kunde gehabt zu haben, wenigstens bis zu einem gewissem Grade ; er schreibt jedoch die Abschwächung dem Propheten selbst zu. Jetzt übersetzt man die Stelle gewöhnlich im Hinblick auf eine Kultsitte der Perser und Sabier: „Nun siehe, wie sie den Reiserbüschel an ihre Nase halten." Vgl Schmalzl, Das Buch Ezechiel 1905 S. 94.
48. der Propheten
49. Anspielung auf das Schweben des Hl. Geistes über den Wassern [Gen. 1,2] und bei der Taufe Jesu.
50. Matth. 16,17.
51. Daß nämlich Jesus der Christus, der Sohn des lebendigen Gottes, sei [Matth. 16,16].
52. Wörtlich: Wer vereinigt ihr Getrenntes und wer kennt ihr Verbundenes? Nur sie wissen es.
53. Das folgende bis Nr. 3 hat Zingerle nicht übersetzt.
54. Wörtlich: Das [absolute] Sein.
55. Um sich eine Idee von der Unendlichkeit der möglichen Geschöpfe zu machen. Die Mathematik kann dies vermitteln.
56. Die Übersetzung Zingerles: „weil sie schnelle Sprünge zum Reden über etwas machen lehrt" gibt keinen rechten Sinn; ich habe daher obige Übersetzung gewagt. Wörtlich: „Sie lehrt schnelle Sprünge zu machen, um Wiederholungen zu wiederholen" d.h. um so oft eine Zahl zu wiederholen, als eine andere Zahl angibt, also zu multiplizieren.

57. Aus den angeführten Beispielen läßt sich schließen, dass es bei noch höheren Zahlen ebenso weiter geht, daß die Sprünge von einer Zahl zur andern bis ins Unendliche fortgestzt werden können
58. 2 Kor. 2,15.
59. Priester bezw. Bischof.
60. wegen der Kirche.
61. Matth. 16,16.
62. Die Blinden sind die Juden, weil sie die Wahrheit nicht sahen.
63. Os. 4,9.
64. Jon. 4,6 ff.
65. Vor allem für das geistige Auge sichtbar.
66. Vgl. zum Folgenden die Vorbemerkung.
67. Vgl. 5 Mos. 32,30.
68. der Text hat sofrê = Schriftgelehrten. Dann würde die Übersetzung lauten: In der Kirche mühen sich die Gelehrten ab, und man erzählt sich gegenseitig seine Phantasien. Dann fehlt aber die Antithese zum „Winke des Königs". Daher ist sefrê = [hl.] Bücher zu lesen und wie oben zu übersetzen.
69. Wir büßen durch die Feinde, was wir uns gegenseitig angetan haben. Hier = in unserem Lande.
70. Statt des unmöglichen anuthô ist ja
71. nuthô zu lesen.
72. Nisibis
73. Gemeint ist der rings um die Stadt aufgeworfene Damm. Siehe Vorbemerkung.
74. Unsere von den Feinden gefangenen Landsleute
75. Die von Osten kommenden Feinde, die Perser.
76. d.h. Gott.

REDE ÜBER DIE GOTTESFURCHT UND DEN JÜNGSTEN TAG

VORBEMERKUNG

Diese Rede steht in der römischen Ausgabe unter den achtzehn Sermones de diversis an dreizehnter Stelle [1] unter dem Titel: De timore Dei et consummatione seculi. Sie ist dem Cod. vat. 117, sect. 59 des zwölften Jahrhunderts entnommen und dort als Ephräms Werk bezeichnet. Andere handschriftliche Zeugnisse für die Echtheit dieser Rede sind bis jetzt nicht beigebracht worden. Das Metrum ist allerdings das Lieblingsmetrum Ephräms, siebensilbige Verse, was aber für diese Frage nichts besagen will, da öfters in den Handschriften Gedichte im Versmaße Ephräms, aber anderer Herkunft, wegen dieses Metrums ihm irrigerweise zugeschrieben werden.

Inhalt: Die Rede gliedert sich in zwei Hauptteile. Der erste Teil preist die Furcht Gottes und schildert ihre Vorteile für den Menschen an der Hand biblischer Beispiele [1-5]. Ihr entgegengesetzt ist die Furcht, welche die Sünde dem Sünder schon hienieden einflößt [6], die aber beim allgemeinen Gerichte und Endurteil zum namenlosen Entsetzen und Schrecken wird, wie der zweite Teil [7-11] ausführt, um mit einem Gebete um Erbarmung [12] zu schließen.

Fußnoten

1. III. syrisch-lateinischer Band S. 629-638

REDE ÜBER DIE GOTTESFURCHT UND DEN JÜNGSTEN TAG

1.

Der Weisheit Anfang ist in Wahrheit die Furcht des Herrn, und der ist weise, der sich vor dem Herrn fürchtet. Wer Gott fürchtet, hält alle seine Gebote und tut allen seinen Willen und vollzieht alle seine Worte. Erwirb dir denn die Furcht Gottes, liebe seine Zucht und Weisheit! Umfasse und liebe sie; denn sie wird dich mit der Krone des Lebens krönen! Die Furcht Gottes ist der Anfang jeder Art Weisheit, und wo sie nicht ist, wird gar nichts Gutes gefunden. Der Weg des Herrn ist gut, auf ihm wandeln die Weisen; wer aber nicht darauf wandelt, irrt in allem Bösen herum. Die Weisen weichen vom Worte aus dem Munde [1] des Herrn nicht ab; denn es ist eine Quelle alles Guten, die sich in Fülle aus seinen Lehren ergießt. Liebe die Furcht Gottes und wandle ohne Makel auf seinem Wege, so findest du die Pfade des Lebens, die dich ins Himmelreich führen.

2.

Einem Diener, der sich vor seinem Herrn fürchtet und in allem seinen Willen tut, gibt dieser Gewalt über sein Reich und macht ihn zu seinem Hausverwalter Wer sich vor dem Herrn fürchtet und alle seine Gebote hält, dem gibt er über all das Seinige Macht und teilt ihm allen seinen Reichtum mit. Moses war ein eifriger Diener, er fürchtete sich sehr vor Gott. Der Herr machte ihn zu seinem Hausverwalter und vertraute seiner Hand alle seine Schätze an. Er unterwarf die Welt seinem Joche, und die Elemente wurden ihm untertan. Wohin er immer seinen Blick wandte, wurden die Geschöpfe von Schauder ergriffen. Er machte ihn zum Herrn und Gebieter und nannte ihn sogar Gott [2], so daß er Zeichen und Wunder wie der wahre Gott wirkte. Da er aus Ägypten zog, tanzten die Berge vor ihm, und die Hügel hüpften frohlockend auf [3], um seinen Auszug festlich zu feiern. Das Meer erbebte vor ihm, und sich teilend bahnte es eine Straße in seinem Schoße. Wie eine Mauer standen die Gewässer [4], damit der Hirte und seine Herde durchziehen könnten. Josue, der Sohn Nuns, sein Jünger, war gleichfalls voll Gottesfurcht und teilte den Fluß Jordan, um das Volk in das Erbe hineinzuführen. Er ließ über die ummauerte Stadt [5] ein Geschrei erheben, und sie stürzte über ihren Bewohnern zusammen. Er schalt den schnellen Umlauf der Himmelssphäre, und sie stand plötzlich still. Er hemmte die zwei großen Wagen der Sonne und des Mondes, weil es ihn drängte, an den Feinden Gottes Rache zu nehmen. Er gebot der Höhe, und sie hörte auf ihn und schleuderte Hagelsteine auf die Kananiter herab, um sie zu erschlagen, damit sie seinem Schwerte nicht entrannen [6]. Elias, der Wundermann, von Eifer entflammt und von Gottesfurcht entzündet, die Gottlosen zu vertilgen, gebot wie Gott dem Himmel, und dieser hörte auf sein Wort: „Sende weder Regen noch Tau hernieder, bis ich es befehle!" [7]

3.

Weil diese hl. Männer sich vor Gott fürchteten, fürchteten sich die Geschöpfe vor ihnen und unterwarfen sich ihrem Befehle. Sie waren eine Wohnung für Gott, daß er in ihnen weilte und wohnte, und die Geschöpfe sahen seine hehre Macht und fürchteten sich vor ihnen. Wer nämlich Gott fürchtet, vor dem fürchten sich auch die Geschöpfe, und wenn er die Gebote Gottes hält, dann halten sie sein Gebot. Himmel und Erde, Meer und Licht und alles darin gehorchen jenem, der die Furcht Gottes in seinem ganzen Herzen trägt. Wer sich vor dem Herrn fürchtet, ist über jede andere Furcht erhaben und läßt alle Schrecknisse der Welt weit hinter sich zurück. Fern ist er von aller Furcht, keine Angst naht ihm jemals, wenn er sich vor Gott fürchtet und alle seine Gebote beobachtet. „Ich habe den Herrn vor Augen, auf daß ich mich weder fürchte noch wanke", sprach David [8], der voll Gottesfurcht war. Wie ein Ziel und Absehen stellte er sich Gott vor Augen, und darum sagte er: „Ich fürchte mich nicht und wanke nicht." Weder vor den Schrecknissen der Welt, noch vor den Furchterregungen seitens des Teufels fürchtet oder ängstigt sich, wer Gott fürchtet. Vor dem, der sich vor dem Herrn fürchtet, fürchtet sich Satan, und seine Heere erbeben vor dem, der die Gebote hält. Den Tod, welcher jedem Menschen entsetzlich ist und vor dem die Sterblichen zittern, sieht derjenige, welcher sich vor Gott fürchtet, für ein Freudenmahl an. Der Tod fürchtet sich, jenem zu nahen, der sich vor Gott fürchtet, und bevor es ihm nicht geboten wird, kommt er nicht, seine Seele von seinem Leibe zu trennen.

4.

Wenn die Gottesfurcht [in einer Seele]) herrschend wird, macht sie mit sich auch die Demut herrschen. Dann läßt sich Gott herab und nimmt in der Seele seine Wohnung, bleibt in ihr, weilt in ihr, ist sozusagen ihr Hüter und vertreibt aus ihr alle Schrecknisse. Die Seraphim zittern vor seinem Glanze, und die Cherubim erbeben vor ihm. Zeigt er sich seinen Geschöpfen, so verschwinden sie wie Rauch, und wenn er den Welten seine Gewalt kundtut, entbrennen sie wie Stoppeln und vergehen; welche Furcht aber kann in den kommen und welcher Schrecken dem nahen, in dessen Seele Gott sich niedergelassen hat und darin als Einwohner weilt? Nur weil wir die Furcht Gottes, vor dem alles angstvoll zittert, verlassen haben, fürchten wir uns vor den Tieren, die unserem Joche unterworfen sind, vor den Tieren, die unser Schöpfer uns vom Anfang an unterjocht und gegeben hat, nicht damit wir uns vor ihnen fürchten, sondern daß sie vor uns erbeben, „Furcht und Schrecken vor euch befalle die ganze Schöpfung!" [2] So sprach Gott schon anfangs zu dem Menschen; allein wir haben die schöne Ordnung verkehrt, so daß wir uns vor ihnen fürchten und vor ihnen fliehen, weil wir die Furcht Gottes verloren haben. Weil wir uns vor Gott nicht fürchten, daher kommt es, daß wir uns vor den Tieren fürchten, und weil wir seine Gebote nicht beobachten, darum jagen uns sogar Käfer Schrecken ein. Aus Furcht fliehen wir häßliches und abscheuliches Gewürm, das wir mit Füßen zu treten geheißen sind [10], und erschaudern davor voll Schrecken. Vor der verfluchten Schlange fürchtest du dich, aber vor Gott fürchtest du dich nicht! Vor einem Skorpion weichst du entsetzt zurück, aber vor dem Worte Gottes zitterst du nicht! Ein Kamel erregt dir Furcht, ein Löwe jagt dir Angst ein, vor einem Bären, Panther, Hund fliehst du erschrocken und von Schauder ergriffen, [aber vor Gott fürchtest du dich nicht!] [11].

5.

Die Furcht vor Gott fesselte in der Grube die Löwen, die mit dem Gerechten [Daniel], der Gott fürchtete, dort eingeschlossen waren. Wie Eisen war der Körper jenes Heiligen für ihre Zähne, und weil er voll Gottesfurcht war, zähmte er die Verderber. Den herrlichen und schönen Jünglingen, die aus Gottesfurcht die Furcht vor dem Könige verachteten und das tote Bild verspotteten, machte sie [die Gottesfurcht] das Feuer, dessen Flammengewalt jedem Nahenden schrecklich war, zu einem betauten Arme, sie zu umfangen und zu küssen. Gleich einer zärtlichen Mutter, die ihre Kinder umarmt und küßt, umfing und küßte die Flamme die Jünglinge. Sie löste ihnen ihre Fesseln, weil sie die Macht ihres Herrn an ihnen sah, hielt ihre Glut von ihnen zurück und beschützte sie mit Tau. Weder Wasser noch Feuer, weder Tiere noch ganze Völker: nichts gibt es, was jenen, die Gott fürchten, Furcht einflößen würde. Wer sich vor Gewässern fürchtet, der denke an den großen Moses, den das große Meer nicht erschreckte, sondern beim Durchzuge verherrlichte. Wer sich vor dem Feuer fürchtet, der schaue auf die Jünglinge im Ofen, die das Feuer nicht erschreckte, sondern mit seinen Flügeln [12] liebkoste. Wer sich vor den Tieren fürchtet, der blicke auf den Gerechten in der Grube, der die Löwen so zahm wie unschuldige Lämmer machte. Wer vor Völkern bebt, die mordlustig nach Krieg dürsten, der liebe das Gebet des Ezechias, das viele Tausende niederstreckte [13]. Die Märtyrer fürchteten sich nicht vor dem Feuer und bebten nicht vor seiner Glut zurück.

Weder Leiden noch Drangsale, weder Schwerter noch Sägen erschreckten sie [14]. Nichts gibt es, was über die Furcht Gottes den Sieg davonzutragen vermöchte. Alle Leiden und Todesarien besiegt sie. Ja, gar nichts gewinnt über sie den Sieg, weil sie mit großer Kraft gegürtet ist. Die Furcht gleicht der Liebe, die Liebe gleicht der Erbarmung, und diese drei Tugenden bilden eine Wohnung für Gott.

6.

Wer sich vor Gott fürchtet, für den ist es unmöglich, eine Sünde zu begehen, und wenn er seine Gebote beobachtet, dann ist er fern von allem Bösen. Wer Sünde tut, von dem ist Gott fern, und daher erfüllt ihn der Böse mit Furcht, und er lebt nur mehr in Angst. Weil wir die Furcht Gottes des Allerhöchsten verlassen haben, ist die Sünde mit ihren Schrecknissen eingedrungen und verursacht Zittern und Beben. Wer Sünde verübt, von dem fordert sie Furcht, daß er sich vor ihr scheue und sie [die Sünde] zu verbergen suche, weil sie ein tödliches Gift ist. Die Sünde bringt Furcht mit sich, so daß man sie nur heimlich zu begehen wagt; denn sie will sich nicht offenbaren, weil sie häßlich und verderblich ist. Weil sie abscheulich ist, versteckt sie sich, und weil sie ein Gift ist, verbirgt sie sich. Wäre sie nicht so häßlich, so würde sie sich nicht zu verstecken suchen; wäre sie kein Gift, so würde sie sich nicht zu verbergen suchen. Wer Sünde begeht, strebt aus Furcht vor ihr, sie zu verbergen und zu verheimlichen, auf daß ihre Abscheulichkeit nicht ans Licht komme. Sie fürchtet sich vor der Schmach, errötet vor der Schande, schämt sich ihrer Scheußlichkeit und scheut sich, das Licht zu sehen. Einen Menschen mit häßlichem Gesichte mag kein Auge anschauen; wer aber schön von Angesicht ist, wird von jedem Auge mit Wonne betrachtet. Weil die Finsternis sehr häßlich ist, verlangt kein Auge sie zu sehen; jedoch am Anblick des Lichtes kann kein Auge sich satt sehen, weil es so schön ist. Die Sünde schleicht im Finstern umher und flieht vor der Helle; denn wenn sie sich im Lichte zeigen würde, dann würde jedermann vor ihr fliehen. Die Sünde wandelt im Dunkeln und fürchtet sich vor dem leisesten Laute, und wer sie begeht, fürchtet sich sogar vor seiner eigenen Stimme. Wer ein Dieb ist, der spricht nicht laut; und wer ein Ehebrecher ist, der läßt kein Geschrei vernehmen. Der Dieb lispelt nur leise, der Ehebrecher flüstert, der Lüstling bedient sich bisweilen nur eines Winkes mit dem Auge. Er fürchtet seinen eigenen Mund, weil er die Sünde schweigend begehen will, und statt mit Mund und Zunge spricht er mit den Augenbrauen und den Wimpern. Furcht verursacht der Ehebruch dem Ehebrecher, Angst und Zittern bereitet das Stehlen dem Diebe. Vor jeder Sünde, die begangen wird, fürchtet sich ihr Täter; schon das Reden von ihr erregt ihm Besorgnis, sie möchte aufkommen und bekannt werden. Der Tor [der ein Verbrechen begehen will] bebt erschaudernd vor dem Knistern seiner Säume, ja vor seinen eigenen Tritten aus Furcht, ihr Schall möchte gehört und er selbst ertappt, beschämt und beschimpft werden. Erlauscht er irgendeinen Laut, so steht er starr wie ein Stein; bellt etwa ein Hund, so fährt er aus Furcht davor zusammen; regt sich etwas, so ergreift er eilends die Flucht durch das Fenster. Zur Türe geht er nicht hinaus, sondern enteilt über Mauern und Zäune, und ob auch seine Füße wund werden, er merkt es vor lauter Furcht nicht. Der Böse ist in ihn gefahren, haust in seiner Seele und erfüllt ihn mit Schrecken und Schauder; wohin er auch gehen mag, seine Schritte sind voll Aufregungen und Gefahren.

7.

Wenn nun schon das heimliche Begehen der Sünde solche Angst verursacht, welches Entsetzen wird sie erst bewirken, wenn sie ans Tageslicht kommt! Wenn die Sünde schon hier demjenigen, der sie begeht, Furcht einjagt, wie groß wird erst die Furcht sein, die sie ihm verursachen wird, wenn er vor dem Richter stehen wird! Der Dieb und der Ehebrecher schämen sich, wenn nur ein Mensch sie sieht; wie groß wird dann die Beschämung sein, in der sie dastehen werden, wenn Himmel und Erde auf sie blicken werden! Kein einziger Gedanke, der je im Herzen war, bleibt zurück, daß er nicht herausträte; auch nicht einen einzigen Augenblick gibt es, der dort nicht erschiene und vor Gericht stünde. Alles Geflüster und Gelispel schändlicher Leidenschaft wird an jenem Tage vom gerechten Richter, der das Verborgene öffentlich richtet, offenbar gemacht werden, Er ruft Himmel und Erde herbei, um mit ihm zum Gerichte zu kommen. Die Bewohner der Höhe und der Tiefe stehen mit Zittern und Beben da. Die Heerscharen von oben und die Heerscharen von unten erbeben voll Angst vor dem erbarmungslosen Richter, der mit Schrecken und Tod gerüstet dasteht. Der Himmel rollt sich vor Entsetzen zusammen, und die Gestirne fallen von ihm ab wie unreife Früchte vom Feigenbaum und wie Blätter von den Bäumen. Vor Furcht verfinstert sich die Sonne, bebend erbleicht der Mond, die hellen Sterne verdunkeln sich aus Angst vor jenem Gerichte. Aufgeschreckt kehrt das Meer sich um, verschwindet, versiegt und ist nicht mehr. Der Erde Staub gerät in Brand, so daß er völlig zu Rauch wird. Die Berge zerschmelzen vor Furcht wie Blei im Ofen, und wie brennender Kalk qualmen zusammensinkend alle Hügel.

8.

Gott steht auf, um zu richten, und erhebt sich gegen seine Feinde; da befällt Zittern die Schöpfung, und sie wird wie tot. Gott steht auf, um zu richten, und alle Schöpfungen werden vernichtet, und das Weltgebäude vermag des Richters Zornglut nicht zu ertragen. Gott steht auf, um zu richten; Himmel und Erde lösen sich auf, und die ganze Welt stürzt zusammen, und alle ihre Schönheiten schwinden dahin. Gott steht zum Gerichte auf gegen die Frevler und Empörer, die Schöpfung fällt zerstört zusammen; wer vermag die Gewalt seines Grimmes zu ertragen? Die Höhen sinken vor ihm nieder, und alle Tiefen stürzen ein, Himmel und Erde vergehen und schwinden wie Rauch dahin. Er rollt die ganze Schöpfung zusammen und wirft sie wie ein Gewand von sich, um in seinem Grimme Rache zu nehmen an den Feinden, die ihn hassen. Wie in einen Mantel hatte er sich in die ganze Welt eingehüllt, aber er wirft sie in seinem Zorne weg, um an seinen Verächtern Gericht zu üben. Wie ein zornerfüllter Mann in seinem Grimme die Kleider fortwirft, um seinen Gegner zu strafen und an seinen Feinden Rache zu nehmen, so wirft jener Richter seine ganze Schöpfung weg und zerschmettert sie über den Ruchlosen und Empörern, die ihn verachteten, lästerten und für nichts hielten. Die Geschöpfe ertragen die Zorneshitze des Richters nicht, der vom Feuer des Grimmes gegen die Feinde und Gottlosen glüht; Feuer frißt ja vor ihm her und lodert mächtig rings um ihn, es verzehrt die Ruchlosen und vertilgt die Frevler. Alle, die ihn in seiner Langmut höhnisch lästerten und für nichts achteten, werden vergehen wie dürre Reiser vor dem Feuer, das von ihm ausgeht. Der Himmel wird vor Entsetzen finster; welcher Ruchlose wird da gerettet werden? Das Meer vertrocknet aus Furcht vor ihm; welcher Frevler wird da mit dem Leben davonkommen? Die ganze Erde steht in Brand; welcher Sünder wird da entrinnen? Des Herrn Feuer erscheint, um zur Rache auszuziehen, und Himmel und Erde und Meere entzünden sich dadurch wie Stoppeln. Nur ein Fünklein geht vom Feuer der Gottheit aus, und von den erschaffenen Völkern hält kein einziges seine Glut aus.

9.

Einst wollte Gott die Welten schaffen und ins Dasein rufen. Aus Barmherzigkeit verbarg er sein Feuer, auf daß die Welten davon nicht verbrannt würden. In seiner Güte verhüllte er sein Feuer und in seiner Gnade seine Lohe; denn hätte er sein Feuer nicht verdeckt, so hätten die Geschöpfe nicht bestehen können. In jener Zeit aber, wenn er Himmel und Erde zu richten kommt, läßt er im Zorne sein Feuer ausbrechen, und die Welten können davor nicht bestehen. Die Oberen kosten den Tod und die Unteren den Tod des Todes. Wenn die Guten und Gerechten alle nicht durch die Barmherzigkeit vor dem Feuer des Richters, das Himmel und Erde in Flammen setzt, bewahrt würden, so würden auch sie mit den Sündern von dem Feuer jenes Richters verzehrt werden. Ja, würde sich nicht die Gnade vor die Reihen der Himmlischen hinstellen, so würden sogar sie mit den Bösen durch die Gewalt jenes Brandes vernichtet werden. Wenn also kaum die Gerechten wegen der Furcht vor jenem Gerichte am Leben bleiben, wohin werden dann erst die Gottlosen und Sünder gestürzt werden? Die feurigen Geisterheere flehen nicht für sie, weil sie selbst zitternd und bebend dastehen; denn sie schauen den entflammten Grimm des Richters und verstummen wie Tote. Auch die Heiligen legen keine Fürbitte ein; denn der Rauch seines Zornes steigt empor, und sie erschaudern vor Furcht, mit den Sündern zu verbrennen. Wenn sich der König in seinem Grimm erhebt, um über seinen Hasser Gericht zu halten, so straft sein Grimm mit den Bösen sogar seine Freunde, falls sie für jene eintreten wollten.

10.

Er sitzt auf feurigem Throne [15], von einem Feuermeer umgeben, und ein Feuerstrom ergießt sich von ihm aus, um alle Welten zu prüfen. Sein Feuer hat er den Menschenkindern mitgeteilt [16], damit sie nicht von jenem Feuer verbrannt würden, wenn er die Schöpfung in Flammen setzt und sie wie in einem Ofen prüft. Wenn sein Feuer [der Liebe] treu bewahrt und nicht durch Sünden ausgelöscht wird, so werden jene, die es bewahrt haben, aus jenem fürchterlichen Brande gerettet; wird es aber durch die Sünde ausgelöscht und nicht durch Heiligkeit bewahrt, so werden sie [die es nicht bewahrten,] zur Stoppel für jenes Feuer, durch dessen Gewalt die Welt verbrennt. Der König steigt von seinem Orte herab, um über die Erde Gericht zu halten, und mit großer Furcht und Angst steigen mit ihm seine Legionen hernieder. Es kommen seine gewaltigen Heerscharen, um jenes furchtbare Gericht zu schauen, und alle Menschen, die je waren und sein werden, stehen dann dort. Keine Fehlgeburt, die je war und sein wird, bleibt zurück; sie kommt zu jenem Schauplatz, um das Gericht des Richters zu sehen. Der Schall der Posaune wird ausgesandt, um die Begrabenen aufzuwecken, und auf den Ruf der letzten Trompete stehen alle Gestorbenen auf. Schneller als ein Augenblick gebietet der Wink des Sohnes, alle Toten zu jenem Gerichtsplatze der Gerechtigkeit zu versammeln. Schrecken ergreift den Tod, und er speit seine ganze Beute aus, die er verschlungen, so daß er keinen Toten an seinem Platze läßt, den er nicht zum Gerichte brächte. Der Staub der Erde wird aufgefordert, den Staub der Toten abzusondern, daß ja kein Stäubchen übrig bleibt, das nicht vor den Richter käme. Die im Meere Ertrunkenen, von wilden Tieren Verschlungenen, von Vögeln Zerrissenen, vom Feuer Verbrannten werden durch einen strengen und schnellen Wink erweckt, stehen auf und kommen. Der im Mutterleibe zugrunde ging, ohne in dieses Leben eingetreten zu sein, wird durch jenen Wink, der den Toten das Leben wiedergibt, als erwachsener Mensch herausgeführt. Das Kind, das im Schoße der Mutter während der Schwangerschaft zugleich mit ihr starb, ist bei der Auferstehung vollkommen entwickelt, erkennt seine Mutter und wird von ihr erkannt. Die hienieden einander nie gesehen haben, sehen sich dort; sie weiß, daß dieses Kind ihr Sohn ist, und dieser erkennt sie als seine Mutter. Die Auferstehung gebiert den Menschen vollkommen und gibt ihm vollkommene Kenntnis. Wen die Sünde nicht blind machte, der weiß alles wie Gott. Was immer auf Erden und im Himmel ist, schaut er mit jener genauen Kenntnis, der nichts entgeht. Der Ehebrecherin, die ihre Leibesfrucht vernichtete, auf daß sie nicht diese Welt sähe, verwehrt ihr Kind den Anblick jener neuen Welt. Weil sie ihm das Leben und das Licht dieser Welt nicht vergönnte, entzieht es ihr das Leben und das Licht der jenseitigen Welt. Weil sie ihr Kind in ihrem Leibe zur Fehlgeburt machte, damit es im Dunkel der Erde vergraben würde, darum macht es auch sie zur Fehlgeburt, so daß sie in die äußerste Finsternis wandern muß. Dies ist die Vergeltung der Ehebrecher und der Ehebrecherinnen, die ihren Kindern das Leben nehmen. Sie werden vom Richter mit dem Tode bestraft und in die Grube des Elends, voll des Kotes der Verwesung, geworfen.

11.

In Gleichheit erweckt der Schöpfer gleichzeitig die Kinder Adams; gleich, wie er sie erschuf, macht er sie auch auferstehen. Bei der Auferstehung gibt es keinen großen und keinen, der kleiner wäre als der andere; der zu früh Geborene ist genau so, wie der Erwachsene. Nur den Werken und Sitten nach gibt es Hohe und Erhabene. Die einen gleichen den Sternen, die anderen dagegen der Finsternis. Durch Werke der Gerechtigkeit sind die Rechtschaffenen hoch und erhaben; durch Sitten der Bosheit sind die Bösen niedrig und klein. Die Guten werden nach dem Befehle des Richters von den Bösen getrennt; jene werden in den Himmel auffahren, diese aber in den Abgrund hinabsteigen. Jene werden in das Reich eingehen, diese in die Hölle wandern. Dann erschallt nur ein Ausruf von den Oberen und von den Unteren; ein Lobspruch ertönt von beiden Seiten zugleich: „Gerecht bist Du, o Herr, und sehr gerade sind Deine Gerichte", rufen sogar die Sünder. „Gerecht ist der Herr und gerade", ertönt es von der Schar auf der rechten Seite, „wer Gutes tat, empfing Gutes zur Vergeltung." „Gerecht ist der Herr und gerade", ruft auch die Menge auf der linken Seite, „wer Böses verübte, trug Böses als Vergeltung davon." Heil dann den Tugendhaften und Gerechten, die dann entlassen werden, um in das Leben einzugehen und sich mit Gott im Reiche, das kein Ende nimmt, zu ergötzen. Er teilt ihnen seine Glorie mit, sie kleiden sich in herrliches Licht, und ihre Angesichter leuchten im Himmel noch strahlender als der Himmel selbst. Wehe aber den Bösen und Gottlosen; denn sie werden zur Strafe für ihre Taten mit dem Satan gepeinigt werden! Wer sündigte und Gott beleidigte und auf Erden seine Schandtaten verheimlichte, zieht hinaus in jene äußerste Finsternis, in der kein Licht ist. Wer in seinem Herzen Trug und in seinem Sinne Neid verborgen hielt, den bedeckt die furchtbare Tiefe voll Feuer und Schwefel. Wer sich dem Zorne ergab und die Liebe von sich verbannte, so daß er seinen Nebenmenschen haßte, wird den Engeln des Zornes preisgegeben, damit ihm durch den Zorn [den Teufel] seine Qual werde. Wer dem Hungrigen sein Brot nicht brach und den Bedrängten nicht erquickte, schreit vor Drangsal, niemand aber hört und erquickt ihn. Wer in seinem Reichtum üppig und prächtig lebte und den Notleidenden seine Pforte nicht öffnete, bittet in seinen Flammen um ein Tröpflein Wasser, allein niemand reicht es ihm. Wer seinen Mund mit Lästerung und seine Zunge mit Schmähreden besudelte, versinkt in stinkenden Kot, so daß sein Mund verschlossen wird und kein Wort mehr hervorbringen kann. Wer andere beraubte und bedrückte und sein Haus mit ungerechtem Gute anfüllte, den reißen die verfluchten Teufel an sich, und Seufzen und Zähneknirschen warten seiner. Wer von der schändlichen Lust der Unkeuschheit und Ehebrecherei brannte, brennt ohne Ende mit dem Satan in der Hölle. Wer das Verbot der Priester übertrat und Gott verächtlich mit Füßen trat, dessen Qual ist die größte und die schrecklichste aller Qualen.

12.

Gott von Gott, wahrer Gott vom wahren Gott! Wir bekennen, daß du gut bist; deine Güte stehe uns bei! Laß uns doch nicht mit dem Satan in die Hölle und in die Pein eingehen! Wir kennen dich als den Barmherzigen, verbirg uns unter den Flügeln deiner Barmherzigkeit! Wir bekennen dich als das Licht und uns als Knechte unter deiner Hand. Laß nicht zu, daß der Böse uns dir entreiße und wir uns gegen deine Herrschaft frech empören! Als den Gerechten kennen wir dich; sei uns, Herr, Gerechtigkeit! Als den Erlöser kennen wir dich; erlöse und errette uns vom Bösen! Als den Heiligen preisen wir dich; möchten wir doch durch dein Fleisch und dein Blut geheiligt werden! Von den Erlösten, die dein Fleisch aßen und dein kostbares Blut tranken, ertöne dir Preis, und über uns komme deine Erbarmung, o Gütiger, der du dich der Sünder erbarmst!

Fußnoten

1. Statt jaumeh = „Tag" ist pumeh = „Mund" zu lesen.
2. „Du wirst ihm [dem Aaron] [gleichsam] Gott sein." Exod: 4,16.
3. Ps. 113,4-6.
4. Exod. 15,8.
5. Jericho, Jos. 6,5.
6. Jos. 10,11.
7. 3 Kön. 17,1.
8. Ps. 15,8.
9. Gen. 9,2.
10. Ps. 90,13.
11. Die eingeklammerten Worte stehen nicht im Texte, sind aber sicher zu ergänzen oder hinzuzudenken.
12. Vgl. Hohes Lied 8,6 LXX, wo die Liebesflammen mit Feuerflügeln verglichen sind.
13. Das Heer des Sennacherib von Assyrien, siehe 4 Kön. 19; 2 Chron. 32; Is. 37.
14. Hebr. 11,37.
15. Dan. 7,9 f.
16. Luk. 12,49.

REDE ÜBER DEN TEXT: „ALLES IST EITELKEIT UND GEISTESPLAGE!" (PRED 1,14.)

Vorbemerkung.

Der syrische Text ist der Handschrift Cod. vat. 117, sect. 87 entnommen und in der römischen Ausgabe im 11. syrisch-lateinischen Bande S. 338-344 abgedruckt. Die Autorschaft Ephräms ist anderweitig nicht belegt.

Inhalt: In dieser Rede werden dem Leser zuerst folgende Punkte zur Betrachtung vorgelegt: Die Hinfälligkeit der Welt und des Menschen und die Wechselfälle der Welt und des Lebens [1 u. 2]. Die Welt wird mit der Nacht und mit einem Traume verglichen und das Erwachen der Seele im Jenseits und ihre dortige traurige Lage geschildert [3]. Der Redner warnt dann vor dem Truge der Welt und vergleicht die dem Menschen zugemessene Lebenszeit mit dem Schatten seines Körpers und mit der Spanne seiner Hand [4 u. 5]. Darauf folgt die Ermahnung zu einem friedfertigen, tugendhaften Leben und besonders zur Vermeidung alles Zornes und Hasses, zu schneller Versöhnung, zu einem Leben für Gott [6 u. 7]. Der Schluß bildet ein Gebet zu Christus um Frieden [8]. [Nach Zingerle a. a. O. I,376.]

1.

Der Prophet [1] ruft uns zu: „Der Mensch gleicht einem Hauche, und wie ein Schatten vergeht und entschwindet sein Leben von der Erde." Menschenkinder, wie lange liebt ihr die Eitelkeit und suchet ihr die Lüge? [2] Der Lauf der Welt ist vergänglich; ihre Sorge, ihr Reichtum und ihr Besitz gehen vorüber wie ein Hauch; denn die Gestalt der Welt vergeht, wie der Apostel uns lehrt [3]. Zeiten verdrängen Zeiten und gehen dahin; ein Geschlecht löst das andere ab und entschwindet. Die Jahre, die Monate und die Tage rufen: Die Welt vergeht. Wer in die Welt eintritt, ist schon auf dem Wege, aus ihr fortzugehen; ja, wer noch im Mutterleibe liegt, geht schon dem Grabe zu, um darin zu wohnen. Wer immer geboren wird, dessen Ziel ist das Land des Todes. Einer betritt die Welt als seinen Aufenthaltsort und ein anderer zieht aus ihr fort. Dieser sammelt Reichtum und häuft ihn auf, ein anderer verläßt ihn und wandert weg. Siehe doch, wie der Reichtum von einem Hause ins andere übergeht, wie aber auch die Armut aus einer Wohnung in die andere zieht! Alles ist Eitelkeit, Eitelkeit der Eitelkeiten, wie geschrieben steht [4].

2.

Die Welt gleicht einem Rade, das die Zeiten und die Perioden in rasche Bewegung setzen. Ihre Übel sind ein Hauch und ihre Güter wie nichts; ja, ihre Übel sind keine wahren Übel und ihre Güter keine wahren Güter. Das Glück verwandelt sich plötzlich in Trauer, die kaum eingetretene Fröhlichkeit entschwindet, und es kommen Bedrängnisse. Wer heute noch fröhlich ist, weint und wehklagt schon morgen. Wer freudenvoll sein Hochzeitsfest feiert und sich am Weibe seiner Jugend ergötzt, über den kommt unerwartet der Tod und trennt das Paar, und die folgende Trauer ist größer als die vorausgegangene Freude. Wer in prächtigen Kleidern prangt und in herrlichen Kleidern einherstolziert, dessen Putz vergeht gleich einem Traume, und das Grab bekleidet ihn mit Spinngeweben. Wer hohe Paläste erbaut und in ihren Hallen stolz umherwandelt, wird plötzlich vom Ende seines Lebens überfallen; es wirft ihn aufs Totenbett, fesselt ihm Hände und Füße und verschließt ihm den Mund, so daß er nicht mehr zu reden vermag. Seine Augen erfüllt Finsternis, man trägt ihn aus seinem Hause und gestattet ihm nicht, auch nur einen Tag länger in seinen Prunkgemächern zu verweilen. Eilig schafft man ihn fort, damit er in das Grab komme, um darin zu wohnen. Sein ganzer Lebenslauf war für ihn nur Eitelkeit und Geistesplage; denn wie ein Traum entflogen ihm die Tage, und es ist, als ob er nie gewesen wäre. Wer auf einer hohen Stufe der Macht steht, dem Hochmute sich ergibt, andere ungerecht bedrückt, gelangt ebenfalls an das Ende seines Lebens, sinkt in den Staub, und all sein Reichtum war für ihn nur Eitelkeit und Geistesplage.

3.

Die Welt gleicht der Nacht, und alle ihre Ereignisse sind Träume. Die Seele versenkt sich in dieselben und läßt sich durch das Blendwerk verführen. Wie der Traum in der Nacht täuscht, so täuscht die Welt durch ihre Verheißungen. Gleichwie der Traum die Seele durch Bilder und Gesichte betrügt, ebenso betrügt die Welt durch ihre Lüste und Güter. Der Traum betrügt in der Nacht, indem er dich durch seine Vorspiegelungen reich macht, zu einer Machtstellung erhebt und dir einen hohen Rang verleiht. Er bekleidet dich mit prächtigen Gewändern, flößt dir Übermut ein und zeigt dir sogar durch sein Blendwerk, wie die Menschen kommen, um dir zu huldigen. Ist aber die Nacht vorüber und vorbei, ist der Schlaf entschwunden und dahin, ist der wache Zustand wieder zurückgekehrt, dann stellen sich diese Träume, die du geschaut hast, als lügenhaft heraus. Ebenso täuscht die Welt durch ihre Güter und Reichtümer, die gleich einem Traumgebilde der Nacht vergehen und werden, als ob sie nie gewesen wären. Wenn der Leib im Tode entschläft, dann erwacht die Seele, erinnert sich der Träume der Welt und ist darüber beschämt und bestürzt. Ergriffen von plötzlichem Staunen, vergeht und zergeht die Seele vor Verwirrung, beginnt zu zittern und zu beben, da das Verborgene offenbar wird. Sie gleicht dann einem Menschen, der sich nach dem Erwachen aus dem Traume umsonst abhärmt, daß seine Zeit wie ein Traum vergangen ist. Angst befällt ihn, wenn er in seinen Gedanken sieht, wie ihn seine Missetaten umringen. Dichten Finsternissen gleich kommen alle seine Schandtaten herbei; er weiß nicht, wohin er fliehen, wohin er gehen und wo er sich verbergen soll, da seine Freveltaten vor ihm stehen. Dann kommt der Böse herbei, und es ergeht an die Seele die Forderung. Er fordert von ihr die Träume der Welt, um sie auszulegen [5]; er fordert von ihr den Reichtum, den sie gesammelt hat, der ihr aber die Glorie geraubt hat; er stellt sie nackt hin und verlacht und verhöhnt sie. Er fordert von ihr [Rechenschaft über] die schändliche Ungerechtigkeit, die sie in die Hölle stürzt; er fordert von ihr Rechenschaft über die Dieberei, die sie in die Finsternis schleudert; er fordert von ihr Rechenschaft über den Neid und den Betrug, die ihr das Zähneknirschen bereiten; er fordert von ihr Rechenschaft über den Zorn und die Rachsucht, die ihr die [Höllen-] Qualen zuziehen. Alle Schandtaten bringt er herbei, erklärt sie und legt sie vor ihren Augen dar, ohne irgendeinen Fehler zu übergehen. Das sind schmerzliche Deutungen, die der Böse, vor ihr stehend, von ihr fordert. Weil die Seele sich durch Träume täuschen ließ, darum sind die Träume ihre Qual.

4.

Lassen wir uns also nicht von der vergänglichen Welt täuschen, noch durch ihre Lockungen betören! Lasset uns ihre Täuschung nicht lieben; denn sie vergeht wie ein Traum der Nacht! Die Tage gehen schnell vorüber, die Stunden enteilen und verweilen nicht, weil im raschen Laufe der Zeit die Welt ihrem Ende zustrebt. Kein Tag gestattet dem anderen, mit ihm zu vergehen, und keine Stunde wartet auf die andere, um mit ihr zu verfließen. Wie sich das Wasser mit den Fingern nicht festhalten läßt und nicht stille steht, ebensowenig bleibt das Leben des aus dem Mutterschoße Geborenen stehen. Gewogen und gemessen ist das Leben eines jeden, der in die Welt eintritt, und es gibt keine Möglichkeit und es geht nicht an, daß er die ihm gesteckte Grenze überschreite. Das Leben ist dem Menschen von Gott genau zugemessen, und dieses Maß teilen die Tage nach Abschnitten ab. Jeder Tag nimmt seinen Teil von deinem Leben weg, ohne daß du es bemerkst, und keine Stunde verzichtet auf ihren Anteil, wenn sie auf ihrem Wege dahineilt und verfließt. Die Tage reißen dein Leben [wie eine Mauer] ein, und die Stunden zerstören sein [des Lebens] Gebäude, so daß du dem Ende zueilst, der du nur ein Hauch bist. Gleich Dieben und Räubern stehlen die Tage und rauben die Stunden, so daß der Faden deines Lebens allmählich abreißt und aufhört. Die Tage bestatten dein Leben, die Stunden sind seine Totengräber, in Tagen und Stunden entschwindet dein Leben von der Erde. Das Leben, das du am heutigen Tage verlebst, entfliegt und entschwindet mit dem Ende dieses Tages; denn jeder Tag nimmt das Seinige von deinem Leben weg und läßt es mit sich entschwinden. Jeder Tag begräbt das Seinige, jede Stunde bestattet das Ihrige, im eiligen Laufe der Zeit entschwinden sie, vergehen und sind dahin. Die Tage fordern und nehmen, die Stunden ergreifen und enteilen, damit das Maß deines Lebens versiege und dein Ende eilends nahe. Von Gott ist dein Leben gemessen und auf die Erde gestellt; jeder Tag nimmt sein Maß, um den Strom deines Lebens [allmählich] auszuschöpfen. Wie die Tage enteilen, so vergeht dein Leben schnell; denn es gibt keinen Ausweg und keine Möglichkeit, daß es stehen bleibt und ruht. Wenn die Sonne in der Höhe stehen bleibt und wenn der Mond in seinem Laufe innehält, dann bleibt auch das Maß deines Lebens stehen und eilt nicht dem Ende zu.

5.

Am Schatten prüfe, was ich dir sage, und von ihm lerne es; denn dein Leben geht ebenso dahin wie der Schatten, der nicht stille steht! Ziehe Linien, bleib auf deinem Platze und beobachte den Schatten deines Körpers! Wie der Schatten vorrückt und nicht auf der Linie bleibt, ebenso rückt dein Leben vor und eilt dem Ende zu. Vom Morgen bis zum Abend läuft der Schatten deines Körpers, und vom Mutterschoße bis zum Grabe läuft die Reise deines Lebens. Durch deine Handbreite ist dein Leben abgemessen, daß es dieselbe nicht überschreite, und deine Finger bezeichnen die fünf Grade des Maßes. Mit dem kleinen Finger beginnt die Handbreite und endet mit dem Daumen. Ebenso ist es mit dem Anfang deines Lebens und mit dem Ende deines Greisenalters. Mit dem kleinen Finger beginnt das Leben, das erste Leben der Kindheit. Man kommt dann zum zweiten Finger, zum unerfahrenen Knabenalter. Beim Mittelfinger steht man in der stolzen, aufgeblasenen Jugendzeit. Beim sogenannten vierten Finger wird man ein vollkommener Mann, aber das Maß beginnt abzunehmen und es bleibt nur noch ein Finger übrig. Dann kommt das Greisenalter, der Daumen, das Ende des Lebens. Dieses ist für dich das Maß, falls es dir vergönnt ist, es auszufüllen; denn es kann geschehen, daß der Tod kommt und dir nicht die Vollendung gönnt, weil der Schöpfer, wie er will, die Spanne deines Lebens verkürzt, vielleicht damit dadurch auch die Bosheit abgeschnitten werde und sich nicht mit deinem Leben verlängere. An der Hand offenbart sich also das Maß des Lebens, das dem Menschen bestimmt ist, und durch die Finger werden die fünf Stufen dargestellt, die der Mensch durchläuft. Siehe also zu, welcher Finger jetzt an der Reihe ist und auf welcher Stufe du jetzt stehst; denn du weißt nicht, bei welchem Finger plötzlich dein Ende kommt. Der Tag des Herrn ist ein Dieb [6], der dich stiehlt, ohne daß du es merkst.

6.

Geleite dein Leben in Frieden und versieh' es mit guter Wegzehrung, damit es zu Gott versammelt werde! Dort wirst du es nach seinem Ende wieder finden, wenn du rechtschaffen lebst. Lebst du aber schlecht, so wird dein Leben weggerafft und geht verloren, und du wirst es suchen, aber nicht mehr finden. Auf die Erde ausgeschüttetes Wasser kannst du nicht trinken; gießt man es aber in ein Gefäß, dann steht es für dich zum Trinken bereit. Verbringe dein Leben nicht in Zorn und Haß, vergeude es nicht unwiederbringlich in Raub und Ungerechtigkeit; mach' es nicht durch Unzucht und Diebereı stinkendem Wasser gleich, so daß es die Erde verschlingt und kein Auge es mehr erblickt! Richte nicht dein Leben durch Neid und Hinterlist, durch Grimm und Groll, durch irgendeine Bosheit zugrunde, damit du nicht ein wahrhaft Toter seiest, dem sein Leben verloren ging! Nichts ist ja dem Menschen lieber als das Leben; denn er gäbe die ganze Welt für das Leben hin, wenn es möglich wäre. Jage daher den guten Bestrebungen nach, auf daß sie dir als Kanäle dienen, damit dein Leben, mag es auch vorübergehen, nach seinem Verlaufe in Gott stille stehe! Leite das Bächlein deines Lebens zu Gott hin, damit es dir, nachdem es hier versiegt ist, dort ein Meer des Lebens werde! Du nennst in der vergänglichen Welt ein Lebensflüßchen dein eigen; leite es zu Gott hinüber, auf daß es ein Ozean des Lebens werde! Tag für Tag strömt dein Leben dahin und verrinnt; ergieß es in Gott, damit du es auf ewig findest! Nicht mache der Zorn dein Leben dahinschwinden und nicht richte es die Sünde zugrunde, so daß du völlig tot wärest, weil gänzlich des Lebens beraubt! Wenn der Zorn in einer Seele wohnt, so vernichtet er das Leben eines Tages. Laß ihn nicht auf den nächsten Tag übergehen, damit er nicht dein ganzes Leben vernichte! „Es genügt dem Tag sein Böses" [7], wie unser Heiland gesagt hat; es genügt also, wenn der Zorn das Leben auch nur eines einzigen Tages vernichtet. Der Zorn übernachte nicht in deiner Seele, und die Sonne gehe nicht unter, ohne daß er sich entfernt hätte! [8] Ein schlimmer Gast herbergt in dir, vertreibe, verjage ihn, gestatte ihm keinen Aufenthalt! Mit dem schwindenden Tage verschwinde der Zorn und verweile nicht in deiner Seele! Und wie die Stunde nicht zögert, so zögere auch der Zorn nicht, sich zu entfernen!

7.

Nicht schlafe der Zorn in deiner Seele; wenn er einmal darin schläft, dann läßt er sich nur schwer daraus entfernen. Nicht bringe er die Nacht bei dir zu, nicht gäre er, nicht bleibe er, nicht ruhe er dort; denn wenn der Zorn in der Seele gärt, dann verdirbt, verwirrt, verpestet und besudelt er sie, so daß sie nur mehr zum Schlechten taugt. Ein schlechter Sauerteig verpestet, wenn er in den Teig hineingerät, die ganze Masse, und der Zorn läßt, wenn er in der Seele Wohnung genommen hat, seinen schlechten Geschmack in ihr zurück. Giftig sind Viper und Natter, aber der Zorn ist noch viel schlimmer als sie. Er richtet die Seele zugrunde und tötet sie, indem er sie von Gott entfernt. Wenn du eine Schlange in deinem Hause erblickst, so machst du Jagd auf sie und tötest sie; aber der Zorn, der dich tötet, wohnt in deiner Seele und du vertreibst ihn nicht. Wenn du eine Schlange liegen siehst, so hast du Angst vor ihr, sie möchte dich beißen; aber der Zorn, der tödliches Gift in sich trägt, darf ruhig in deinem Sinne hausen. Dringt eine Schlange in deinen Busen, so befällt Zittern deine Glieder; dein ganzes Herz aber ist eine Höhle voll von Nattern geworden. Wo eine Natter hinhaucht, da wird das Fleisch krank und geht zugrunde, und wo der Zorn wohnt, da findet sich verderbenbringendes Gift. Du fürchtest dich, von einer Schlange gebissen und von einem Skorpion gestochen zu werden; aber vor dem Bisse des Zornes fürchtest du dich nicht, und vor dem Stiche des Hasses hast du keine Angst. Wer wünscht wohl, daß eine Natter zu ihm komme und sich bei ihm verberge? Wer ruft wohl eine Schlange herbei, daß sie in seinen Busen krieche und dort weile? Aber während du diese Tiere nicht leiden magst, wünschest du schlimmere als sie herbei, den Zorn, der ärger ist als eine Natter, und den Haß, der ärger ist als eine Schlange. Wegen eines unbedachten, vom Teufel zugeflüsterten Wortes öffnest du dem Zorne die Türe angelweit, damit er in deine Seele einziehe und dort wohne. Weil dein Nebenmensch mit dir um elende Vorteile streitet, rufst du den Haß herbei, daß er in deinen Busen einziehe und dort lagere. Wenn der Zorn bei dir bellt und wie ein Hund geifert, so wirf die Friedfertigkeit wie einen Stein auf den Zorn und wehre ihm so das Bellen! Beschwichtige ihn durch Heiterkeit und zeige Lachen und nicht Ärger! So wird dann der Zorn verhindert, zwei Seelen zugleich zu vernichten.

8.

O Gott, der du durch das Blut, das aus deiner Seite floß, den Höhen und den untersten Tiefen den Frieden gabst, sende deinen Frieden unter die Zürnenden! Der du zwischen den beiden Parteien, den Oberen und den Unteren, Frieden gestiftet hast, versöhne die Entzweiten durch Liebe, und säe deinen Frieden unter sie! O Herr, der du unser Friede bist, wie dein Jünger schrieb [2], dein Friede sei der Hüter der Seelen, die zu dir flehen! „Meinen Frieden gebe ich euch; meinen Frieden hinterlasse ich euch" [10], sprach der Herr zu seinen Aposteln und fuhr zu seinem Vater auf. Wenn er in großer Herrlichkeit wiederkommt und Schrecken die Schöpfung befällt; wenn die Posaune in der Höhe ruft und die Grundfesten des Erdkreises sich lösen; wenn die mächtigen Felsen sich spalten, alle Gräber sich öffnen und in einem Augenblicke alle Entschlafenen unverwest auferstehen; wenn der Staub Adams gesammelt wird, so daß kein Stäubchen davon zurückbleibt; wenn in großer Angst die Oberen und die Unteren dastehen: dann komme deine Versöhnung, o Herr, uns entgegen, und dein Friede begegne uns!

Dir sei Ehre, über uns aber komme deine Barmherzigkeit, o Gnädiger, o Erbarmungsreicher!

Fußnoten

1. Ps. 143,4.
2. Ebd. 4,3.
3. 1 Kor 7,31.
4. Pred. 1,2.
5. D. h. zeigen, daß sie „Schäume", nichts, sind.
6. 2 Petr. 3,10.
7. Matth. 6,34.
8. Ephes. 4,26.
9. Ephes. 2,14.
10. Joh. 14,27.

REDE ÜBER DEN TEXT: „DER SÜNDER WERDE HINWEGGENOMMEN, DAMIT ER GOTTES HERRLICHKEIT NICHT SCHAUE!" (JS. 26,10.)

Vorbemerkung.

Der syrische Text ist der Handschrift Cod. vat. 117, sect. 89 entnommen und in der römischen Ausgabe im II. syrisch-lateinischen Bande S. 344-350 abgedruckt. Die Autorschaft Ephräms ist noch durch den Cod. Musei Britannici Addit. 14 615 [10.-11. Jahrh.] und Cod. vat. 155, sect. 27 [16. Jahrh.] belegt, allerdings späte und daher nicht einwandfreie Zeugnisse.

Inhalt: Nach einer kurzen Vorbemerkung über das richtige Lesen der Hl. Schrift legt der Verfasser den erschütternden Sinn der gewählten Bibelstelle aus. Der Sünder, der sich nicht bekehrt, hat nichts anderes zu erwarten als die Hölle [1]; darum Aufforderung zur Traurigkeit nach dem Beispiel der Heiligen und unseres Herrn selbst [2]. Darstellung des Unglücks der Seele infolge der Sünde und der Liebe Gottes zu den Seelen [3]. Dann wird eifrige Sorge für die durch die Sünde getötete Seele empfohlen, sowie Trauer über ihren Verlust [4 u. 5]. Dringende Ermahnung zum Wiederaufbau der Seele, für die Christus starb, und deren Wert unermeßlich ist [6 u. 7]. Das Ganze ist nachdrückliche Zurede, die Seele zu retten. Im letzten Abschnitt wird dann noch vom Nutzen einer frommen Seele für andere Seelen und von den Wundern durch Reliquien hl. Märtyrer gehandelt [8]. [Nach Zingerle a. a. O. I,385.]

Der letzte Abschnitt [8] enthält einen Gedanken, bei dem wir noch etwas verweilen müssen. Dort bezeichnet nämlich der Redner die Gebeine der hl. Märtyrer als lebend und Leben spendend, als Schutzmauern gegen Räuber und Plünderer. „Siehe doch, welch' ein Leben in den Gebeinen der Märtyrer! Wer sollte meinen, daß sie nicht leben? Siehe, wie ihre Grabstätten leben; wer kann daran zweifeln? Sie sind feste Burgen, die vor den Räubern erretten; ummauerte Städte, die vor den Plünderern schützen; hohe und starke Türme für den, der zu ihnen seine Zuflucht nimmt; denn sie retten aus den Händen der Mörder, und der Tod wagt es nicht, sich ihm zu nähern."

Damit vergleiche man die Strophen 19-21 des 13. Carmen Nisibenum des hl. Ephräm. In diesen schreibt er die Errettung der Stadt Nisibis aus den Belagerungen der Perser in den Jahren 346 und 350 dem Umstände zu, daß sie das Grab ihres Bischofs, des hl. Jakobus [297- 338], in sich barg und damit ein unvergleichliches Palladium besaß. Er ermahnt daher die Nachbarstädte, ebenfalls ein solches Palladium in ihre Mauern aufzunehmen. „Kluge Töchter

Nisibis, ahmt Nisibis nach, das in seinem Innern einen Leichnam beisetzte, damit er ihm nach außen zur Mauer sei. Setzet ebenso einen lebenden Leichnam bei euch bei, damit er euch zur Mauer für euer Leben sei" [1].

Dieser lebende Leichnam findet seine Erklärung in 8 unserer Rede, wonach die toten Gebeine der Heiligen [2] Leben haben und spenden.

Aus dieser Gedankenverwandtschaft kann man nun allerdings noch nicht schließen, daß die Rede von Ephräm sein muß; aber der ephrämische Ursprung wird dadurch wahrscheinlicher.

1.

Wer in den hl. Schriften liest und ihre Worte aufmerksam hört, der versteht den Sinn ihrer Aussprüche, wenn sein Geistesauge lauter ist. Erschütternd und schrecklich ist die Stelle, die uns soeben aus der Hl. Schrift vorgelesen wurde. Zuhörern, welche sie mit Verständnis anhören, flößt sie Schrecken ein. Sie enthält eine fürchterliche Sentenz, die über den Sünder ergeht: „Der Sünder", so lautet sie, „werde hinweggenommen, damit er die Herrlichkeit des Herrn nicht schaue!" Es werde also der Gottlose dahingerafft an den Ort, wo kein Lobgesang ertönt! Aber alles ruft zu Gott und verkündet täglich seine Herrlichkeit; selbst die sprachlosen Geschöpfe unterlassen es nicht, ihn zu preisen. „Die Himmel erzählen seinen Ruhm und das Firmament das Werk seiner Hände" [3]. Die Erde ruft sein Lob aus, und das Meer ist ein Herold seiner Wundermacht. Nichts gibt es, das nicht den Ruhm Gottes, seines Herrn, erzählen würde, selbst die kleinste Mücke verkündet die Herrlichkeit ihres Herrn. Wohin kann also der Sünder kommen, daß er die Herrlichkeit des Herrn nicht schaue? An welchen Ort soll man ihn stürzen, damit er von seinem Lobe entfernt sei? Wenn er in den Himmel hinaufsteigt, dann schilt ihn dieser und nimmt ihn nicht auf. Wenn er auf der Erde bleiben will, so gestattet sie es ihm nicht. Wenn er sich ins Meer stürzt, so wirft es ihn aus. Daher glaube ich, meine Freunde, daß er aus der Welt hinaus in jene äußerste Finsternis wandern muß, die voll Furcht und Schaudern ist, wohin kein Loblied dringt und wo kein Ruhm verkündigt wird, weil sie fern von Gott ist und er dort seine Verherrlichung nicht gestattet. Die Qualen und Seufzer, die Bedrängnisse und Peinen, der unaufhörlich verzehrende Wurm und das unablässig brennende Feuer verschließen den Mund der Sünder jedem Rühmen und Preisen. Ihr Elend läßt sie weder sehen noch hören, ihr zähneknirschender Mund vermag keinen Laut des Lobes von sich zu geben, und ihre Zunge kann nur Wehe über Wehe kreischen, aber keine Silbe eines Preises hervorbringen. Die Augen voll Finsternis sehen das Licht der Glorie nicht. Wem der Wurm an den Gliedern nagt, der denkt nur an seinen Jammer, und wen die Hölle brennt, der sieht nur ihr Feuer.

2.

Wohlan denn, Sünder, weinen wir hier, damit wir nicht dort weinen müssen! Kommt, wir wollen hienieden Trauer und Leid tragen, damit unsere Trauer nicht jenseits groß sei! Alle Gerechten und Heiligen gefielen dem Herrn durch Trauer und Schmerz und versöhnten ihn durch Tränen. 930 Jahre lang beweinte Adam seinen Fall, durch den er sich von Gottes Herrlichkeit im Paradiese entfernt hatte. Die Schönheit seiner Wangen wurde durch die Tränen entstellt, die seine Augen vergossen, und die heißen Zähren verursachten ihm schmerzhafte Geschwüre. Henoch, der Gott wohlgefällig war und den Tod nicht kostete [4], sah das Ende des Abel und trug darüber Leid und Kummer 320 Jahre lang. Er sah den ersten Toten stinkend, vermodert und entstellt, und weinte und klagte darüber sehr, bis er entrückt wurde, ohne den Tod zu kosten. Der gerechte Noë trauerte über jenes sündige Geschlecht, von dem er wußte, daß es durch die Wasserflut des [göttlichen] Zornes vernichtet werde. 500 Jahre hindurch hatte er die Jungfräulichkeit rein bewahrt, und darum bewahrte ihn auch Gott, daß er nicht mit jenem Geschlechte unterging. Abraham, Isaak und Jakob hatten in dieser Welt ein mühseliges und beschwerliches Leben, voll Nöten und Prüfungen, durchgemacht und gingen dann aus ihr hinüber. Wer vermöchte wohl die Prüfung zu schildern, die über Job gekommen ist? Eine ganze Jahreswoche saß er auf dem Aschenhaufen. Wie viele Tränen, wie viele Zähren mögen seine Augensterne vergossen und geweint haben, da er sehen mußte, wie die Würmer sein Fleisch zernagten und verzehrten, so daß nur mehr das Gebein übrig blieb? Wer hat wohl soviel gelitten wie er? Wenn man seine Geschichte nur hört, so wird schon die Seele von Wehmut ergriffen. David benetzte sein Lager mit nächtlichen Tränen, aß Asche wie Brot und mischte seinen Trank mit Zähren [5]. Wie viele Tränen entströmten nicht den Augen des Jeremias, des Mannes der Schmerzen, der alle Tage seines Lebens mit Weinen und unter Tränen zubrachte! Seine Betrübnis überstieg alles Maß; darum flehte er zu Gott, daß er seinem Haupte Wasser und seinen Augen eine Wasserquelle geben möchte [6]. Ezechiel, der die mit Wehklagen, Trauerliedern und Drohworten beschriebene Buchrolle aß, lag, weil er die Sündhaftigkeit seines Volkes zu tragen hatte, 390 Tage auf beiden Seiten, da die Sünde seines Volkes ihn niederdrückte, und sein Haus wurde ihm zum Grabe. Die große Schuld jenes Volkes band ihn gleichsam mit Ketten, so daß er auf jeder Seite 195 Tage liegen musste [7]. Vom Herrn der Höhen und der Tiefen, der Grenzen und Gegenden der Welt steht geschrieben, daß er, als er herabgestiegen war und auf Erden wandelte, über

Jerusalem geweint hat. Es steht über unseren Herrn nicht geschrieben, daß er gelacht habe, wohl aber, daß er geweint und Tränen vergossen hat [8]. Als er über den Lazarus weinte, weinte er zugleich über alle Toten; denn er sah sein Abbild vom Tode zerbrochen und in die Verwesung weggeworfen. In seiner Güte schmerzte es ihn tief, daß er sein geliebtes Ebenbild entstellt und ins Grab geworfen, ja zum Entsetzen und zum Abscheu geworden sehen mußte.

3.

Die durch die Sünde getötete Seele bedarf des Schmerzes, der Wehklage, der Tränen, der Trauer und der Klageseufzer über die Gottlosigkeit, welche sie verdorben und zugrunde gerichtet hat. Weil sie von Gott entfernt ist, darum wehklage, weine und seufze über sie und bringe sie so wieder in Gottes Nähe, und zwar klage mehr als eine Mutter, welcher der Tod den Sohn entriß und ins Grab warf, darüber wehklagt, daß ihr Liebling dahingeschieden ist! Ebenso trennt die Sünde den Menschen von Gott, und seine Güte betrübt sich darüber, daß sein Ebenbild, voll von Schönheit, zugrunde ging. Wenn du ein dir gehöriges Tier verlierst, so ist es dir leid; selbst wenn du es auch nur kurze Zeit in deinem Besitze gehabt hast, so betrübt dich dennoch sein Verlust. Noch vielmehr bedauert es Gott, wenn sein Ebenbild verloren ging. Eine Seele ist ja Gott viel teurer als die ganze übrige Schöpfung. Durch die Sünde aber stirbt sie, und du, o Sünder, nimmst es nicht zu Herzen! Betrübe dich doch Gottes wegen, der sich deinetwegen betrübt! Infolge der Sünde ist deine Seele tot; laß deine Tränen fließen und erwecke sie dadurch wieder von dem Tode! Bereite doch Gott diese Freude; denn er freut sich, wenn du deine Seele wieder auferweckst! Es gibt einen Vogel, welcher seine Jungen auferweckt; stirbt seine Brut weg, erweckt er sie sofort wieder zum Leben. Wenn er Junge bekommen hat, so freut er sich darüber ungemein und erstickt sie durch viele Liebkosung, so daß sie sterben. Wenn er nun sieht, daß sie tot sind, daß sie sich nicht mehr rühren und regen, so ist er darüber drei Tage lang traurig und betrübt; vor Schmerz und Leid nimmt er weder Futter [2] noch Trank zu sich, weicht aber nicht von ihrer Seite, sondern bleibt bei ihnen und bewacht sie. Dann ritzt er sich den Leib auf und beträufelt sie mit seinem Blute, und nach Gottes Anordnung werden die toten Jungen wieder lebendig. Wenn nun ein Vogel seine Brut in solcher Weise vom Tode zu erwecken versteht, dann erwecke auch du, Sünder, deine durch die Sünde gestorbene Seele wieder zum Leben! Wenn nun Gott schon mit dem Pelikan Mitleid hat, so daß er dessen Junge wieder belebt, um wieviel mehr wird er erst mit deiner Seele Mitleid haben, die du nicht auferwecken willst! Wenn der Pelikan aus Gram über seine Brut sich selbst zu töten sucht, ergreift den Schöpfer Mitleid, und er erweckt seine Jungen vom Tode. Wenn aber eine Seele durch die Gottlosigkeit stirbt und sich von Gott trennt, dann grämt sich Gott noch viel mehr über das von ihm getrennte Ebenbild.

4.

Weine und trauere daher über deine von Gott getrennte Seele; er ist ja auch deinetwegen betrübt, wie eine Mutter um ihren einzigen Sohn! Wer bei einem Toten lacht, haßt dessen Eltern; fühlt er aber Schmerz und Leid, so zeigt er durch Weinen seine Liebe. Und wer, obwohl durch die Sünde gestorben, fröhlich ist, haßt Gott, der um ihn Leid und Trauer hegt. Gott trauert und härmt sich über eine gestorbene Seele; wer dabei lacht und scherzt, vergrößert Gottes Schmerz. Gleichwie derjenige, der [bei einem Toten] lacht und scherzt, den Schmerz und das Weh dessen vermehrt, der seinen Toten begräbt, ebenso vermehrt Gottes Leid, wer sich beim Sündigen freut. Kein Vater, der seinen Liebling begraben muß, empfindet solches Weh, wie Gott über eine Seele, welche die Sünde gemordet hat. Trauere daher über deine Seele und zeige dadurch Gott deine Liebe, der über die Seele, welche gesündigt hat und gestorben ist, Leid und Kummer trägt! Gott trauert über das Sterben der Seele, die ja sein Ebenbild ist; wer sich also freut und keinen Schmerz fühlt, gleicht ganz dem Teufel. Wer zu einem Toten kommt, wird beim Anblick der über ihn herrschenden Trauer innigst gerührt und trauert mit den Trauernden. Wenn aber eine Seele durch Gottlosigkeit ihr Leben verloren hat, dann steigt die Trauer um sie sogar zum Himmel empor, und die Engelscharen trauern, und Gott selbst ist tiefbetrübt. Wer nun da noch an Freude Lust hat und nicht vielmehr über seine Seele weint, der ist in Wahrheit ein Verworfener, der nicht einmal weiß, daß er eine Seele hat.

5.

Weine also über deine Seele, o Sünder; laß Tränen auf sie herabströmen und erwecke sie dadurch wieder zum Leben! Siehe, ihre Auferweckung liegt an deinen Augen, und ihre Auferstehung ist deinem Herzen anheimgegeben. Du bist tot, und dennoch weinst du nicht darüber, daß deine Seele sich von dir trennte! Weine doch zuerst über deine Seele, dann magst du andere beweinen! Du weinst über einen toten Körper, weil die Seele von ihm geschieden ist; allein über die Seele, welche tot und von Gott getrennt ist, weinst du nicht! Die Tränen, welche auf eine Leiche niederfallen, erwecken den toten Körper nicht mehr zum Leben; strömen sie aber auf die Seele nieder, so erwecken sie dieselbe und machen sie wieder auferstehen. Nicht wegen des Leibes gibt es Tränen, Betrübnis und Trauer; sondern der Seele wegen hat sie Gott gemacht, damit du sie dadurch wieder zum Leben erweckest. Weihe daher Gott Zähren und vergieße Tränenbäche aus deinen Augen; dann wird durch die Tränen und durch seine Gnade die tote Seele wieder zum Leben erweckt. Siehe, der Barmherzige wartet auf dich, daß du ihm die Tränen deiner Augen vergießest, damit er durch sie sein entstelltes Ebenbild, die Seele, reinige und erneue. Du hast deine Seele getötet; erwecke sie nun selbst wieder aus der Gottlosigkeit! Nicht jemand anderer hat dich getötet und vernichtet, dein eigener Wille hat dich getötet und niedergeworfen. Hätte dich jemand anderer getötet, so müßte dieser dich auferwecken; weil aber dein eigener Wille dich getötet hat, muß er selbst dich wieder auferwecken.

6.

„Bei Lässigkeit der Hände wird das Haus durchlässig, fällt ein und geht zugrunde." So belehrt dich der Prediger [10]. Baue denn deine Seele, die verwüstet und zerfallen ist, wieder auf! Wenn dein Haus einfällt, so baut es dir kein anderer auf; wenn du selbst deine Wohnung nicht wiederherstellst, so bleibt sie immerfort zerstört. Durch die Sünde hast du deine Seele zerstört, richte sie wieder auf durch die Buße! Durch die abscheuliche Sünde hast du sie niedergeworfen, richte sie wieder auf durch schöne Taten! Wenn du die Sonne tötest, so magst du wie Gott sprechen: „Ich bin's, der tötet, und ich bin's, der Leben gibt" [11]. Ich töte die Sünde, damit sie nicht mehr in meinen Gliedern herrsche, und rufe die Gerechtigkeit ins Leben zurück, indem ich Gutes tue. Ich schlage die abscheuliche Sünde und vertreibe sie aus der Seele; ich heile sie wieder durch Tugend und Rechtschaffenheit. Die Gedanken der Seele sind verstreut wie die verdorrten Gebeine; sammle sie aus der ganzen Welt und erwecke sie in Gott wieder zum Leben! Weissage wie Ezechiel [12] über deine verdorrten Gedanken und laß sie die Worte Gottes vernehmen, der die Toten belebt! Überziehe durch einen nie versagenden Geist die Gebeine mit einer Haut, und durch einen festen Sinn verbinde sie mit Gott! Weissage und rufe den Geist, daß er in die Getöteten eingehe und sie belebe! Hauche in sie den Hauch des Lebens, die göttlichen Lehren! An dem Eingang der Hölle, wo die häßliche Sünde, diese Mörderin, haust, liegen die Gebeine der Seele, ihre Gedanken an Irdisches, verstreut. Rufe, erwecke sie [die Gebeine d. h. die Gedanken], laß sie auferstehen, tue das Wunder und das Zeichen kund, an dir selbst kannst du so die Auferstehung darstellen, die der Prophet geschaut hat. Wenn im Himmel Freude herrscht über den Sünder, der sich bekehrt, sich der Buße zuwendet und bei Gott Aufnahme findet [13], so herrscht dort umgekehrt Trauer über den Sünder, der sich nicht bekehrt, und es schmerzt Gott sehr, daß du dich der Buße nicht zuwendest. Kommst du aber zu ihm, so bereitest du den Engeln Freude, welche über dich erfreut sind.

7.

Durch das Blut des Sohnes Gottes wurde deine Seele, o Sünder, erlöst; denn alle Welten insgesamt reichten nicht hin, dein Lösegeld zu sein. Die Erde und das Meer und alles, was in ihnen ist, waren zu geringfügig, um dein Lösegeld zu sein. Alle himmlischen Scharen, die Feuer und Geist sind, nahmen den Tod nicht auf sich, um für deine Seele das Lösegeld zu sein. Den geliebten Sohn selbst gab der Vater dem Tode als Lösegeld hin. Er hatte nur einen Eingeborenen, und dennoch, schonte er seiner nicht, sondern gab ihn für dich hin [14]. Ihn, den Ursprung alles Lebens, überlieferte er für dein Leben dem Tode. Ihn, vor dem der Tod zittert, band er und warf er dem Tode hin. Der Tod heftete ihn ans Kreuz und schrieb mit den Nägeln deinen Kaufbrief [15]. Siehe also, um welchen Preis du erkauft bist! Geh' doch deinem Käufer nicht verloren! Sein Leben fordert dein Leben, wenn du in der Sünde lebst, und sein Tod fordert deinen Tod, wenn du Werke des Todes tust. Siehe, sein kostbares Blut schreit am Throne der Gottheit, daß es deinetwegen vergossen wurde, und du gehst trotzdem durch die Sünde verloren! Wer sich einen Sklaven gekauft hat, verliert durch den Verlust desselben nicht bloß den Gekauften, sondern mit ihm auch seinen Kaufpreis. Ebenso geht auch an uns das Leiden und Sterben Gottes verloren, der deinetwegen dahingegeben wurde, und du bist vom Tode nicht erlöst. Wenn deine Seele [durch die Reue] zerschlagen ist, dann reut ihn ihr Lösegeld nicht; geht sie aber verloren, dann reut [16] ihn der Tod seines Sohnes. Er schonte nicht seines geliebten Sohnes, sondern gab ihn für dich dem Tode preis; wenn du aber dann durch Gottlosigkeit [17] zugrunde gehst, so bereitest du jenem, der dich erkauft hat, Trauer. Der Tod hat deinen Lösepreis, das Leiden und Sterben Gottes, empfanden; da nun deine Seele zum Leben erkauft ist, so soll der Tod dein Leben nicht mehr vernichten.

8.

Eine Seele, die in Gott lebt, kann auch anderen das Leben wieder geben. Wenn du dies klar hören willst, so steht dir folgendes Zeugnis zu Gebote. Elisäus, der das Leben seiner Seele bewahrte, erweckte zwei Tote [18] wieder zum Leben: den einen, als er [Elisäus] noch auf unserer Welt war, den andern, nachdem er schon dahingegangen war. Seine Seele lebte in Gott und gab dem einen Leichnam das Leben wieder, und nachdem sie ihn bereits verlassen hatte, gab er noch dem andern das Leben wieder zurück. Die Seele des Propheten hatte von Gott das Leben empfangen, und nachdem sie schon von ihm geschieden war, gab er noch einem das Leben wieder, der gleich ihm tot war. Siehe doch, welch ein Leben in den Gebeinen der Märtyrer! [12] Wer sollte meinen, daß sie nicht leben? Siehe, wie ihre Grabstätten leben; wer kann daran zweifeln? Sie sind feste Burgen, die vor den Räubern erretten; ummauerte Städte, die vor den Plünderern schützen; hohe und starke Türme für den, der zu ihnen seine Zuflucht nimmt; denn sie retten aus den Händen der Mörder, und der Tod wagt es nicht, sich ihm zu nähern. Wer vom Neide und von der Hinterlist, diesem verderblichen Seelengifte, angesteckt ist, erhält von ihnen Heilmittel, die das Gift unwirksam machen, so daß es nicht schadet. Wer Unrecht getan, bete, daß er nicht mehr Unrecht tue; wer gestohlen hat, bete, daß er nicht mehr stehle; wer der Liebe bar und voll des Grolles gegen den Nächsten ist, erflehe von ihnen durch Gebet Friedfertigkeit, auf daß er sich mit dem Nächsten wieder versöhne! Wer vom Teufel der Unzucht besessen und von schändlicher Lust entbrannt ist, der salbe sich mit dem Öle, das vor ihnen gebrannt wird, und der böse Geist wird von ihm weichen. Sie sind Ärzte, die um die Heilung eifrig bemüht sind; sie tragen die Heilwurzeln des Lebens bei sich, Genesung für Seele und Leib, geistige Arznei, die Seele und Leib heilt. Sie fordern von dir nur Glauben und gewähren dir dann, was immer du begehrst. Hegst du in deinem Geiste keinen Zweifel, so wirst du, auch wenn du schon gestorben bist, wieder aufleben. Gott wohnt in ihren Gebeinen, und durch ihn wirken sie alle Wunder. Dir sei Preis, über uns aber komme deine Barmherzigkeit, o Gott, der du in den Gerechten wohnst!

Fußnoten

1. Bickell a. a. O. S. 22 bezw. 100.
2. Der. Hl. Jakobus von Nisibis war kein Märtyrer.
3. Ps. 18,2.
4. Gen. 5,14; Hebr. 11,5.
5. Ps. 6,7; 101,10.
6. Jer. 9,1
7. Ezech. 2,9; 3,2; 4,2 ff.Nach der Bibel mußte jedoch der Prophet 390 Tage auf der linken, 40 Tage auf der rechten Seite liegen, nicht je 195 Tage auf jeder Seite, wie oben angenommen wird.
8. Luk. 19,41; Joh. 11,35.
9. wörtlich: pickt nicht auf sc. Nahrung.
10. Pred. 10,18.
11. Deut. 32,39.
12. Ezech. 37,1-10.
13. Luk. 15,7 ff.
14. Röm. 8,32.
15. D. h. die Urkunde darüber, dass Gott dich dem Tode durch den Tod seines eingeborenen Sohnes abgekauft hat.
16. Statt des sinnlosen marê ist karjô zu lesen.
17. Statt bathreh d´aulô [am Orte der Gottlosigkeit] ist wohl bothreh b´ aulô zu lesen.
18. 4 Kön. 4,20-27 u. 13,21.
19. Vgl. dazu die Vorbemerkung.

REDE ÜBER DEN TEXT: „WEHE UNS, DASS WIR GESÜNDIGT HABEN!" (KLAGEL. 5,16.)

Vorbemerkung.

* Der syrische Text ist der Handschrift Cod. vat. 117, sect. 88 entnommen und in der römischen Ausgabe im II. syrisch-lateinischen Bande S. 350-359 abgedruckt. Die Autorschaft ist noch durch die Codd. Musei Britannici Add. 17 172 [IX. Jahrh.], 14 611 [X. Jahrh.] und 7190 [XII. Jahrh.] bezeugt, ebenfalls nur späte Zeugnisse, welche daher die Verfasserfrage nicht entscheiden können.

Inhalt: Der Redner läßt anfangs seine Zuhörer im Zweifel, welches die zwei furchtbaren Dinge seien, die ihn mit solcher Angst erfüllen. Es sind: Seine Sünden und die dafür zu erwartende Strafe [1 u. 2]. Der mächtige Eindruck des Gedankens an das letzte Gericht, die Klage über seine fortwährende Sündhaftigkeit, der Ausdruck der Furcht und der Angst, des Schreckens und der Reue am Gerichtstage, die Furchtbarkeit des jenseitigen Feuers, die Beschämung vor der ganzen Welt, die Angst vor der Verdammung: alle diese Gedanken, Empfindungen und Nöte seines Herzens läßt der Redner in demütiger, zerknirschter Offenherzigkeit vor dem geistigen Auge seiner Zuhörer vorüberziehen, um mit der Klage über seine fortdauernde Bosheit den ersten Teil [3-9] zu beschließen. Nun aber ändert sich der Ton der Rede. Trostgedanken treten auf, die Buße erscheint, redet ihm aufmunternd zu, spricht von Gottes unendlicher Barmherzigkeit und ermahnt ihn zur Buße, da dazu im Jenseits keine Zeit mehr sei. Sie verspricht aber, sich bei der Gnade für den reuigen Büßer zu verwenden [10-12]. Er schließt mit der Nutzanwendung für seine Zuhörer und mit einer Lobpreisung des allgütigen und barmherzigen Gottes [13]. [Nach Zingerle a. a. O. I,396.] *

1.

Zwei bittere Erinnerungen voll Schrecken und Schauder erheben sich täglich in mir in allen Gedanken und setzen mich in Furcht. Zwei fürchterliche Gegenstände regen mich auf und ängstigen mich, jagen meinen Gliedern Entsetzen ein und öffnen in meinen Augen Tränenquellen. Zwei Dinge sind es, bei denen die Seele erschaudert, so oft sie daran denkt oder darüber nachsinnt; denn die Erinnerung an sie ist bitter. Zwei Dinge sind es, über die am Ende jeder sich entweder freut oder betrübt. So oft sie mir in den Sinn kommen, erwecken sie in mir Schrecken und Entsetzen.

2.

Vernehmet nun, meine Brüder, welches diese Dinge sind, die mich so erschrecken, und erschrecket und zittert auch ihr; denn sie sind für jeden überaus schrecklich! Die Last der Schulden, die ich mir aufgehäuft, und die Gerechtigkeit, welche dafür Rechenschaft fordert: diese sind es, von denen ich sagte, dass sie mich aufregen und erschüttern. Das große Verzeichnis meiner Schulden und das fürchterliche Gericht der Gerechtigkeit sind die zwei Dinge, welche meinen Geist beunruhigen und mich in Bestürzung versetzen. An das Unrecht, das ich in meiner Nachlässigkeit verübte, und an die Strafen, die meiner warten, denke ich, und deshalb zittern meine Gebeine und befallen mich Furcht und Schrecken. An die schwere Bürde meiner Sünden und an ihre entsetzliche Strafe erinnere ich mich in meinen Gedanken, und deshalb bemächtigt sich Furcht meiner Glieder. An die Vergehen, die ich verübt, denke ich und an die Vergeltung, die meiner wartet, und deshalb bemächtigt sich Jammer meiner Gedanken, und Leid und Furcht erschüttern mich. Dies sind, wie gesagt, die zwei bitteren Erinnerungen, welche sich in mir erheben, mich in Furcht setzen und meinen Gebeinen Schrecken einjagen. Dies sind die Erinnerungen, die in mir aufsteigen und mir Schauder erregen, die mich von allen Seiten verwirren und mein Herz tief betrüben. Das Gewissen mahnt mich in meinem Innern an meine Missetaten, stellt sie vor mir in Reihen auf und flößt so meinen Gliedern Schrecken ein. Es ruft mir die Verschuldungen meiner Jugend und die in mir verborgenen Geschwüre der Unsittlichkeit ins Gedächtnis zurück und läßt dadurch meine Augen von Tränen überfließen und erfüllt vor Furcht und Entsetzen meine Gedanken mit Betrübnis. Dabei denke ich tagtäglich an die Verfehlungen in den Tagen meiner Kindheit; denn von all dem, was ich auf der Welt beging, bleibt meinen Augen nichts verborgen. Ich denke an die Missetaten, die ich in der Zeit meiner Jugend verübte, und denke zugleich an die Gerechtigkeit und rufe Wehe über mich selbst. Ich denke an alle meine Schandflecken und zugleich an das furchtbare Gericht, das meiner wartet, und die Seufzer ersticken meinen Geist; denn wohin soll ich gehen? Ich denke an das, was ich mir gesät habe und was ich einst dafür ernten werde. Ich gedenke des Tages der Vergeltung, und es ergreifen mich Angst und Schrecken.

3.

Ich denke an die Zeit, wo jeder ins Gericht muß, und es wird mir Angst, und meine Knie zittern; denn wohin werde ich dann kommen? Ich denke auch an jene Stunde, wo der Bräutigam zum Gastmahl eintreten wird, um die Geladenen zu besehen [1], und Tränen entströmen meinen Augen. Ich denke an die Zeit, wo man jeden, der schmutzige Kleider anhat, in die Finsternis hinauswerfen wird, und wehklage über mich. Ich denke daran, wie an jenem Tage meine Werke offenkundig werden und ich vor aller Welt beschämt dastehen werde, und die Seufzer ersticken meinen Geist. Ich betrachte alle meine Heimlichkeiten und sehe, wie abscheulich sie sind; ich weiß auch, daß sie offenbar werden, und Schmerz foltert meine Glieder. Ich betrachte das Kleid der Herrlichkeit, das ich in der Taufe angezogen, aber durch meine Vergehungen beschmutzt habe, und Schrecken bemächtigt sich meines Sinnes. Ich betrachte die strahlende Schönheit, mit der mich der Allgütige bei meiner Erschaffung schmückte, die ich mir aber durch die Sünden entstellte, und Zähne und Lippen beben mir. Ich betrachte die Herrlichkeit, welche die Gerechten am Ende erben, und denke zugleich an das schreckliche Feuer, und mein Herz pocht vor Furcht. Ich betrachte das Entsetzen, das die Sünder dort ergreift, und Zittern bemächtigt sich meiner Glieder, und Schrecken bringt sie in Bestürzung. Schrecken bemächtigt sich meiner Glieder und Schaudern meiner Gedanken. Brüder! An all dies erinnert mich jederzeit mein Gewissen, es stellt mir meine Missetaten in Reihen vor Augen und verbittert mir dadurch täglich das Leben. Wenn ich alle meine geheimen Verschuldungen überschaue, dann rufe ich über mich Wehe und preise die Fehlgeburten selig, welche das Licht dieser Welt nicht erblickten. Besser ist es, ohne Sündenschuld im Grabe zu liegen, als mit Sünden bedeckt das Licht zu schauen. Wer sich hienieden schuldig macht, über den bricht am Ende die Finsternis herein.

4.

Was soll ich nun beginnen, meine Lieben? Ich bin ja hier und dort von Leiden bedrängt: hier durch die Furcht wegen meiner Sünden, jenseits durch die drohende Strafe. Als ich in meiner Jugend sündigte, da dachte ich in meinem Sinn: „Wenn ich ins Greisenalter eintreten werde, dann werde ich schon das Sündigen lassen." Ich überlegte in meinen Gedanken: „Wenn der Körper im Greisenalter erkalten wird, dann wird auch die Glut meiner Sünden sich abkühlen." Aber jetzt sehe ich, daß mein Wille selbst im Greisenalter nicht von Missetaten abläßt; denn hat sich auch der Körper verändert, der Wille ist doch nicht anders geworden. In meiner Jugend lebte ich ausgelassen, und in meinem Alter lebe ich schimpflich, und am Ende wartet meiner das Gericht. Beladen mit Schuldenlasten, vergingen und entschwanden meine Jugendtage; die Tage des Greisenalters kamen, und auch sie sind mit allerlei Missetaten belastet. Die Zeit der Jugend verbrachte ich im Dienste der Sünde, und da nun das Alter herbeigekommen ist, wandle ich doch noch in meinen Sünden. Meine Lieben!

Es ist doch wunderlich, dass zwar der Körper seine Leidenschaftlichkeit verloren, der Wille aber seine Gewohnheiten nicht abgelegt hat. Der Körper ist durch das Greisenalter geschwächt, der Wille dagegen nicht. Grau ist wohl das Haupt, nicht aber das Herz; gealtert ist der Körper, aber alle meine Gedanken verjüngen sich immer wieder. Je weißer das Haar des Hauptes wird, desto schwärzer wird das Herz durch die Sünden, und je siecher der Körper ist, desto kräftiger ist der Wille zum Sündigen. Der Wille meiner Jugend ist der gleiche noch in meinem Alter; in Ausgelassenheit habe ich beide [Jugend und Alter] zugebracht. Nach meinem Greisenalter kommt aber die Zeit des Todes und nach dem Tode die Auferstehung und das furchtbare Strafgericht. Wenn ich aber dazu in diese Welt voll Übel gekommen bin, dann wäre es besser gewesen, ich hätte sie nie betreten; denn in ihr traf mich nichts als Unglück. Warum mußte ich denn in diese Welt kommen und in ihr alles mögliche Schlimme sehen, um dann aus ihr eine solche Sündenlast mitfortzunehmen? Job, der ihre Übel erfahren hat, sehnte sich zu den verscharrten Fehlgeburten, daß er wie sie in der Erde verscharrt wäre und die arge Welt nie gesehen hätte [2]. Welchen Gewinn habe ich davon, daß ich in diese böse Welt kam? In ihr gibt es eine Unzahl von Feinden, und die Anfechtungen hören nicht auf. Es gibt aber auch in ihr Schriften, welche mir von Gericht und Vergeltung predigen. Meine Begierden treiben mich an, zu sündigen; die Schriften dagegen jagen mir Furcht ein. Ich schwanke zwischen Furcht und Begierde; was soll ich tun, meine Lieben? Dem schrecklichen Gerichte zu entfliehen, ist unmöglich, Freunde! Ich weiß aber, daß meine Vergeltung unheilvoll sein wird. Wohin soll ich vor beiden [Furcht und Begierde] meine Zuflucht nehmen?

5.

Wenn ich an dies alles denke, dann ergreifen mich Jammer und Entsetzen, foltern mich Leiden und Schmerzen, und Kummer verbittert mir das Leben. Stunde für Stunde erinnere ich mich an all dies, indem ich meine Heimlichkeiten betrachte, und bittere Seufzer entringen sich in Menge meinem Herzen. Schaue ich auf den Tag des Hinscheidens, so sehe ich, daß allerdings dann meine bösen Taten ein Ende nehmen werden; ich sehe aber auch das Grab voll Finsternis und erzittere dann wieder vor dem Tode. Ich bete, von hier scheiden zu dürfen und durch den Tod den Verschuldungen zu entgehen; allein bei dem Gedanken an den Tag des Hinscheidens erbeben meine Knie vor Angst. In zwei Dingen liegt für mich Qual und in dreien [3] Pein; sie alle aber bringen mir Verdammung, Gram und Elend. Sie rufen mir zwar zu, vom Sündigen abzulassen, aber ich vermehre trotzdem meine Schuld. Sterbe ich, so haften sie mir noch im Grabe an, und werde ich am Jüngsten Tage auferweckt, so muß ich geraden Weges in die Hölle wandern. Betrachte und überblicke ich nun dies alles, so ziehe ich das Grab allem anderen vor; denn in ihm wohnt es sich doch besser als hier und als dort in der Hölle. Groß ist für mich, Brüder, die Qual sowohl in dieser als in der künftigen Welt; denn hier gibt es Sünden und Versuchungen, und dort droht die Höllenpein. Hier quälen mich die Versuchungen, und der Böse überhäuft mich mit allen möglichen Sündenmakeln; im Jenseits martert mich die Pein für das, was ich in dieser Welt verübt habe.

6.

Am Tage des Gerichtes hat jeder Angst; denn jeder empfindet an jenem Tage Reue, die große Schar der Vollkommenen allein ausgenommen, Schon dem, der nur hinter ihnen zurückblieb und das Maß der Vollkommenen nicht erreichte, macht das Gewissen darüber Vorwürfe, daß er jenen nicht gleich geworden ist; denn alle Klassen von Menschen, welche die Stufe der Vollkommenen nicht erreichten, betrüben sich darüber, daß sie den Oberen nicht gleich geworden sind. Ich aber und meinesgleichen, o Brüder, wir bedauern dort nicht so sehr, daß wir des Reiches verlustig gehen, sondern wir rufen in großer Pein und mit kläglichem Stöhnen, daß wir doch wenigstens vor dem Feuer bewahrt werden möchten; denn anders ist der Kummer dessen, der die Güter des Reiches verloren hat, und anders ist das Leid dessen, der von Martern gepeinigt wird und vor Schmerzen aufschreit. Wenn dann schon jener, der das Maß der Vollkommenen nicht erreicht hat, dort Reue empfindet, was werden erst wir, die im Feuer gepeinigt werden sollen, an jenem Tage beginnen? Den Beweis dafür, daß das Feuer, von dem die Hl. Schrift redet, heftig ist, entnehme ich von dem irdischen Feuer und seiner bitteren Glut; denn sicher bereitet das jenseitige Feuer denen, die in dasselbe geworfen werden, eine viel größere Pein als das Feuer dieser Welt. Ich weiß, daß das Feuer jener Welt viel härter zu ertragen ist als das diesseitige. Das muß jeder ohne Widerrede bestätigen und glauben. Wenn das diesseitige Feuer auch heftig ist, so ist doch mit seiner Glut auch sein Glanz verbunden; das jenseitige dagegen verzehrt und ist dabei schreckliche Finsternis und Nacht. Das diesseitige verzehrt nur, solange es Nahrung hat, und wenn es den Vorrat aufgebraucht hat, dann erlischt, verglimmt und verschwindet es. Jenes nie erlöschende Feuer verzehrt seine Nahrung nicht; denn nicht zu vernichten, sondern zu martern und zu peinigen ist ihm geheißen. Das Feuer dieser Welt verbreitet während des Brennens auch Glanz; allein jenes brennt, indem Finsternis und Zähneknirschen mit ihm verbunden sind. Es frißt, zerstört, vernichtet in lichtlosem Dunkel, es peinigt, ohne je zu erlöschen; denn nach dem Ausspruche der Hl. Schrift dauert es ewig.

7.

Daran denke ich, meine Lieben, und seufze; denn ich weiß, daß ich wegen der in mir verborgenen Missetaten dafür aufbewahrt bin. Ja, an jenen strengen Urteilsspruch erinnere ich mich jederzeit und beklage beständig mein Leben, weil mir eine solche Qual bereitet ist. Zugleich gedenke ich jener Beschämung, die mir bevorsteht; denn dort kommen alle Heimlichkeiten vor den Welten und den Geschöpfen an das Licht, und alle, die mich erblicken, werden mich darum ansehen, daß ich so tief stehe. Nicht so, wie sie bisher von mir dachten, werden sie mich dort sehen; denn sie glaubten hienieden von mir, ich sei innerlich ebenso, wie ich äußerlich scheine. Ich bin aber in der Tat nicht so. Dort schauen sie meine Makeln, die in dieser Welt in mir verborgen sind, und verwundern sich höchlich und staunen über die in mir versteckten Geschwüre. Dort sehen sie gleich Dornen die Missetaten, die ich in mir ausgesät habe, und meine Heimlichkeiten treten ans Licht, und jedermann verwundert sich über mich. Dort erblicken sie gleichsam im Sonnenscheine die Flecken, die ich in mir heimlich hege, und schauen klar wie im Lichte alle meine Verfehlungen. Dort stehen die Verschuldungen, die in mir verborgen liegen, sichtbar vor Augen, und alle Völker erblicken sie am Gerichtstage wie im Sonnenlichte. Dort werden alle meine Sünden vor jedermann bekannt, und keine meiner Missetaten, weder eine große noch eine kleine, wird dort vergessen. Dort ruft man mir alle meine Sünden und Schulden ins Gedächtnis zurück; denn alle meine Werke sind im Buche verzeichnet und aufgeschrieben.

8.

Wegen dieser bösen Werke, die ich verübt habe, fürchte ich mich und erschaudere Tag für Tag weine ich, Brüder, über das, was meiner in jener Welt wartet. Ich bin mir in meinen Gedanken wohl bewußt, daß ich nichts Gutes getan habe. Darnach wird auch meine Vergeltung am Tage des Gerichtes ausfallen, weil ich mir nur einen Schatz des Bösen hinterlegt habe. Wehe mir, wenn dort am Jüngsten Tage all dieses über mich kommt: Feuer, Finsternis, Pein, die große Beschämung vor der ganzen Welt! Wehe mir dort, wenn der Bräutigam zürnend auf die Gäste blickt! Wohin werde ich dann fliehen, und an welchem Orte mich verbergen? Wehe mir, wenn er den Dienern befiehlt, mir Hände und Füße zu binden und mich aus dem Speisesaale hinauszuwerfen, da sie sehen, daß meine Kleider schmutzig sind! [4] Wehe mir, wenn sie mich von den Schafen auf der rechten Seite entfernen und zu den Böcken auf die linke Seite stellen und mich hinauswerfen! Wehe mir, wenn ich sehen muß, wie die Heiligen die [himmlischen] Güter erben, während ich im Feuer brenne! Wohin werde ich mich in jener Zeit wenden? Wehe mir auch, wenn ich in Beschämung und Zittern in der Ferne stehe und meine Augen nicht zu erheben vermag, um jenen Richter anzuschauen! Wehe mir, wenn der Bräutigam mich dort verleugnet, als kenne er mich nicht, die Türe vor mir verschließt und mich in die Hölle sendet! Wehe mir, wenn ich sehen muß, wie die Auserwählten ihre Anteile erhalten, die Pforte des Reiches dann geschlossen wird und jeder sein Erbe antritt! Wehe mir, wenn der Ausspruch über mich ergeht, daß mir die Pforte verschlossen sei und daß ich draußen bleiben müsse in Qual, Heulen und Zähneknirschen!

9.

Dies macht mich, meine Lieben, immer beben und zittern, wenn ich meine geheimen Sünden betrachte und meine Werke erwäge. Diese furchtbare Erinnerung an meine Sünden und an den Tag des Gerichtes flößt meinen Gliedern Schrecken ein und erfüllt meine Gedanken mit Angst. Wunderlich ist aber dies, meine Lieben, daß ich dies alles weiß und klar erkenne, was mir frommen würde, und dennoch alles Böse verübe. Ich weiß, wie bitter mir vergolten werden wird, aber ich tue trotzdem Verkehrtes; ich kenne die guten Werke, begehe aber die bösen. Ich lese die Bücher des Geistes, welche vom [5] Hl. Geiste geschrieben sind und Gericht und Strafe, aber auch das Brautgemach des Lichtes und das Himmelreich verkünden. Ich lese, aber ich befolge nichts; ich lehre, aber ich lerne nichts. Ich bin in den Büchern und in den Schriftlesungen wohl bewandert, bin aber von meiner Pflicht weit entfernt. Ich lese anderen die Hl. Schrift vor, allein nichts dringt in meine Ohren ein. Den Unwissenden gebe ich Erklärungen und Ermahnungen, aber mir selbst zu nützen, das bringe ich nicht zuwege. Wohl öffne ich das Buch und lese und seufze, schließe es dann wieder und habe schon wieder vergessen, was darin steht. Sind die Schriften meinen Augen entschwunden, dann sind auch schon ihre Lehren ebenfalls aus meinem Gedächtnis entschwunden. Was soll ich also, meine Lieben, mit dieser Welt anfangen, in die ich [nun einmal] eingetreten bin, und mit dem Körper voll Übel [6], der mich zu Begierden reizt? Die hl. Schriften erschrecken mich wegen des Gerichtes und der Vergeltung; die Begierden dagegen drängen mich, die Werke des Fleisches zu tun. So bin ich in Wahrheit zwischen Gericht und Furcht gestellt; darum rufe ich Tag für Tag Wehe über mein Leben und preise mit Recht die verscharrten Fehlgeburten und die Kinder selig, die nie in diese Welt der Übel [7] eingetreten sind und daher auch keine [Sünden-] Last aus ihr weggetragen haben. Wer in ihr tugendhaft leben, Ruhe finden und dem Kampfe und dem Gerichte entgehen will, den überwältigen Krieg und Kampf [schließlich doch]. Hienieden Krieg zu führen und tugendhaft zu leben, gestattet mir der Leib nicht. Gebe ich mich aber meinen Begierden hin, so ist am Ende meine Vergeltung bitter. So nehme ich denn zu dir, o Herr, meine Zuflucht vor dieser argen Welt und vor dem Leibe voller Übel, dieser Ursache aller Sünden. Daher sage ich, wie einst der Apostel Paulus [8] gesagt hat: „Wann werde ich doch von diesem Leibe des Todes befreit werden?"

10.

Während aber mein Inneres bei dieser schmerzlichen Erwägung fiebert, dringt eine andere Regung auf mich ein und entfernt aus meinem Herzen die Trauer. Heimlich erhebt sich in meinem Sinn ein ermutigender Gedanke, erteilt mir einen guten Rat und bietet mir die Hand zur Hoffnung. Ich sehe im Geiste die Buße ermutigend vor mir stehen, wie sie mir eine tröstliche Verheißung ins Ohr flüstert. Ermutigend spricht sie zu mir: „Wenn du dich als Sünder darüber betrübst, daß die Reue unnütz sei, wozu betrübst du dich dann, o Sünder, [über deine Sünden]?" [Darauf erwidere ich:] „Eben deshalb, weil Reue und Tränen ohne irgendeinen Gewinn mich brennen und martern, gerate ich beim Anblick meiner Sündenmenge in Verzweiflung." „Vernimm, o Sünder" , flüstert mir wieder die Buße ins Ohr, „ich will dir eine sehr heilsame Lehre und einen lebenspendenden Rat geben. Höre mich an, ich will dir zeigen, wie du auf die rechte Weise trauern mußt, damit der Schmerz dir zum Nutzen gereiche und dein Weinen dir Hilfe bringe. Falle nicht in Mutlosigkeit und überlasse dich nicht der Verzweiflung! Laß beim Anblicke deiner Verschuldungen den Mut nicht sinken und übersieh deinen Vorteil nicht! Gütig und huldreich ist ja dein Herr; er sehnt sich, dich an seiner Pforte zu sehen und freut sich über dich, wenn du dich bekehrst, und nimmt dich mit Freuden wieder auf. Deine große Schuld kommt nicht einmal dem kleinsten Tröpflein seiner Barmherzigkeit gleich; er reinigt dich von der Sünde, welche in dir herrscht, durch seine Gnade. Das Meer deiner Sünden vermag nicht den leisesten Hauch seiner Erbarmung zu überwinden, ja selbst die Ungerechtigkeit der ganzen Welt überwältigt nicht das Meer seiner Gnade.

11.

Wenn du auch mit Sündenschuld behaftet einhergehst, so halte dich nur von Missetaten zurück, gehe an seine Pforte, er wird dich hineinlassen. Denke ja nicht, du habest zuviel gefrevelt und werdest nicht aufgenommen, wenn du zurückkehrst, damit du nicht etwa dich dadurch abhalten lassest, Buße zu tun! Schaue nicht auf die Menge deiner geheimen Sünden, damit du nicht vernachlässigest, was dir zum [ewigen] Leben dient! Denn dein Herr kann dich rein machen und von deiner Befleckung weiß waschen. Sollte der Sündenschmutz auch noch so tief in dich eingedrungen sein, wie die Farbe in die Wolle, er macht dich weiß wie Schnee, wie beim Propheten [2] geschrieben steht. O Sünder, laß nur von deinen Missetaten ab und bereue, was du gesündigt hast, dann wird er dich in seiner Erbarmung wieder aufnehmen. Laß deine früheren Makeln und komme zu ihm, dann wird er dich wieder aufnehmen. „Ja", sagt zu mir die Buße, „ich bürge dir dafür. Tue nur, wie ich dir sage, o Sünder und Unreiner, dann nimmt dich der gütige Herr wieder auf und umarmt dich wie ich. O Sünder, wenn du beweinst und bereust, was du gefrevelt, und ihn gläubig anflehst, dann läßt er dir deine Missetaten nach und ergießt über dich die Fülle seines Erbarmens; denn er dürstet und lechzt nach deiner Umkehr und sähe dich so gerne an seiner Pforte, weil er sich selbst dem Tode und der Schmach für die Bösen und die Sünder überliefert hat."

12.

Es ist in Wahrheit so, o Sünder, wie ich sagte: grausam und bitter ist die Pein, welche der Übeltäter wartet. Im furchtbaren, unauslöschlichen Feuer und vom unsterblichen Wurme werden, wie die Schrift sagt [10], die Sünder gepeinigt, wenn am Ende das Gericht stattfindet. „Wisse aber auch dies, o Sünder", spricht die Buße weiter zu mir, „daß es nicht in meiner Macht steht, dem Sünder im Jenseits irgendwie nützen zu können. Wer mich hier nicht hört und nicht unter meinen Flügeln Schutz sucht, dem vermag ich auch dort in jener Welt nicht mehr zu helfen. Dort werde ich nicht mehr zugelassen, für den Sünder Fürbitte einzulegen, der hier nicht zu mir eilte und unter meine Flügel flüchtete. Darum rate ich dir, o Sünder, zu deinem Heile dieses: Komm zu mir, solange du noch in dieser Welt bist, und du wirst durch mich leben! Ich bitte für dich bei seiner Gnade um Verzeihung deiner Schulden und rühre sie [die Gnade Gottes] durch meine Tränen, daß sie die Gerechtigkeit um Schonung anflehe. Ich trete mit dir vor die Gnade hin, um abzubitten, und beschwöre sie mit Tränen, daß sie um Erbarmung für deine Makeln anhalte, Ich vertraue auf die Gnade, sie werde meine Fürbitte für dich hören und sofort hingehen, um die Gerechtigkeit deinetwegen zu besänftigen. Ja, die Gnade faßt selbst deine Hände, o Sünder, unsichtbar und tritt fürbittend vor die Gerechtigkeit und redet sie mit folgenden Worten an: ‚O über alles furchtbare Gerechtigkeit, schau doch diesen Büßer an! Wohl war er ein Sünder und Beflleckter, allein jetzt ist er zum Büßer geworden. Schau ihn an, wie er in Schauder, Furcht und Beschämung über seine früheren Sünden dasteht und mit Seufzen dich um Vergebung anfleht! Schau auf seine Seufzer und Tränen, auf seine Reue und sein Herzeleid und laß ihm alle seine Fehltritte nach, wenn er nie mehr zu ihnen zurückkehrt! Schau ihn an, wie er vor

Traurigkeit seines Herzens in Verzweiflung zu fallen im Begriffe steht! Wird er bei dem Falle nicht ermutigt, so geht er verloren. Reiche ihm also die Hand und laß ihn den Ruf der Vergebung hören, auf daß er sich eilends erhebe in der Hoffnung, aufgenommen zu werden, wenn er zu dem barmherzigen Herrn zurückkehrt.'"

13.

Meine Lieben! Diese Worte bildeten sich heimlich in meinem Geiste nach der Furcht und nach dem Schrecken, die sich in mir wegen meiner Sünden geregt haben. Mit Recht habe ich die Buße personifiziert und redend eingeführt, um aus meinem schwachen Herzen Schmerz und Entmutigung zu vertreiben. Um allen meinen Sündengenossen Veranlassung des Trostes, der Hoffnung und der Bekehrung zu werden, habe ich dies gesagt, meine Lieben! Gepriesen sei der Allgütige und Huldreiche, der sich über uns freut, wenn wir uns bekehren, und uns freudig ohne Vorwurf aus Liebe aufnimmt! Gepriesen sei der Gnädige, dessen Pforte Guten und Bösen zum Eintritt offen steht und der den Bösen die Türe seiner Gnade nicht verschließt, wenn sie umkehren! Gepriesen sei er, der allen die Möglichkeit gibt, das Reich zu erben: den Gerechten durch ihre Tugenden, den Sündern durch die Buße! Gepriesen sei er, der für die Sünder sich selbst dem Tode und der Schmach hingab und die schimpfliche Kreuzigung erduldete, nur damit die Sünder das Leben erlangen möchten! Gepriesen sei er, der uns aus Gnade erschuf und dann kam, um uns durch sein Kreuz zu erlösen! Er wird wiederkommen und uns am großen Tage seiner Ankunft auferwecken. Mache uns, o Gütiger, durch deine Gnade würdig, daß wir am Tage des Gerichtes deine Barmherzigkeit schauen und dir, o Gott, mit den Gerechten Verherrlichung darbringen in alle Ewigkeit!

Fußnoten

1. Matth. 22,11 ff.
2. Job 3,16.
3. Sünden, Tod, Gericht.
4. Matth. 22,13.
5. oder im Hl. Geiste, d. h. unter Eingebung des Hl. Geistes.
6. oder Bosheiten.
7. oder Bosheiten.
8. Röm. 7,24
9. Is. 1,18.
10. Mark. 9,47; Is. 66,24.

REDE ÜBER DEN PROPHETEN JONAS UND DIE BUSSE DER NINIVITEN. (JONAS 3,2. 3.)

Vorbemerkung.

*„ ,Auf, geh' nach Ninive, der großen Stadt, und richte an sie die Predigt, welche ich dir sagen werde!' Und Jonas stand auf und ging nach Ninive gemäß dem Worte des Herrn." [Jonas 3,2. 3.]

Der syrische Text ist der Handschrift Cod. vat. 117, sect. 46 entnommen und in der römischen Ausgabe im II. syrisch-lateinischen Bande S. 359-386 abgedruckt. Die Autorschaft des Ephräm ist noch durch den Cod. Musei Britannici Add. 14 573, der dem sechsten Jahrhundert angehört, sehr gut bezeugt.

Der Inhalt läßt sich kurz also zusammenfassen: Jonas verkündete im Auftrage Gottes dem sündigen Ninive baldigen Untergang. Große Angst befiel die Bewohner, und ohne daß sie der Prophet dazu ermahnt hätte, bekehrten sie sich und taten Buße in der idealsten und umfassendsten Weise ohne Unterschied des Alters, des Geschlechtes und des Ranges. Der König selbst ging mit dem besten Beispiele voran und hielt sogar in eigener Person seinen erprobten Kriegern eine erschütternde Bußpredigt und sandte Herolde aus, welche die Niniviten zur Buße und Umkehr auffordern sollten [1-19]. Hierauf schildert Ephräm den Eindruck, welchen dieser heroische Bußeifer der heidnischen Stadt auf den Propheten machte: das beschämende Gefühl, das derselbe beim Vergleich mit der moralischen Versunkenheit seines Volkes empfand, und den Ärger, der in ihm aufstieg, weil er fürchtete, Gott werde, durch solche Bußfertigkeit bewogen, die Stadt begnadigen und er selbst dann als Lügenprophet dastehen [20-25]. Je näher der verkündete Zeitpunkt des Strafgerichtes rückte, desto höher stieg die Angst der Bewohner; um so größer war aber auch der Jubel, als es sich herausstellte, daß die Buße die Stadt gerettet hatte [26-30]. Voll des Dankes zogen die Geretteten vor die Stadt hinaus zu Jonas und wurden dort Zeugen, wie Gott den Propheten wegen seiner Hartherzigkeit zurechtwies [31-33]. Hierauf huldigten sie ihm und geleiteten ihn im Triumph in sein Vaterland zurück [34-35]. Da er fürchtete, sie möchten durch den Anblick des bösen Beispiels seiner Landsleute wieder rückfällig werden, suchte er seine Begleiter vom Betreten des Landes abzuhalten, und nur durch eine Lüge gelang es ihm, sie zu verabschieden. Aber sie bestiegen einen Berg und schauten von ihm aus in das Judenland hinein und waren entsetzt über die unzähligen Zeichen der Abgötterei und die anderen Greuel bei dem auserwählten Volke Gottes. Mit Dank gegen Gott, der sie zu Büßern gemacht, kehrten sie in ihre Heimat zurück [36-45]. Es scheint jedoch in 45 der Text nicht in Ordnung zu sein Der Schluß [46] bildet eine Belehrung über wahre Buße. [Vgl Zingerle I,310 f.]*

1.

Siehe, Jonas predigte in Ninive, der Jude unter den Gottlosen. Kühn betrat er die Stadt und schreckte sie mit schrecklichen Reden. Die Stadt der Heiden ward durch den hebräischen Prediger in Bestürzung versetzt und dem Meere gleich erregt durch Jonas, der dem Meere entstiegen war. Es schlugen an sie auch Wogen gleich den Wellen im Meere. Jonas ging aufs Meer und erregte es; er stieg ans Land und schreckte es. Als er floh, stürmte das Meer; als er predigte, bebte das Land. Durch Gebet ward das Meer ruhig, ebenso das Land durch Buße. Er betete im großen Fisch, die Niniviten in der großen Stadt. Gebet rettete den Jonas und Flehen die Niniviten. Jonas floh vor Gott, die Niniviten vor der Reinheit. Die Gerechtigkeit schlug beide als Schuldige in Bande. Beide Parteien brachten ihr Buße dar und wurden gerettet. Den Jonas erhielt sie [die Buße] im Meere, die Niniviten auf dem Lande.

2.

Von und an sich selbst lernte Jonas, daß man sich der Büßer erbarmen solle. Die [göttliche] Güte gab ihm an seiner eigenen Person ein Beispiel für die Sünder; denn wie er aus dem Meer herausgezogen wurde, so sollte er die [in Laster] versunkene Stadt emporziehen. Der See [1] Ninive ward erregt durch Jonas, der aus der See emporgetaucht war. Der gerechte Jonas öffnete seinen Mund, Ninive hörte ihn und ward bestürzt. Ein einziger hebräischer Prediger versetzte die Stadt von einem Ende bis zum andern in Schrecken. Er nahm den Mund voll und rief „Wehe!" und an seine Zuhörer teilte er Tod aus. Der schwächliche Prediger trat auf in einer Stadt von Gewaltigen. Seine Rede brach den Mut der Könige, und er kehrte über ihnen die Stadt um. Durch ein Wort, das die Hoffnung benahm, reichte er den Zornkelch zum Trinken. Es hörten ihn die Könige und wurden mutlos, sie warfen ihre Kronen weg und verdemütigten sich. Es hörten ihn die Vornehmen und wurden bestürzt, statt der Gewänder zogen sie Bußsäcke an. Es hörten ihn die ehrwürdigen Greise und bedeckten ihr Haupt mit Asche. Es hörten ihn die Reichen und öffneten ihre Schätze vor den Armen. Es hörten ihn auch die Gläubiger und spendeten durch die [zurückgegebenen] Schuldscheine Almosen. Es hörten ihn in der rechten Weise die Geldverleiher, daher bestanden sie nicht auf der Heimzahlung der

Schulden; die Auszahler wurden zu Heimzahlern, die Schuldherren zu Nachlassern; denn jeder sorgte in der rechten Weise für seine Rettung. Da gab es niemand mehr, der auf eine List gesonnen hätte, um zu übervorteilen. Man war in einem edlen Wettstreite begriffen, daß jeder seine Seele gewänne. Es hörten auf Jonas die Diebe, und die Räuber verließen [sogar] ihr Eigentum. Jeder richtete sich selbst, aber erbarmte sich seines Mitbruders; keiner richtete seinen Nächsten, da jeder [nur] sich selbst richtete. Jeder wies sich selbst zurecht, weil das Strafgericht alle bedrohte, Es hörten ihn die Mörder und gestanden, weil sie die Furcht vor den Richtern verachteten. Es hörten ihn auch die Richter und gaben [das Richten] auf. Die Gerichte wurden durch das [drohende] Strafgericht zum Schweigen gebracht. Man wollte nicht mehr nach Gerechtigkeit richten, damit man nicht nach Gerechtigkeit dem Gerichte verfalle. Jedermann säte Barmherzigkeit, um davon Rettung zu ernten. Es hörten den Jonas die Sünder, und jeder bekannte seine Sünden. Es hörte ihn die [moralisch] häßliche Stadt und legte sofort ihre Häßlichkeit ab. Es hörten ihn auch die Gebieter und verkündeten den Untergebenen die Freiheit. Es hörten ihn in der rechten Weise die Sklaven und wurden überaus ehrerbietig gegen ihre Gebieter. Auf die Rede des Jonas hin demütigten die vornehmen Frauen den Hochmut durch Bußsäcke. Das war in Wahrheit Buße, als die stolzen Damen Demütigung anzogen.

3.

Denn im Vergleich mit jener Buße ist die unsere wie ein Traum, und im Vergleich mit jenem Flehen ist das unsere nur ein Schatten, und im Vergleich mit jener Verdemütigung ist diese unsere Verdemütigung nur ein schwaches Abbild; denn nur wenige sind es, die in dieser Fastenzeit Schulden nachgelassen haben. Die Niniviten gaben Almosen; wir sollten wenigstens mit den Bedrückungen aufhören. Die Niniviten schenkten den Sklaven die Freiheit; erbarmt euch wenigstens der Freigeborenen! Als Jonas in jene Stadt voll Schulden geschickt ward, führte sie die Gerechtigkeit zur Rechtschaffenheit. Mit schrecklichen Reden beauftragt, entsandte ihn die Gerechtigkeit und ließ der Stadt durch ihn den Untergang verkündigen. Mit scharfen Arzneien ward der schreckliche Arzt in die Stadt voll Krankheiten entsandt. Er öffnete und zeigte seine Arzneien; sie waren schrecklich und gewaltig. Die [göttliche] Güte entsandte den Propheten nicht zu dem Zwecke, die Stadt zu zerstören. Der Prediger riet den Einwohnern nicht zur Buße, um anzudeuten, daß der Bedrängte sich selbst um seine Rettung sorgen müsse. Er verschloß vor ihnen das Tor, um offenbar zu machen, wie heftig sie anklopften. Jonas verkündete den Urteilsspruch; sie sprachen mit ihm und glaubten ihm. Dies zeigt, wie sehr die Buße imstande ist, Versöhnung zu erwirken, und wie hartnäckig der Büßer sein muß, um durch Ungestüm Erbarmen zu erlangen. Die Krankheit rührte von der Sünde her, vom freien Willen und nicht vom Zwang. Der Schreckensruf [des Jonas] schreckte wie durch ein Schwert, damit der Frevler durch Schrecken von der Sünde geheilt würde. Der Arzt, der kam, um zu heilen, zeigte dem Kranken das Schwert. Die Stadt sah es und ward bestürzt. Wie ein Henker stand er da; die von der Furcht zu Boden gestreckten Kranken erhoben sich und eilten zur Buße. Die Rede des Jonas schnitt einem Schwerte gleich die langjährigen Übel weg. Er war ein Arzt, dessen Rute besser heilte als die Arznei der anderen. Der Arzt gibt gute Worte und heilt; Jonas aber predigte und heilte. Mit heftigem Tadel behandelte er weise [dic Leute]. Es war ein Besucher, dessen Besuch den Kranken Schrecken einflößte. Der Kranke verließ sein Lager, als er die Strafrute sah. Gesund wurden die, welche an der Krankheit der Begierden litten. Jeder tadelte seine Begierde und ward so sein eigener Arzt.

4.

Die Tafel der Könige und das Gastmahl der Fürsten hörten auf. Wenn man sogar den Säuglingen die Milch entzog, wer mochte da ein Freudenmahl bestellen? Das Vieh entwöhnte man des Wassers, wer mochte da Wein trinken? Wenn der König den Bußsack anzog, wer mochte sich da in Gala werfen? Wenn die Dirnen keusch wurden, wer mochte da an das Ehebett denken? Wenn die Ausgelassenen von Schauder ergriffen wurden, wer erlaubte sich da noch zu lachen? Wenn die Fröhlichen weinten, wer mochte sich da an Späßen ergötzen? Wenn die Diebe Redlichkeit übten, wer mochte da seinem Nebenmenschen Unrecht tun? Wenn die Stadt von einem Ende bis zum andern zitterte, wer mochte da sein Haus bewachen? Das Gold lag auf dem Boden, aber niemand stahl es; offen standen die Schätze, aber niemand raubte sie. Die Weibernarren entwöhnten ihre Augen, die Weiber zu begaffen; die Weiber verbargen ihre Reize, um den Anblickenden keinen Anstoß zu geben; denn sie wußten wohl, daß dadurch allgemeiner Schaden entstünde und daß auch sie dem Verderben nicht entgehen würden, wenn sie anderen zum Ärgernis gereicht hätten. Die schönen Weiber legten der Buße der Stadtbewohner kein Hindernis in den Weg; sie wußten gar wohl, daß ihretwegen die Büßer jetzt trauern müßten. So heilten sie einander und wurden geheilt durch die Buße. Keiner verführte den andern zur Sünde, denn jeder verfolgte die Sünde. Jeder trieb den andern zum Gebet und zur Fürbitte auf. Die ganze Stadt war ein Leib! Jeder Bewohner ohne Ausnahme überwachte die andern, daß ja niemand sich gegen den Nächsten verfehle. Jeder belehrte den andern, damit er durch sein Mitglied Rechtfertigung erlange.

5.

Dort betete niemand, daß nur er allein gerettet würde, sondern solidarisch wie die Glieder eines [Leibes] beteten sie alle gegenseitig einer für den andern. Die ganze Stadt war wie ein Körper dem Untergang geweiht. Die Unschuldigen unter ihnen konnten nicht ohne die Sünder am Leben bleiben; denn die Guten und die Bösen waren ganz gleichmäßig wie die Glieder miteinander verbunden. Ihre Gerechten flehten für die Sünder um Rettung, und die Sünder flehten wiederum für die Gerechten um deren Erhörung. Die Rechtschaffenen unter ihnen beteten für die Frevler, daß sie gerettet werden möchten, und die Frevler beteten wiederum, daß das Gebet der Rechtschaffenen angenommen werden möchte. Das zarte Wimmern der Kinder brachte die ganze Stadt zum Weinen; die sich erhebende Stimme der Säuglinge rief in den Herzen und Gemütern eine Umwandlung hervor. Die Greise bestreuten sich mit Asche; die Greisinnen rauften sich die ehrwürdigen Silberhaare aus, warfen sie weg und bedeckten sich so mit beschimpfendem Leid. Die Jünglinge wehklagten noch lauter beim Anblick ihrer Greise; die Greise rührten die Jünglinge, diese trefflichen Stäbe des Greisenalters, zu Tränen. Sie wehklagten, daß sie alle miteinander begraben würden, die Begrabenden und die zu Begrabenden. Die Häupter der ehrbaren Männer und Frauen wurden vor Wehklagen kahl. Die Mutter stand in der Mitte, rings um sie her ihre Lieblinge, welche sich an ihre Säume anklammerten, um bei ihr Rettung vor dem Tode zu finden. Vor dem Schreckensruf entfloh der Knabe zum Schoße seiner Mutter, und der Säugling barg sich vor dem Strafgerichte am Busen seiner Amme. Es wurde Tag, es wurde Nacht; man zählte Stunde für Stunde die anberaumten Tage. Man berechnete die Tage, die schon vorüber waren, und wenn wieder ein Tag vorüber war, so klagte man, daß das Leben um ihn kürzer geworden sei. Mit dem entschwindenden Tage entschwand eben [auch] ihr Leben. Die Kinder fragten unter Weinen, Tränen in den Augen, ihre Eltern: „O Eltern, sagt uns doch, wie viele Tage bleiben uns noch von den Tagen, die uns jener hebräische Prediger bestimmt hat? Welches ist die von ihm bezeichnete Stunde, in welcher wir zur Unterwelt hinabsteigen müssen? Welches ist der Tag, an dem diese herrliche Stadt zerstört werden soll? Welches ist wohl der letzte Tag, nach dem wir nicht mehr sein werden? Welches ist der Zeitpunkt wo uns alle der Schwindel erfassen wird, und welches ist der Tag, an dem die Kunde von unserem Untergang in alle Welt hinausfliegen wird und Schauende vorübergehen werden, um die Stadt anzusehen, die über ihren Bürgern zusammengestürzt ist?"

6.

Als die Eltern solche Fragen aus dem Munde ihrer Kinder vernahmen, vergossen sie in bitterem Leid heiße Tränen über ihre Kleinen, und es zerflossen die Seelen beider, der Redenden und der Hörenden [vor Schmerz] Die Eltern vermochten vor Schluchzen nicht zu sprechen, weil der Schmerz den ebenen Weg der Worte versperrt hatte; andererseits wurde ihre Rede durch das Weinen ihrer Lieblinge verhindert. Um aber ihre Kinder nicht noch mehr zu quälen und aus Furcht, dieselben möchten noch vor dem festgesetzten Tag aus Gram sterben, hielten die Eltern ihre Tränen zurück und bezwangen mit Gewalt ihr Mitleid, um die Kinderschar über diese Fragen klug beruhigen zu können. Die Eltern scheuten sich, die Wahrheit ihren Kindern offen mitzuteilen, daß nämlich der Tag nahe sei, der nach dem Ausspruch des Propheten kommen sollte; daher beschwichtigten sie ihre Kinder nach dem Beispiele Abrahams durch eine Weissagung. Isaak fragte nämlich, wo denn das Opferlamm sei. Um nicht unter Seufzen antworten zu müssen und dadurch sein Opfer zu beflecken, band er seinen einzigen Sohn unter zärtlichen Reden, bevor er sein Opfermesser zückte. Da Abraham wußte, daß die Antwort für seinen Sohn zu hart wäre, so behalf er sich zwar nicht mit Schweigen, um ihm Kummer zu ersparen, aber er offenbarte ihm auch nicht das Schmerzliche, damit das Opfer nicht durch Traurigkeit einen Makel erhalte. Er sann jedoch darüber nach, wie er seinen Liebling zufriedenstellen könnte. Während er davor zurückschreckte, das ihm Bekannte zu offenbaren, weissagte er ein verborgenes Geheimnis, und während er ihm nichts mitteilen wollte, offenbarte er ihm die Wahrheit. Er scheute sich, ihm zu sagen: „Du bist es!" und weissagte ihm, daß es ein anderes Opfer sein werde. Er glaubte, daß es Isaak sei, weissagte aber, daß er es nicht sein werde. Denn Abrahams Zunge wußte mehr als sein Herz [2]. Das Herz lernte vom Munde, der sonst von ihm lernt. Der Verstand war wissend, weil die Zunge prophetisch war; der Verstand, der sonst belehrt, ward durch die Zunge belehrt. „Ich und der Knabe wollen hinaufgehen", sprach Abraham zu den Knechten, „und wir werden wieder zu euch zurückkommen." Er wollte täuschen und weissagte; er war aber kein Lügner, weil er für die Wahrheit kämpfte; sein Wort wurde zur Weissagung, weil er bestrebt war zu helfen.

7.

Ebenso machten es die Niniviten mit ihren Kindern. Sie bedienten sich einer List, um sie zu beschwichtigen. Sie begannen unter Tränen zu ihren Lieblingen also zu sprechen: „Gott ist gut und wohlwollend; er vernichtet das Bild nicht, das er angefertigt hat. Wenn ein Maler ein Bild gemalt hat, so bewahrt er es sorgsam auf; wieviel mehr wird der Gütige sein lebendiges und vernunftbegabtes [3] Bild bewahren! Nein, Kinder, die Stadt wird nicht zerstört, unsere Stadt wird nicht zugrunde gerichtet. Durch die Androhung des Unterganges will er uns vielmehr zur Buße rufen. Durch das schreckliche [angedrohte] Strafgericht will er uns nur zur Reinheit zurückführen. Liebe Kinder, wie oft seid ihr nicht schon von uns gestraft worden? Ihr habt die Züchtigung ausgehalten und seid durch die Schläge verständiger geworden. Denn nicht im Zorne wurde diese [unsere] Rute erhoben, um zu zermalmen. Wir züchtigten euch, weil ihr euch verfehlt hattet, und freuten uns, weil ihr dadurch gebessert wurdet. Ihr habt es selbst eingesehen, daß ihr nur aus Liebe gestraft wurdet. Ihr habt es selbst verstanden, daß ihr aus Barmherzigkeit geschlagen wurdet. Denn durch die Streiche wurde euch ein Dienst erwiesen, und ihr seid dadurch [würdige] Erben geworden. Der Schmerz infolge der Schläge ward nachher voll Freude, und die Qual infolge der Rutenhiebe wurde ein Schatz von Entzücken. Euer Leid verwandelte sich in lauter Wonne.

8.

„Lernet also, meine Lieblinge, aus der Prüfung eurer Züchtigung und lasset euch durch die weise Rute eurer Eltern belehren, daß auch jener Vater uns zu unserem Besten züchtigt, um uns zur Einsicht zu bringen. Seine Rute ist im Zorne erhoben, um uns Schrecken einzuflößen und uns dadurch zur Einsicht zu bringen. Wie nämlich wir Eltern euch unter Schelten bestrafen, um euch durch die Züchtigung zu gewinnen und euch durch die schmerzlichen Schläge zu nützen, ebenso straft uns jener Gute und Wohlwollende durch sein Schelten, rettet uns aber in seiner Güte und schüttet über uns den Reichtum seiner Erbarmungen aus. Durch seine Rute gibt er uns seine Liebe zu erkennen, und durch seine Geißel öffnet er uns seinen Schatz. Wenn ihr euch davon überzeugt habt, daß wir euch aus Liebe schlugen, wie sollten wir dann annehmen, daß Gott uns nicht aus Liebe züchtige? Unser Züchtigen diene euch als Spiegel, um in ihm zu sehen, wie die [göttliche] Barmherzigkeit und Güte züchtigt. O unsere Lieblinge, alle unsere Liebe ist nicht imstande, euch so zu lieben, wie Gott in seiner Barmherzigkeit die Menschenkinder liebt. Unsere Liebe zu euch steht seiner Liebe zu uns weit nach. Mag auch seine Strafe sehr groß sein, größer noch ist seine Güte; denn seine Strafe ist den Menschenkindern als Gnadengeschenk gegeben. Betrübte Kinder, tröstet euch also und trocknet ein wenig eure Tränen! Der Schrecken wird von uns ablassen und das Strafgericht uns verschonen. Binnen kurzem wird die Stadt getröstet werden, und bald werden die Einwohner gerettet sein. Dann wird sich freuen der Züchtiger, weil er sieht, daß ihr, Kinder, gebessert seid." Dieses und Ähnliches sprachen die Niniviten zu ihren Lieblingen. Während sie nach Trost suchten, weissagten sie den Frieden. Weil sie sofort Büßer geworden waren, daher weissagten sie als Wahrhafte. Die Buße ward zur Tatsache, und daher die Weissagung zur Wahrheit. Trotzdem sie so redeten, hörten sie doch nicht zu weinen auf; trotz dieser Trostesworte ließen sie doch nicht von der Trauer ab. Die Angst trieb zu strengerem Fasten an, die Furcht zu eifrigerem Gebete, Sie erkannten eben mit Recht, um wieviel mehr die Sünder trauern müßten, wenn selbst die Gerechten davon nicht abließen; denn das Ende stand vor der Türe.

9.

Der König trat hervor und zeigte sich. Beim Anblick seines Bußsackes erschauerte die Stadt. Welcher Vornehme hätte da noch Bedenken tragen können, in dieser Strafzeit auf Byssusgewänder zu verzichten? Auch der König weinte, als er die ganze Stadt in Trauer sah. Die Stadt weinte angesichts des Königs, weil sie Asche auf seinem Haupte sah; der König weinte angesichts der Stadt, weil sie vor lauter Bußgewändern ganz schwarz geworden war. Da die ganze Stadt weinte, rührte sie sogar die Steine in den Mauern zu Tränen. Wer betete jemals so [wie die Niniviten]? Wer flehte je so inbrünstig? Wer hat sich je so verdemütigt? Wer hat sich je so erniedrigt? Wer hat je seine Schändlichkeiten, die verborgenen sowohl wie die offenkundigen, in diesem Maße abgelegt? Wer hat jemals so seine Lustbarkeiten, gleichsam seine Glieder [4], von sich geworfen? Wer hat je bloß eine Stimme vernommen und [allsogleich] sein Herz wegen seiner Sünden zerrissen? Wer hat je das Wort eines Mundes gehört und ward daraufhin [sofort] in seinem Geiste zerknirscht? Wen ergriffen wegen der Stimme eines schwachen Menschen je Todesängste? Wer stellte sich je bei seiner Buße Gott so vor Augen? Wer schaute je so den Gerechten, wie er sein unsichtbares Schwert zückt?

10.

Wer sah je eine ganze große Stadt so schreien und weinen? Wer hätte das Wehklagen und Weinen der Kinder aushalten können? Denn sie, die ein langes Leben liebten, hörten, daß ihr Leben abgekürzt worden sei. Wer hätte ferner vermocht, das Wehgeschrei der Greise zu ertragen? Denn sie, die das Grab und die Begrabenden liebten, hörten, daß die Stadt zugrunde gehen werde. Wer hätte das laute Jammern der Jünglinge ertragen können, die da sahen, daß ihre Hochzeitsgäste zu ihrem Tode geladen seien? Wer hätte das Wehklagen und Weinen der Bräute ertragen können, die, in ihren Brautgemächern sitzend, zu den Grüften der Erde geladen waren? Wer hätte sich der Tränen erwehren können, wenn er den König hätte weinen sehen, der geladen war, statt in den Königspalast zurückzukehren, in die Unterwelt hinabzusteigen? Er, der unter den Lebendigen König war, sollte unter den Toten Staub sein. Anstatt auf einem Prunkwagen einherzufahren, hatte er vernehmen müssen, daß seine Stadt zugrunde gehen werde. Anstatt sich seinen Schwelgereien und Lustbarkeiten hingeben zu können, hatte er vernehmen müssen, daß ihn der Tod verschlingen werde. Anstatt sich auf seinem Ruhebette ausstrecken zu können, war der König samt seiner Stadt plötzlich zu dem Abgrund des Strafgerichtes geladen worden.

11.

Er rief seine Truppen zusammen, weinte über sie, und sie beweinten ihn. Der König erzählte vor ihnen, in wieviel Kriegen sie Siegeskränze errungen hatten und erinnerte sie daran, in wieviel Kämpfen sie sich rühmlich ausgezeichnet hatten. Nun aber wurde er kleinmütig und mutlos, weil kein Retter und Helfer sich zeigte. Dann begann er zu ihnen zu sprechen: „Meine Teuren! Dies ist kein Krieg, um auszuziehen und nach unserer Gewohnheit zu siegen und nach unserem Wunsche Triumphe zu erringen; denn auch die Heldenmütigsten sind durch die furchtbare Kunde, die uns wurde, in Schrecken versetzt worden. Uns, die wir so viele besiegt haben, besiegt ein einziger Hebräer. Königen und uns hat er Schrecken eingejagt, seine Stimme bringt uns in Verwirrung. Wir haben viele Städte zerstört, und er besiegt uns in unserer Stadt. Ninive, die Mutter der Helden, fürchtet sich vor einem einzigen schwachen Manne. Die Löwin ward in ihrem Lager von einem Hebräer in Furcht versetzt. Früher brüllte Assyrien in der Welt, jetzt brüllt die Stimme des Jonas in ihm. So tief ist die Nachkommenschaft des Helden Nimrod gesunken!"

12.

Hierauf gab der König seinen gewaltigen Heeren einen guten Rat: „Ich rate euch, meine Teuren, auch jetzt nicht mutlos zu werden, sondern wie Helden zu kämpfen, damit wir nicht wie Feiglinge zugrunde gehen. Wer sich in seiner Prüfung herzhaft und heldenmütig zeigt, der fällt als ein Held; bleibt er aber am Leben, so steht er glorreich da; Denn der Edle kann durch seinen Heldenmut einen zweifachen Lohn erringen: entweder einen ruhmvollen Tod oder ein ehrenvolles Leben. Wer hingegen kleinmütig ist, hat zweifachen Nachteil zu gewärtigen; denn sein Tod ist überaus schimpflich und sein Leben schmachvoll. Rüsten wir uns daher, fassen wir Mut, zeigen wir uns als Helden und erwerben wir uns Ruhm! Wenn wir auch nichts weiter erreichen würden, so erringen wir uns doch den Ruhm tapferer Männer. Wir wissen aber aus der Urtradition unserer Väter, daß Gott nicht nur Gerechtigkeit, sondern auch Barmherzigkeit besitzt. In seiner Gerechtigkeit droht er, aber in seiner Barmherzigkeit erbarmt er sich wieder. Versöhnen wir also seine Gerechtigkeit und ehren wir zugleich seine Barmherzigkeit, damit, wenn seine Gerechtigkeit versöhnt ist, auch seine Barmherzigkeit uns beistehe! Ist nämlich seine Gerechtigkeit versöhnt, so ergießt sich sein Erbarmen reichlich über alle; aber auch wenn seine Gerechtigkeit erzürnt ist, so wird doch unser Gebet nicht getadelt, und wenn sie auch nicht versöhnt ist, so wird doch unser Flehen nicht gerügt. In der Mitte zwischen der Gerechtigkeit und der Barmherzigkeit wird die Buße nicht verworfen. Meine Teuren! Fertigen wir uns also für eine neue Stadt neue Waffen an! Nachdem wir einmal zu diesem unsichtbaren Kampfe berufen wurden, wollen wir auch unsichtbare Waffen ergreifen!

13.

„Wir haben [dies] von den Voreltern überkommen, die in der Welt die Wahrheit verkündet haben. Ihre Worte und die Kunde ihrer Großtaten sind uns überliefert worden; denn nicht ist der Menschheit die Kenntnis der Wissenschaft vorenthalten. Es ging in alle Welt die Kunde, daß die Gerechten auf die genannte Weise gerettet wurden. Die ganze Welt ist voll davon, daß der Schalgewordene gerichtet wird. Wir haben ferner bezüglich der Frevler gehört, wie sie sich empört haben, aber auch ausgerottet wurden. Auch ward ein Spiegel aufgestellt, damit jeder Widerspenstige beschämt werde. Ein Zeichen wurde aufgerichtet in der Welt, damit die Schauenden ihre Blicke darauf richten. Barmherzigkeit ward verkündet, damit die Hörenden darauf achten. Die Buße wurde auf Erden zur Anschauung gebracht, damit die Sünder sie ansehen. Wer hätte nicht von jener gewaltigen Flut gehört? Dieses Ereignis in den Tagen Noës liegt uns ja nicht so fern, unsere Generation reicht ja nahe an dieses Strafgericht heran; daher entbehrt niemand der Kunde davon, und niemanden bleibt die Kenntnis desselben verschlossen. Die Menschen, jenes Geschlecht, in den Tagen des Noë sündigten und wurden bestraft. Auch damals verkündete eine Stimme die kommende Flut. Aber als die Gottlosen jene Stimme vernahmen, erzürnten sie [Gott] noch mehr, weil sie darüber spotteten. Die Stimme der Axt und die Stimme der Säge predigten die Flut [5]; die Stimme der schneidenden Säge wehklagte laut über die Überschwemmung. Aber die Stimme der Axt verlachten sie, und die Stimme der Säge verhöhnten sie. Als jedoch die Arche vollendet war, da offenbarte sich die [strafende] Gerechtigkeit, und als die Gerechtigkeit sich offenbarte, fand die Frechheit ihre Strafe. Es brachen tosend die Quellen hervor gegen die Frevler, die gespottet hatten. Plötzlich brauste die Flut über die

Gottlosen her, welche gehöhnt hatten. Die zuvor die Stimme der Axt verspottet hatten, entsetzten sich über die Stimme des Donners; die zuvor die Stimme der Säge verlacht hatten, wurden von den Blitzen und Donnerschlägen geblendet. Nun begannen sie zur Arche zu eilen, über die sie gespottet hatten; allein diese schloß ihre Türe vor ihnen, weil sie ihren Bau verhöhnt hatten.

14.

„Verachten wir daher, meine Brüder, die Stimme des Hebräers Jonas nicht! Es geziemt uns nicht, diese Predigt auf die leichte Achsel zu nehmen; sondern wir wollen sie mit Verständnis betrachten und von allen Seiten ins Auge fassen. Ich wenigstens geriet durch die Stimme seiner Predigt in große Angst. Man hält sie zwar [vielfach] für Vermessenheit, ja für Wahnsinn sieht man sie an. Will ihn [den Jonas] aber jemand für einen Narren erklären, so möge er doch beachten, daß er einen reichen Vorrat weiser Lehren in sich birgt, daß er Verstand und Einsicht sein eigen nennt, weil in ihm ein Born der Weisheit quillt. Sein Äußeres ist zwar verächtlich und gewöhnlich, aber seine Rede ist erhaben und ehrwürdig. In eurer Gegenwart richtete ich an ihn beliebige Fragen, um seine Aussprüche wie in einem Feuerofen zu prüfen. Er geriet weder in Furcht noch in Angst; er zögerte nicht, kam auch nicht in Verlegenheit. Er modifizierte den Ausspruch seines Mundes nicht, denn dieser ist mit der Wahrheit verbunden; er wich nicht von seinem Thema ab, denn sein Gedächtnis ist sehr treu. Ich versuchte es mit Schmeicheleien, er aber ließ sich nicht betören; ich versuchte es mit Drohungen, er aber blieb kalt. Ich bot ihm Reichtum an, er aber lachte darüber; ich zeigte ihm das Schwert, aber dieses verachtete er noch viel mehr. Das Schwert und das glänzende Angebot ließen ihn kalt. So mancher läßt sich durch das Gold betören, andere werden durch das Schwert in Schrecken gesetzt; ihn aber schreckte die Strafe nicht, noch reizte ihn das Gold. Wir haben diesen Hebräer zwischen Schmeicheleien und Drohungen gestellt, er aber entzog sich beiden, indem er beide verachtete. Ich zeigte ihm Reichtum, er aber lachte darüber, und über das Schwert verzog er spöttisch die Lippen. Die Liebe zum Golde wurde überwunden und die Furcht vor dem Tode zuschanden gemacht. Jedes Wort, das er sprach, gleicht einem Schwerte, das Felsen zerschlägt. Meine Macht fürchtete er nicht, und auf meine Majestät nahm er keine Rücksicht. All unsere Herrlichkeit achtete er wie auf dem Boden liegenden Kot; denn unseren Reichtum verschmähte er gänzlich, und unser Schwert verachtete er vollständig. Er hatte seine Stirne zu Erz gemacht, als er in unser Land kam; daher konnte ihn nichts bewegen, auf unsere königliche Würde Rücksicht zu nehmen,

15.

„Sein Wort wurde uns zum Spiegel, in dem wir unsere Schandflecken sehen können. In ihm sehen wir Gott, wie er wegen unserer Missetaten droht; in ihm sehen wir die Gerechtigkeit, wie sie über unsere Sünden zürnt; in ihm sehen wir unsere Stadt, wie das Strafgericht über sie kommt; in ihm sehen wir seine Predigt, wie sie aus gerechtem Munde hervorgeht; denn es ist keine Spiegelfechterei oder listige Wortmacherei. Wenn er uns Frieden verkündigt hätte, dann könnte man annehmen, daß er ein Spiegelfechter sei, um durch die gute Kunde, die er verkündet, einen guten Lohn zu erhalten; denn wer Gewinn liebt, dessen Verheißung ist herrlich. Die Versprechungen des Wahrsagers sind verlockend, weil er habgierig ist. Der Sterndeuter stellt ein günstiges Horoskop, weil er hungrig ist. Um von dem Toren viel zu erhalten, verspricht er ihm ein Los des Reichtums. Nicht daß er ihm etwas geben wollte, geschweige daß er ihm etwas wirklich geben würde, sondern durch das Versprechen des Reichtums ködert er ihn, um ihm auch das, was er besitzt, abzunehmen. Der Arzt dagegen ist durch und durch wahrhaftig, er sagt dem Kranken die Wahrheit. Er tritt in das Haus des Kranken und verkündet ihm das Urteil. Er kündigt ihm in seinem Zimmer das schmerzliche Brennen mit Feuer an. Er scheut sich nicht, jedem Patienten, wer er auch sei, das Ausreißen eines Backenzahnes in Aussicht zu stellen. Er scheut sich nicht einmal vor dem König, ihm seine Meinung zu sagen. Ebensowenig scheut er sich, einem Prinzen eine scharfe Arznei einzugeben. Er hat keine Furcht vor einem Gefürchteten, sondern er bindet und operiert ihn. Nicht zittert er vor einem Helden, sondern schwächt seine Kraft durch Brennen. Wer könnte also den Propheten, der das Strafgericht verkündet hat, einen Lügner nennen? Er ist ja kein Betrüger, wenn auch seine Stimme in Verwirrung setzt. Wenn auch seine Stimme gewaltig ist, so ist doch seine Gesinnung aufrichtig.

16.

„Ein Arzt kann, wenn er auch noch so furchtlos ist, doch des Lohnes wegen sich [zu einer falschen Aussage] verleiten lassen; aber dieser Hebräer überragt den Stand der Ärzte in hohem Maße. Nicht einmal das tägliche Brot will er von unserer Stadt essen. Seit dem Tage seiner Ankunft lebt er in strengem Fasten und in Buße. Wer hat ihn gezwungen, ohne Entgelt uns den großen Zorn anzukündigen? Wie kommt es, daß er sich nicht fürchtete, dieses in unserer Stadt zu verkünden? Wir haben von den Hebräern gehört, daß Moses und Elias sich volle vierzig Tage der Speise enthielten. Fastet dieser hebräische Prophet vielleicht ebenso? Wenn nun er, der Gerechte, so fastet, wohlan, dann wollen auch wir fasten, denn wir haben gesündigt! Wenn er, der Rechtschaffene, betet, so mögen uns Bußkleid und Asche demütigen. Vielleicht fastet und betet er, damit er nicht unter uns als Lügner dastehe. Er bemüht sich, daß die Stadt zerstört werde, damit seine Ankündigung sich bewahrheite. Da er durch Fasten mit uns Krieg führt, so wollen auch wir mit ihm durch Fasten streiten. Nicht aber wollen wir mit dem Propheten durch Buße streiten; denn er hat sich nicht gegen uns verfehlt, sondern unsere Sünden haben das Verbrechen an uns begangen. Nicht der Hebräer zerstört die Stadt, sondern ihre Schlechtigkeit stürzt sie ins Verderben.

17.

„Meine Freunde, wir haben einen anderen unsichtbaren Feind, gegen den wir heldenmütig streiten müssen. Die Geschichte Jobs, des Gerechten der Vorzeit, ist bei uns so bekannt, daß vielleicht sogar taube Tiere von seinen Triumphen gehört haben. Seine Prüfung verkündet einer Posaune gleich seinen Sieg auf der [ganzen] Erde. Nach der Erzählung unserer Väter klagte ihn Satan an; wenn nun der Böse diesen Gerechten der Vorzeit anklagte, wie wird er erst seinen Mund aufsperren, um uns Sünder anzuklagen! Verschieden und doch wieder gleichartig ist seine Bosheit gegen die Gerechten und gegen die Sünder. Denn dem Gerechten stellt er nach, damit er ein Sünder werde; den Sünder tötet er, damit er nicht etwa ein Büßer werde. Er zog aus, um das Haus der Söhne Jobs zu zerstören. Er vermischte ihr Blut mit dem Weine und ihre Becher mit ihren Leibern. Er machte dem Mahl ein Ende und stürzte das Haus über seine Bewohner. Vielleicht ist er auch gesandt, um unsere Stadt und unser Gebiet zu zerstören. In Kriegen habt ihr Könige besiegt; besieget jetzt den Satan durch Gebet! Eure Reihen sollen also ausziehen, um mit ihm zu kämpfen! Herab und weg mit euren Panzern! Rüstet euch vielmehr gegen ihn mit Bußgewändern! Zerbrecht und werfet weg die Bögen und nehmet eure Zuflucht zu Gebeten! Verachtet das schwache Schwert und erwählt dafür das sieghafte Schwert [des Fastens]! Die Schärfe des Fastens schneidet auch die verborgene Sündhaftigkeit weg, die sich in unserer Stadt vorfindet. Nichts ist der Sieg, den ihr im Kriege davongetragen habt; wenn wir aber hier siegen, dann übertrifft dies alle unsere übrigen Siege. Da ich in den Kriegen und bei den Feldzügen den Zug eröffnete, so will ich auch der erste in diesem gewaltigen Kriege sein. Rüstet euch also, wie ich es tue, und folgt mir nach, geliebte Truppen!"

18.

Der König erhob sich, legte seine Kleider ab und stieg vom Throne herab; ebenso legten auch alle übrigen ihre Kleider ab. Sogleich zog der König das Bußgewand an, und seine Truppen kleideten sich ebenfalls in Schwarz. Die sonst so glänzenden Assyrer waren plötzlich schwarz geworden. Durch die härenen Bußkleider fand das Geheimnis Jakobs [6] seinen Ausdruck. Dadurch, daß sie sich freiwillig zur Klage niederwarfen, wurde die Buße zum Triumphe. Der Satan aber verlor wie Esau, der Lehrer gleich seinem Schüler [7]. Diese siegten wie Jakob, ebenfalls wie der Meister so auch seine Schüler [die Niniviten]. Der König berief den Oberbefehlshaber, daß er ausziehe und sein Feldlager rüste. Herolde gingen zu den Truppenteilen und riefen aus: „Jeder soll ein Büßer werden: der Unreine lege seine Unreinheit ab, damit sie ihn nicht im Kriege besiege; der Habgierige entferne seine Habsucht, damit er nicht beim Kampfe in Verwirrung gerate; der Zornmütige versöhne sich mit seinem Nächsten, damit der erzürnte Gerechte [Gott] gleichfalls versöhnt werde! Kein Groll soll im Herzen bleiben, damit die Rettung nicht verzögert werde! Kein streitsüchtiger Mund soll mitkommen, damit die Stadt durch Liebe gesegnet werde! Niemand unterdrücke und bedrücke, niemand schwöre und betrüge, damit nicht das uns angedrohte Gericht als vollkommen gerechtfertigt sich erweise! Wir wollen die Bande unserer Herzen lösen, damit unser Gebet nicht zurückgehalten werde! Niemand räche ein Unrecht, damit uns viele Vergebung zuteil werde!" Solches und Ähnliches verkündeten die Herolde in der großen Stadt.

19.

Der König stand trauernd da und rüstete sorgfältig die Stadt. Er ordnete seinem Heere Fasten an und gab es ihm als die wahre Rüstung. Er rief seine Soldaten zum Gebete als dem vollkommenen Rettungsmittel. Er pries das Gebet als den Bogen, dessen Pfeile siegreich sind, als die Rüstung, welche die Bedrängten umgibt, als das furchtbare Schwert für die, die es ergreifen. Nachdem der König seine Scharen sorgfältig gerüstet hatte, wandte er sich der Rüstung der Stadt, sowohl der Männer als auch der Weiber, zu, auf daß das ganze Volk ohne Ausnahme für die Rettung kämpfe. Mit seinem Bußkleid hatte er das Beispiel gegeben und rüstete nun auch die Stadt mit Bußgewändern. Er war ein Sohn des Helden Nimrod, er war tapfer und ein Jäger, der aber aufhörte, viele Tiere zu töten, und statt Tiere des Waldes zu töten, vielmehr die Schlechtigkeiten seines Volkes tötete. Statt im Freien zu jagen, reinigte er die Stadt von Vergehen. Er ließ von den Tieren draußen ab und tötete die Bosheiten drinnen. Er verschmähte das Gift des Drachen [8] und versüßte durch Fasten seinen Geist. Anstatt auf seinem Galawagen, durchzog er die Stadt zu Fuß, besuchte das ganze Volk, um es zur Buße zu erwecken. Inkognito ging er umher, um von ihnen die Unreinheit abzuwaschen, Demütig schritt er einher und brachte die erschütterte Stadt wieder in Ordnung. Bei seinem bescheidenen Umherwandeln säte er Frieden zwischen den Gassen aus.

20.

Bei diesem Anblick erfaßte den Jonas Staunen, und er schämte sich über die Söhne seines Volkes. Bei den Niniviten sah er Herrliches, aber über den Samen Abrahams mußte er weinen. Er sah den Samen Kanaans gebessert, den Samen Jakobs aber verschlechtert. Er sah, daß die Unbeschnittenen ihr Herz beschnitten, die Beschnittenen hingegen es verhärteten. Die einst auf die Sabbate stolz waren, verachteten jetzt die Beschneidung und stellten sie zwischen Tod und Leben [9]. Der König von Ninive erkannte, daß Sittenlosigkeit die Ursache des Strafgerichts sei; er schnitt also die Ursache des Unheils ab, und sogleich hörten die Stürme auf. Er war der Arzt, der seine Stadt behandeln konnte und wußte, welche Arznei ihr zuträglich war. Durch Fasten, das herrliche Heilmittel, heilte er die Krankheit der Stadt, durch Sack und Asche vertrieb er die Sünde aus ihr. Weil sie die Schulden nachließen, verlieh ihnen der Gütige viele Gnade. Kapital und Zins ließen sie nach, und Stadt und Bezirk wurden gerettet. Jonas trieb die Schulden ein [10], das Fasten ließ die Sünden nach. Die Niniviten traten zusammen und berieten, wie sie ihr Leben retten könnten. Das ganze Volk legte sich Fasten auf, um dadurch Gott zu versöhnen.

21.

Wer offenbarte denn den Niniviten die verborgenen Geheimnisse Gottes, daß nämlich das Fasten die Kraft habe, Gottes Strafurteil aufzuheben? Jonas hatte es ihnen sicher nicht geoffenbart, er befürchtete ja die Verzeihung; denn er hatte den Niniviten gepredigt, daß das Strafurteil feststehe. Obwohl sie dem Worte des Jonas glaubten, wandten sie doch das Urteil des Jonas ab. Als einsichtige Leute kannten sie Gott und die Menschen; sie wußten, daß ein Mensch menschlich, Gott aber gnädig handle. Sie sahen, daß der Prophet strenge war, urteilten aber weise, daß Gott gütig sei. Sie stritten sich nicht mit dem Strengen, während sie den Gnädigen zu versöhnen trachteten. Dem Propheten gaben sie Recht, Gott aber schrieben sie Güte zu. Während Jonas die Hoffnung abschnitt, wuchs durch das Fasten die Hoffnung. Während Jonas den Mut brach, hob das Gebet den Mut. Während das Strafgericht immer drohender wurde, ward seine Gewalt durch die Bußkleider geschwächt. Das Gewölk umkleidete sich mit Schwarz, aber durch die Farbe der Bußgewänder wurde es zerstreut. Die Luft war damals dunkel, aber sie wurde durch die Buße aufgehellt. Die zitternden Bewohner Asiens richtete die [eingetretene] Sittenreinheit wieder auf. Die Stadt wankte, sollte aber nicht fallen; denn sie verschaffte sich durch Almosenspenden starke Stützen. Durch den Mammon, der viele Sünden bewirkt hatte, wurden die Sünden gesühnt. Die Kinder im Mutterschoße wurden gerettet, denn sie hatten Fasten und Beten gelernt. Die Greise wehklagten in ihren Bußsäcken und sicherten sich dadurch ihr Leben. Weil die Jünglinge vor Schmerz weinten, bewahrten sie sich ihre Hochzeitskränze. Weil die Bräute sich in Trauer kleideten, entsühnten sie ihre Brautgemächer. Es klagten sogar die verschiedenen Tierarten, indem sie des Wassers entbehrten.

22.

So erhob sich also Klagegeschrei jeglicher Art von Menschen- und Tierstimmen. Ihr Jammern vernahm die Gerechtigkeit, und die Güte errettete ihre Stadt vor dem Tage, den Jonas bestimmt hatte. Es war ein gewaltiges Hin- und Herlaufen, sehr anhaltend war das Gebet, ein Fasten löste das andere ab, ein Bußsack den andern, ohne Aufhören. Viel Asche lag auf ihnen, kein Auge ließ vom Weinen der Buße ab, keine Zunge verstummte dort vom Wehklagen und Flehen um Erbarmen. Das Ohr hörte dort keinen andern Laut, weil die Stimme des Jammerns und Weinens von allen Seiten kam. Die Augen schauten dort keine heitere Gesichtsfarbe, keinen lächelnden Mund, sondern finster und gebrochen vergossen sie in Strömen immer neue Tränen der Buße. Tag für Tag wurden dort Almosen aller Alt gespendet, Gebete jeder Gattung wurden dort täglich immer aufs neue dargebracht, Flehen um allen möglichen Beistand wurde dort täglich beobachtet; denn durch die Barmherzigkeit wurde dort die Quelle allen Trostes erschlosssen. Ohne Zögern hüllten sich Männer wie Frauen in das Gewand der Keuschheit. Unbeirrt wurde dort die Reinheit durch das Fasten bewahrt. Durch gegenseitige Freundlichkeit machten sie ihre Reden lieblich. Durch Eintracht und Gleichheit waren sie wie Glieder miteinander verbunden. Da ließ sich dann auch die Güte zu ihnen herab und übergoß sie mit Erbarmen. Zwischen den Kindern herrschte Liebe, zwischen den Männern Wahrheit, zwischen den Erzürnten Versöhnung, zwischen den Entzweiten Einigkeit, bei den Frauen Ruhe und hilfsbereites Schweigen, bei den Greisen Versöhnung und wertvoller Rat, bei den Jünglingen Keuschheit, bei den Jungfrauen Sittsamkeit, zwischen den Mägden und den Herrinnen volle Eintracht.

23.

Da sah man keinen Hochmut mehr, denn sie hatten die Gewänder der Verdemütigung angelegt. Da gab es keine Eifersucht mehr, denn der Ehrgeiz war durch das [angekündigte] Strafgericht aufgehoben. Eine Frömmigkeit beseelte Untertanen und Könige; einen Trank der Gleichheit hatten Herr und Knecht; eine Speise der Verdemütigung reich und arm; ein Bußgewand kleidete den Taglöhner wie den Fürsten; unter einem Joch wandelte die ganze Stadt die Bahn der Buße; eine Arbeit verrichtete sie, um eine Rettung zu erlangen, Wehklagen in jeder Stimmlage ertönte dort täglich, Wehruf über jeglichen Schmerz erscholl dort täglich, Jammer über jegliches Leid wurde dort von allen Seiten vernommen, Verwirrung jeglicher Art erschütterte die ganze Stadt, Bestürzung über alle möglichen Schrecknisse kam über die ganze Stadt. Wie ein Vogel auf einem Dornstrauch, so saß die Stadt voll Furcht da; sie bebte und wankte wie ein Schilfrohr zwischen Winden. Wenn es tagte, so dachten sie den Untergang des Tages nicht mehr zu erleben; wenn es dunkelte, so glaubten sie, den Morgen nicht mehr anbrechen zu sehen. Jeden Tag stand der Tod bevor, alles Volk zitterte. Die ganze Stadt pochte an die Pforten des Totenreiches.

24.

Jonas zählte die Tage, die Niniviten aber zählten ihre Sünden. Jonas berechnete die Nächte, Ninive beweinte seine Missetaten. Sechs Wochen lang mühte es sich mit Weinen, Nachtwachen und Seufzen ab. Jonas hielt sich unter der Laube auf, die Niniviten aber weinten in der Stadt. Jonas, der ihre Tränen sah, fürchtete sehr ihr Fasten. Er weilte im Schatten der Kürbislaube, sie litten unter der Hitze des Tages. Seine Laube rollte sich [verdorrend] zusammen, sie aber überschattete [Gottes] Rechte. Er sah ihre Seelen wie Wasser vor dem Allerhöchsten hingegossen, er sah die Fürsten in den Staub hingeworfen fasten, er sah die Kinder wimmern, die Kälber und die Lämmer blöken, er sah, wie die Mütter mit ihren Tränen ihre Kinder benetzten, er sah die Busen der Säuglinge in den Zähren ihrer Gebärerinnen gebadet. Er sah die Greise weinen, während die Greise seines Volkes schwelgten. Er sah Ninive in Trauer und Sion in Schwelgerei versunken. Er sah Assyrien und verachtete daher gar sehr das stolze Jerusalem. Er sah, daß die Dirnen Ninives keusch geworden waren, die Töchter seines Volkes aber sich befleckten. Er sah, daß in Ninive die Besessenen zur Ruhe gelangten und die Wahrheit lernten; in Sion dagegen sah er die Propheten voll Lug und Trug. Er sah, wie bei den Heiden die Götzenbilder öffentlich zertrümmert wurden, er beobachtete aber auch und sah, daß die Gemächer des Volkes [Israel] voll von Heidentum waren.

25.

Dieser Hebräer hatte nun seine Erfahrung unter den Heiden gemacht und legte daher die Verwunderung darüber ab, daß der [heidnische] Priester [11] den Moses and die Witwe den Elias aufgenommen hatten und daß David, als ihn Saul verfolgte, bei den Heiden ehrenvoll behandelt worden war. Er befürchtete jedoch, daß er, der abgesandte Bote, als Lügner angesehen werde, da er wahrnahm, daß seine Ankündigung [des Untergangs] durch die Buße vereitelt werde. Er sah, wie die Töchter der Heiden den Götzen ihrer Väter entsagten, und beweinte die Töchter seines Volkes, die den Tammuz [12] beweinten. Er sah, wie in Ninive die Wahrsager und die Beschwörer ausgerottet wurden, wie dagegen in Judäa die Zauberer mit den Sterndeutern umherzogen. Er sah, wie die Götzenpriester mit eigenen Händen die Altäre Assyriens zerstörten, und sah, wie in Sion jeder vor seiner Türe einen Altar errichtete. Jonas sah, wie Ninive gleich einer Kirche seine Kinder, versammelte, wie die ganze Stadt sich reinigte und wie in ihr ein großartiges Fasten gehalten wurde; den hl. Tempel in Sion hatte man dagegen zu einer Räuberhöhle gemacht. Den König von Ninive sah er den [wahren] Gott anbeten, den Jeroboam [13] aber sah er Kälber anbeten. Die Niniviten stellten ihre Kleinen in Reihen unter Wehklagen vor Gott auf, die Hebräer aber opferten ihre Söhne und schlachteten ihre Töchter den Teufeln zu Ehren. Die Niniviten spendeten Gott auch ihre Tränen mit Fasten, die Hebräer dagegen spendeten ihren Götzenbildern ihre Weine. Von den Niniviten stieg der Duft trauernder Mienen empor, in Sion aber dufteten der Wohlgeruch und der Weihrauch der Götzen. Das [hebräische] Volk schnitt sich die Hoffnung ab, für die Heiden aber vermehrte sie sich. Bei den Juden herrschte Ausgelassenheit, bei den Niniviten Verdemütigung. In Judäa war die Bosheit, in Ninive die große Trauer offenkundig. Sonst beweinen die Lebenden die Gestorbenen; die Niniviten aber beweinten die Lebenden, jeder beweinte seinen Sohn und wehklagte über seinen Verwandten. Die Schönheit der Frauen ward durch Weinen und Fasten entstellt. Jeder küßte [zum Abschied] seinen Freund und weinte an seiner Brust.

26.

Groß war dort die Trauer und furchtbar das Leid; denn es war ihnen bestimmt, bei lebendigem Leibe unter die Erde zu sinken. Je näher der Termin heranrückte, desto reichlicher strömten ihre Tränen. Es war, als ob sie schon dahingeschieden wären und nicht mehr in der Welt weilen würden. Es kam der Tag heran, an dem die Stadt zerstört werden sollte; es nahte der Tag, an dem sie vernichtet werden sollte. Darum herrschte in der ganzen Stadt Trauer, Weinen und Wehklagen. Der Staub der Erde ward von den Tränen derer benetzt, welche ihn geformt hatten [14]. Die Väter stellten vor ihren Kindern deren Erbgüter auf, um so zugleich die Erben und die Erbschaften zu beweinen. Sie stellten die verlobten Söhne und Töchter der Reihe nach unter Tränen auf. Wer konnte einen so schmerzlichen Anblick überleben? Sie stellten die jungen Ehepaare auf und erregten so deren Klagen und Weinen. Sie stellten Knaben und Mädchen auf, während Wehgeschrei zum Himmel aufstieg. Sie schauten auf die Schönheit der Kleinen und auf die [blühenden] Gestalten ihrer Kinder. Auf der Erde stehend bildeten sie sich ein, sie sei erschüttert. Sie schien wie ein Schiff zu sein, das unter ihnen hin und her schwankte.

27.

Da standen auch Greise beiderlei Geschlechtes und ihre Bestatter bei ihnen, laut klagend und weinend darüber, wer ihnen die Augen schließen und sie begraben [15] würde. Sie weinten über ihre Todesfälle, weil niemand da wäre, der sie begraben und [die Hinterbliebenen] trösten würde. Sie weinten über ihre Gräber, weil niemand dieselben ausheben und sie hineinlegen würde. Sie weinten über ihre Gewänder, da niemand ihre Blöße bedecken würde. Jedermann stellte sich seinen Tod schmerzlich vor Augen, und wenn sie sich daran erinnerten, so wehklagten sie darüber, daß sie zu einem solchen Ende bestimmt seien. Jeder war bestürzt, wenn er daran dachte, daß ihm ein solcher Tod bereitet sei. Jedem zerriß es das Herz, wenn er vernahm, daß die Erde sich spalten werde. Es entfärbten sich ihre Gesichter, wenn sie vernahmen, daß der Erdboden sich umkehren werde [16]. Es standen Könige und Königinnen da, ihre Kronen lagen auf Bußsäcken. Sie sahen voraus, daß sie morgen nicht mehr sein würden. Sie verhüllten sich, während ihre Ängste wuchsen. Jedermann raffte [zum Zeichen der Trauer] Staub auf und rief dann wiederum zu Gott. Jedermann klagte im Gebete und füllte sein Haupt [17] mit Asche. Es gibt keine Klage, die dort nicht geklagt und geschluchzt worden wäre. Selbst die Mauern, zum Bußgewande [der Stadt] geworden, erregten mit Trauerasche bestreut Weinen.

28.

Auch der Tag gürtete sich dort mit Dunkelheit wie mit Bußsäcken; die Luft verdüsterte sich, und der Himmel geriet in Aufruhr. Das Gewölk hüllte sich in Dunkel, und dichte, tiefe Finsternis trat ein. Krachen folgte auf Krachen, ein Donnerschlag dröhnte dem andern entgegen, ein Blitz schlug den andern, so daß die Herzen bangten und bebten. Da richtete jeder seinen Blick auf den

Boden in der Erwartung, daß er sich umkehren würde. Alle weinten zusammen als solche, die plötzlich dahingerafft werden sollten. Jeder beweinte seinen Bruder, jeder wehklagte über seinen Freund, jeder rief nach seinem Genossen, um ihn noch einmal zu sehen und sich an seinem Anblicke zu sättigen, um das letzte Wort mit ihm zu wechseln und dann vereint ins Totenreich hinabzusinken. Als der Termin zu Ende ging, standen sie insgesamt auf der Stufe zum Tode, sich gegenseitig festhaltend. Es kam der Tag, wo die Hoffnung schwinden und das Strafgericht eintreten sollte. Es kam die Nacht, welche auf die sechs Wochen folgte. Unter Tränen sannen sie darüber nach, zu welcher Stunde die Stadt untergehen würde, ob sie am Abend zerstört oder ob sie am Morgen umgestürzt würde, in welcher Nachtwache ihr entsetzlicher Schreckensruf erschallen würde. Sie erwarteten, daß die Stadt am Abend umgestürzt würde; der Abend kam, und sie stand noch. Sie erwarteten, in der Nacht verschlungen zu werden; aber sie überlebten die Nacht. Sie erwarteten, in der Finsternis unterzugehen; die Finsternis ging vorüber, und sie waren unversehrt. Sie erwarteten, daß die Stadt am Morgen umgestürzt würde; der Morgen kam und gab große Hoffnung. Als sie zugrunde zu gehen glaubten, ward ihnen plötzlich Rettung zuteil. Jeder sah seinen Genossen wieder und begrüßte ihn mit Freuden. Aber während dieser vierzig Tage hatte die Erde unausgesetzt gebebt.

29.

Jonas stand in der Ferne und fürchtete, als Lügner angesehen zu werden. Das Erdbeben und die Erschütterung hörten auf. Gerade als alle Hoffnung aufgegeben war, wurde die Nachricht von der Erbarmung gegeben. Als sie das Zeichen der Gnade sahen, wurden sie durch dieses Zeichen mit Hoffnung erfüllt. Weil die Erde nicht mehr bebte und Blitz und Donner aufhörten, wurden Ohr und Auge erfreut. Der Allgütige sah ihre Tränen und erbarmte sich ihres Lebens. Obwohl sie nicht starben, litten sie doch Qualen, da sie den Tod bei lebendigem Leibe kosteten. Während dieser sechs Wochen hatten es die Toten besser als sie; sie lebten zwar ihr Leben fort, aber sie waren schon tot, wenn auch noch nicht begraben. Da begegnete ein Bruder dem andern, aber er erkannte dessen Züge nicht; ein Mann traf seinen Freund, aber er vermochte nicht seine Gestalt zu unterscheiden. Auch das Ohr war nicht imstande, die Stimmen voneinander zu unterscheiden, wie auch das Auge die Gestalten nicht voneinander unterscheiden konnte. Vor Gram waren sie ja den Schatten der Finsternis und durch jenes strenge Fasten angebrannten Scheitern [18] gleich geworden. Vor Nachtwachen waren ihre Leiber dahingeschwunden und nur mehr Haut und Gerippe übrig geblieben. Gerade als Jonas meinte, die Stadt sei schon untergegangen, an eben diesem Tage und zu eben dieser Stunde ward sie vom Untergang gerettet. Nebel und Wolkendunkel zerstreuten sich plötzlich, vergingen und entschwanden. Es trat Ruhe ein, die Hoffnung stieg, und die sterbende Stadt erwachte zu neuem Leben.

30.

Jonas empfand großes Leid, die Niniviten aber gewannen wieder eine heitere Gesichtsfarbe. Allen ward frohe Kunde gegeben, weil sie sahen, daß die Luft sich aufhellte. Sie beugten ihre Knie zum Gebete, breiteten ihre Hände zum Himmel aus, jeder Mund dankte und jede Zunge pries den, der trotz seines Zornes ihnen das Leben wiedergab wegen ihrer Buße. „Den Herrn im Himmel haben wir versöhnt [19]. Du [20] hast uns, dein Volk, auf Erden erfreut; denn du hast uns aus dem Staube wiedererweckt, daß wir ein neues Leben leben. Durch dich haben wir die Güter gefunden, die uns zuteil geworden sind. Du hast uns auch hierin nicht getäuscht, daß du uns aus der Finsternis ins Leben zurückbrachtest; denn durch dich fanden wir ja den Schlüssel der Buße, durch den uns aus Gottes Schatzkammer gute Hoffnung gegeben ward. Was würde es dir nützen, o Hebräer, wenn wir alle untergegangen wären? Was würdest du gewinnen, o Prediger, wenn wir alle umgekommen wären? Was würde es dir helfen, o Sohn Amathis, wenn wir nun stumm im Totenreiche lägen? Was hast du umgekehrt jetzt für einen Nachteil davon, daß du durch unsere Bekehrung verherrlicht bist? Warum tut es dir leid, daß du uns geheilt hast, wo doch das ganze Volk dich preist? Warum bist du traurig darüber, daß du unsere Stadt gewonnen hast? Warum bist du betrübt, Berühmter, darüber, daß du durch Büßer berühmt geworden bist? Das sei dein Ruhm, daß du Erhalter und nicht Zerstörer geworden bist; das biete dir hinreichende Ursache zur Freude, daß du die Wächter in der Höhe [die Engel] erfreut hast! Du sollst dich auf Erden freuen, da Gott im Himmel sich freut! Das möge dein Herz erheben, daß nunmehr jeder deinen Gott preist. Das tröste dein Gemüt, daß Stadt und König dir huldigen. Schaue doch die Kinder an, die gerettet wurden! Bete für ihr Leben! Schau doch die Säuglinge an, welche erhalten blieben, damit dein Andenken in der Stadt lange währe! Segne die Stadt, die erhalten blieb und vor der Züchtigung bewahrt wurde! Segne, o Jonas, unsere Stadt, die von nun an nach dir genannt werden wird! Sechs Wochen lang hat sich dein Mund der Speise enthalten; gib jetzt dein Fasten auf und laß deine Trauer fahren! Freue dich mit uns, o Hebräer! Dies ist ein großes Fest, dessen Andenken von allen Geschlechtern gefeiert werden wird; ein Geschlecht wird dem andern von unserer Trauer und von unserer Rettung erzählen."

31.

Dieses und Ähnliches und noch mehr dergleichen sprachen sie. Jonas saß außerhalb der Stadt, und die ganze Bevölkerung ging zu ihm hinaus. Sie hörten, wie er [Gott] fragte und wie er wiederum [von Gott] gefragt wurde [21]. Der Hl. Geist, der durch seinen Mund sprach, rechtete in ihm mit ihm selbst und stellte zwei Personen, Gott und den Propheten, in ihm dar. Die ganze Stadt vernahm es, wie der Prophet für seine Staude und sich selbst und [zugleich] für seinen Herrn und dessen Stadt sprach. Sie vernahmen, wie er mit seinem Herrn wegen dessen Stadt rechtete. Aus seinem Munde vernahm man die Stimme von zwei Parteien. O über den hebräischen Anwalt, der beiden zugleich diente! Scharenweise strömten sie herbei, um die Stimme des Propheten zu vernehmen, und sie hörten, wie er in ihrer Sprache vor Gott erklärte, er sei wegen der Vernichtung der Staude betrübt und sehne sich nach dem Tode.

32.

Der Hl. Geist antwortete ihm, indem er durch seinen [des Jonas] Mund mit ihm stritt. Seine eigene Zunge bekämpfte ihn an Stelle Gottes. Sie hörten von ihm, wie Gott wegen der Stadt sagte: „O Jonas, wenn du dich wegen dieses armseligen Kürbisses grämst, auf den du keine Mühe verwendet und den du nicht aufgezogen hast, der über Nacht aufschoß und über Nacht verwelkte, kann denn die verdorrte und vernichtete Staude mit der bestehenden Stadt in Vergleich kommen? Die Staude sei dein Lehrer, von dem du Einsicht lernen sollst! An der verachteten Staude mögest du ersehen, welches die Gesinnung des Barmherzigen ist. Du willst den Kürbis verschont haben, ich die Stadt. Die Stadt sollte durch dich zu dieser Stadt der Büßer werden. Du rammtest eine Laube im Boden fest, aber Städte willst du entwurzeln. Eine elende Staude willst du erhalten wissen, aber eine große Steinmasse möchtest du zusammenstürzen sehen. Wo bleibt da dein Gerechtigkeitsgefühl, o Jonas, wenn du Kürbis und Stadt so ungleich behandelst? Gegen eine Laube bist du mitleidig, gegen eine Stadt aber hart. Der Kürbis, der Nahrung gewährt, gilt dir mehr als seine Verzehrer; die dem Verdorren preisgegebene Staude ist dir wertvoller als die Büßer. Die Blätter des Kürbisses achtest du höher als die vernünftigen Menschen, und die Zweige und Blüten der Staude ziehst du den Kleinen und den Kindern vor."

33.

Die Stadt hörte dies und brachte wie mit einer Stimme Gott Lobpreis dar dafür, daß er für sie rechtete und für sie eintrat. Gott machte den Jonas aus einem Gegner zum Anwalte; gegen seinen Willen mußte er der Gegenpartei recht geben. Gott ließ seine Worte nicht in Erfüllung gehen, damit die Bewohner der Stadt gerettet würden, Jonas bewirkte deren Buße, und Gott, daß Jonas nicht als Lügner erfunden würde. Die Gerechten ärgern sich nicht über die Bekehrungen der Gottlosen, und auch Jonas war über die Buße der Sünder nicht betrübt. Es war ihm der Gedanke gekommen, wie die Stadt wohl ihre Rettung erfahren solle. Es wäre unschön gewesen, wenn er es ihnen einfach verschwiegen hätte, so daß die Büßer nicht erfahren hätten, wie die Sachen gegangen waren, wie die Gerechtigkeit zürnte, die Buße aber rettete. Jonas hatte gepredigt, um zu verkünden, wie die Gerechtigkeit zürnte; die zugrunde gegangene Staude rief laut, wie die Güte verschone. Das Volk um Jonas pries Gott mit lauter Stimme wegen alles dessen, was es mit eigenen Ohren gehört und mit eigenen Augen gesehen hatte. Mit den Ohren hörten sie den Gerechten, mit den Augen sahen sie die Staude. In dem Kürbis, der plötzlich aufgeschossen war, erblickten sie ein übernatürliches Zeichen, und durch sein Verdorren lernten sie deutlich die überaus große Barmherzigkeit kennen.

34.

Die Niniviten ergriffen dann in Liebe den hebräischen Prediger. Er wurde auf ihren Händen getragen, und in Ehren, wie ein König, zog er in die Stadt ein. Sie setzten ihn auf einen Thron und huldigten ihm. Scharenweise brachten ihm die Büßer ihre Gaben und Zehnten dar, trugen ihm ihre Gelübde herbei, die sie in ihren Nöten gelobt hatten. Die Knaben opferten ihre Gürtel und die Jünglinge ihre Halsketten; sie überreichten ihm zum Geschenke ihre Stirnbänder, Schärpen und Schleifen. Der König schloß seine große Schatzkammer auf und beschenkte ihn reichlich. Von jedem Munde wurde Gott als der Barmherzige gepriesen, aber auch Jonas als der Prediger gesegnet. Ein Wagen wurde herbeigeschafft und mit den Gaben und Zehnten beladen; es kamen Männer herbei, um ihm das Ehrengeleite in das Land zu geben, von dem er hergekommen war. Jonas zog im Triumph wie ein König heimwärts, und wie ein Königssohn wurde Amathis Sohn festlich heimgeleitet. Im Meer hatte ihn ein Fisch getragen, auf dem Festlande ein Prunkwagen. Früher war er unter die Erde hinab erniedrigt worden, und nun wurde er hoch über sie erhoben. Als er im Meer dahinzog, schwammen Fische vor ihm her; auf dem trockenen Lande sprengten Reiter vor ihm her. Er spaltete das Meer, als er hinabstieg [nach Ninive], und das Festland, als er heraufstieg [nach Palästina]. Sein Erscheinen wurden die Fische des Meeres gewahr, auf dem Festlande die Menschen [22]. In den Abgründen entstand Aufregung, in den Städten [23] große Unruhe. Auf nassem Pfade stieg er hinab, und auf trockener Bahn kehrte er zurück. Vor ihm fürchteten sich sogar die schrecklichen Tiere im Meere, und mächtige Städte machten ihm Platz, als er heraufstieg. Der Fisch, welcher ihn verschlungen hatte, war gewaltig; der König, der ihn aufnahm, war mächtig. Der Fisch bereitete ihm den Pfad, und der König ebnete ihm den Weg. Seinen Fisch begleiteten andere Fische und seinen Wagen Reiter.

35.

Der König von Ninive beeilte sich, Gesandte dem Propheten vorauszusenden, um für ihn Herbergen zur Unterkunft bereitstellen zu lassen. Dem Fische hatte Gott den Weg gezeigt, den er einschlagen sollte; dem Propheten aber zeigte der König den Weg, auf dem er heimkehren sollte. In Ehren und reichbeschenkt zog er triumphierend heimwärts. Alles ging ihm entgegen und huldigte ihm in Ehrfurcht. Könige erschauderten vor ihm, weil er ein so gewaltiger Prediger war. Mit großer Ehrerbietung kamen sie ihm aus Furcht vor seiner Predigt entgegen. Jede Stadt, die seiner ansichtig wurde, verging vor Angst, er möchte sie bei seinem Eintritt umstürzen. Er wurde in den Städten ehrenvoll behandelt, weil Ninive zum Vorbild geworden war. Es war für die Welt zum Spiegel geworden, in welchem man die Gerechtigkeit schauen konnte.

36.

Als Jonas bei seinem Vaterlande angelangt war und die Grenze seiner Landsleute erreicht hatte, entließ er seine Begleiter, damit sie in Frieden von ihm scheiden sollten. Er dachte nämlich mit Beschämung daran, sie möchten das Heidentum seiner Landsleute sehen und, nachdem sie als Bekehrte eingezogen, unter den Gottlosen wieder verdorben werden. Er besorgte, daß sie, von den [heidnischen] Völkern herkommend, vom [jüdischen] Volke Gottlosigkeit lernen könnten. Er fürchtete, daß die vernarbte und geheilte Wunde wieder aufbrechen könnte. Schon das schlimme Beispiel gemeiner Leute schadet anderen; um wieviel mehr Schaden richtet das Beispiel eines solchen an, der von einer hohen Stufe herabgefallen ist! Wenn jemand sich verfehlt hat, dann aber sich verdemütigt, so ist trotz der Verdemütigung Schaden vorhanden; um wieviel schlimmer ist aber der Schaden von seiten eines solchen, der sündigt und verstockt bleibt! Denn der Sauerteig des Verstockten durchdringt mit Gewalt die anderen, weil sein Betragen und der Umgang mit ihm andere frech macht.

37.

Jonas befürchtete, es möchten die Rechtschaffenen aus den Völkern, wenn sie hineinkämen, von dem verdorbenen, alles verderbenden Volke verdorben werden. Sie ohne Angabe des Grundes zu entlassen, scheute er sich, aber den Grund zu offenbaren, schämte er sich: sie kühn mit sich hineingehen zu lassen, trug er Bedenken, auf daß die Nachkommenschaft Kanaans nicht über die Kinder Abrahams spotte. Er dankte der Begleitung, die mit ihm gekommen war, küßte sie liebevoll, segnete sie feierlich, redete ihnen klug zu, beriet sie freundschaftlich, suchte sie zu überreden, seinem Rate zu folgen und seinem Worte zu gehorchen. Er redete ihnen dringend zu, aber sie ließen sich nicht umstimmen; er bat sie inständig, aber sie ließen sich nicht abbringen. Er mochte ihnen raten, wie er wollte: niemand entfernte sich. Er küßte und entließ sie; aber keiner sagte Lebewohl.

38.

„Wir gehen", erklärten sie, „mit dir in dein Land, um davon Nutzen zu ziehen und gute Sitten, Lebensregeln und Lebensart zu lernen. Wir wollen in deinem Lande Rechtschaffenheit lernen, weil darin ein sittenreines Volk wohnt. Wir wollen von ihm Reinheit lernen, weil sich darin ein reines Geschlecht aufhält. Wir wollen von ihm Tugenden lernen, weil darin Tugendhafte weilen. Wir wollen hineingehen und die Trefflichen sehen; wir wollen hineingehen und die Auserwählten sehen; wir wollen hineingehen und das Land sehen, in dem der Glaube herrscht. Wir wollen hineingehen und den Ort sehen, wohin noch kein Götzendienst gedrungen ist. Wir wollen hineingehen, sehen und lobpreisen, weil es dort keine Wahrsagerei gibt. Wir wollen hineingehen und ihre Sabbate sehen, die von aller Schlechtigkeit frei sind. Wir wollen hineingehen und die Beschnittenen sehen, die das Herz mit dem Leibe beschnitten haben. Wir wollen hineingehen und die Heiligen sehen, bei denen kein Unrecht herrscht. Bei dem Volke, das andere zurechtweist, gibt es keine Ausgelassenheit. Wie weit muß doch das Volk, das die Abscheulichen anklagt, von aller Abscheulichkeit entfernt sein! Sie sind anderen zum Spiegel geworden; wie schön müssen also sie selbst sein! Die Fremden haben sie fasten gelehrt; können sie dann Schwelger sein? Anderen lehrten sie die Wahrhaftigkeit; können sie dann Lügner sein? Wenn sie uns wegen unserer Sünden verachten, wer sollte wohl sie verachten? So beraube denn, o Hebräer, unsere Gesellschaft dieser Vorteile nicht! Durch dich sind wir

Büßer geworden, durch dich wollen wir auch Gerechte werden. Als Lohn für die Müdigkeit unserer Füße gestatte uns den Eintritt zu deinem Volke! Wir wollen von deinem Lande gute Beispiele für unsere Stadt empfangen und mitnehmen. Wir wollen hineingehen und von dort gute Vorbilder für unsere Stadt mitnehmen. Wir wollen hineingehen und die Jünglinge sehen als Ideale voll edler Zucht. Wir wollen hineingehen und an den Knaben ein Beispiel voll Nutzens nehmen. Wir wollen hineingehen und ihre Könige sehen, damit unser König ihnen nacheifere. Wir wollen auch ihre Richter sehen und unserem Lande ein Muster mitbringen."

39.

Wer könnte alles berichten, was die Büßer vorbrachten? Während sie dieses und noch vieles andere redeten, hörte Jonas nur schweigend und mit zur Erde gesenktem Haupte zu; denn er schämte sich seiner sittenlosen und ruchlosen Landsleute. Diese Lage war für Amathis Sohn schlimmer als die Geschichte mit der Staude, als die Sonne glühend auf seinen Kopf brannte und er sich sogar den Tod wünschte. Sollte ihm vielleicht die Flucht Ruhe verschaffen? Aber wohin sollte er entfliehen? Die Niniviten versetzten ihn in eine schlimmere Lage als selbst jene, die ihn einst ergriffen und ins Meer geworfen hatten. Wie hätte Jonas die Laster seiner Landsleute verbergen können? Er wandte die Kniffe, die er auf dem Meere gebraucht hatte, auch bei dieser Angelegenheit auf dem Festlande an. Wie er auf der Flucht [vor Gott] die Seeleute unehrlich überredet hatte [ihn mitzunehmen], so überredete er auch hier mit Lügen die Niniviten, als er von ihnen scheiden wollte. Jonas brachte Ausreden vor und gebrauchte vielerlei Vorwände. "Es ist", sagte er, „gerade ein großes Fest in unserem Lande, dem kein Fremder beiwohnen darf. Es ist ein Fest der Juden, kein Heide hat Zutritt. Es ist ein hohes Fest für die Beschnittenen, und der Unbeschnittene wird nicht zugelassen. Ihr seid zwar Bekehrte, aber doch nicht beschnitten. Dieses reine Fest würde durch eure Unbeschnittenheit verunreinigt werden. Gehet also in Ruhe fort und kehret in Frieden in die Heimat zurück! Später, wenn die Festfeier vorüber ist, könnt ihr dann kommen. Nehmt unseren Rat willig und unsere Bitten ohne Murren an!"

40.

Arglos nahmen sie seine Ausrede an, die er vorbrachte. Sie verabschiedeten sich von ihm, huldigten ihm und empfingen seinen Segen. Die ganze Schar war traurig und schied von ihm, den Zufall und die Ungunst der Festfeier beklagend, von der Jonas gesprochen. Jonas hatte wegen seiner groben Lüge viel weniger

Bedenken als darüber, daß sie sich nicht bereden lassen würden, wegzubleiben. Während nun Jonas sich entfernte und weiterzog, die Niniviten aber noch an der Grenze standen, da erblickten sie neben ihrem Standort einen hohen Berg. Sie überlegten und kamen zu dem Entschluß, denselben schleunigst zu besteigen, um soviel als möglich von dem nahen Lande zu sehen. Sie schickten sich an, denselben zu besteigen und seinen Kamm zu erklimmen, um das Land der Verheißung zu schauen, damit sie wenigstens seines Anblickes nicht beraubt würden, nachdem sie es nicht betreten durften. Als sie ihn erstiegen hatten, erhoben sie ihre Augen und erblickten das ganze Land vor sich ausgebreitet: da erschraken sie, entsetzten sich und gerieten in Bestürzung wegen der Altäre auf den Bergen und der Kapellen auf den Anhöhen. Zwischen den Sträuchern zeigte sich Heidentum und zwischen den Bäumen Beflecktheit. Vor den Türen waren Götzen aufgestellt, die man vor dem Eintreten anbetete. Zahllos waren ihre Idole, unzählbar ihre Schandtaten. An ihren Quellen nahmen sie Reinigungen und an ihren Brunnen Waschungen vor; aber auf den Dächern standen Statuen und in den Gärten trieben sie Ehebruch. Wahrsager und Zauberer zogen auf den Straßen umher. Die Niniviten stiegen noch höher hinauf: da sahen sie auf den Dächern eine Unzahl von Altären. Der eine betete ein Bild an, der andere opferte einem Dämon Wein. Die Kälber, welche Jeroboam hatte anfertigen lassen, waren an ihren Grenzen aufgestellt, das eine in Bersabee [!], das andere in Dan. Dort stieg Weihrauch empor und wurden Trank- und Schlachtopfer dargebracht. Vor den toten Kälbern schlachteten sie lebendige Kälber, und vor seinem Götzen und vor seinem Idole stieß jedermann seinen Kopf [auf den Boden] [24].

41.

Dort herrschte auch die Habsucht und ihre Freundin, die Bedrückung; dort herrschte die Schwelgerei und ihre Schwester, die Trunksucht; dort herrschte auch die Schamlosigkeit und ihre Gefährtin, die Unzucht; dort herrschte die Betrügerei und ihre Verwandte, die Dieberei; dort herrschte die Zauberei und ihre Vertraute, die Magie; dort herrschte die Sterndeuterei und ihre Anhängerin, die Wahrsagerei; dort herrschte öffentliche Gottlosigkeit und ihre Genossin, die heimliche Sünde. Sie sahen die hier aufgezählten Freveltaten, die Ungerechtigkeiten und die Betrügereien der Bewohner. Die Männer weilten bei den Dirnen; Mutter, Braut und Tochter standen gleich Fallstricken auf den Straßen. Alles war dort dem Tode und seinem Ratgeber, dem Satan, verfallen. Ihre Fürsten waren Verbrecher und ihre Richter Schurken. Die Habgier brannte in ihnen wie Feuer, und ihre Tyrannei wie die Hölle. Ihre Wohnstätten waren ein Abgrund und ihre Behausungen [25] ein Schlund. Der Schuldner war ein Pfuhl, der Schuldherr ein Satan; beide peinigten sich gegenseitig, um einander in die eine [höllische] Pein zu stürzen. Ihre Kinder schwören bei den Namen ihrer Götter. Bei den Heiden war nur ein Teil des Sittenverderbnisses, bei ihnen dagegen neunundneunzig Teile [26]. Wer vermöchte die Unmenge ihrer Sünden zu zählen? Ja, die Böcke der linken Seite [27] haben die Zahl ihrer Sünden groß gemacht!

42.

Beim Anblick solcher Verkommenheit wurden die Niniviten von Schauder und Entsetzen ergriffen. Einer sagte zum andern: „Schauen wir denn ein Traumgesicht? Ist dieses wirklich das Land der Verheißung oder schauen wir Sodom? Ist dieses der Same Abrahams oder trafen wir vielleicht auf Dämonen? Schauen wir denn Menschen oder schattenhafte Geister? Hat sich denn die Verkommenheit, die aus unserem Lande entwich, hierher gewendet? Sind denn die Götzen, die wir dort zerbrochen haben, hier wieder aufgestellt worden? Haben denn die Altäre, die wir zerstörten, Flügel erhalten und sind hierher geflogen? Wie kommt es, daß die Pest [die Verkommenheit], die in unserem Lande aufgehört hat, hier erstrebt wird? Wie kommt es, daß der Stern [28], dem wir abgeschworen haben, hier angebetet wird? Die Wahrsagerei, die in unserem Lande abgetan ist, nimmt hier breiten Raum ein. Aus allen Fenstern schaut das Heidentum, das von uns wegzog. Auf ihre Türen malten sie die Tierkreiszeichen, die wir getilgt haben. Auf ihren Stirnen wohnt die Flatterhaftigkeit, die wir verschmäht haben, und die Geilheit, die von uns floh, lagert auf ihren Augen; man sieht sie in ihren Augensternen und nimmt sie sogar an ihren Nasenflügeln wahr. Wie kommt es, daß die Sonne, die dort nicht mehr angebetet wird, hier verehrt wird? Wie kommt es, daß die Kälber, welche dort verachtet werden, hier angebetet werden? Wenn wir von diesen Sachen sagen, sie seien von unserem Lande hierher geflohen, so kommen dazu noch viele andere neue Dinge und unzählige Schändlichkeiten; denn hier gibt es Schlechtigkeiten, die man in unserem Lande nicht kennt; Sünden geschehen hier, die in unserem Lande nicht begangen wurden.

43.

„Den Typus des viergesichtigen Götzen erfand Micha [29]. Der ehernen Schlange spendete in unserem Lande niemand Trankopfer, niemand betete sie an; aber auf diesem Volke ruht der Fluch der alten Schlange. Wie die lebendige Schlange sind sie verflucht, weil sie der toten Schlange Trankopfer spenden [30]. Wir haben den Dämonen keine Kinder geopfert, allein hier sehen wir solche geschlachtet werden. Bei uns wurden Tiere geopfert, hier werden dagegen ihre Töchter geopfert. Das Volk, das solche [ausgezeichnete] Satzungen hat, dessen Sitten sind so schlecht; das Volk, das solche Gesetze hat, dessen Taten sind so schimpflich; das Volk, das solche Ahnen hat, dessen Nachkommenschaft ist so fluchwürdig; das Volk, das einen solchen Gott hat, ist eine Quelle von Götzenbildern geworden; das Volk, das nur einen Bildner [Schöpfer] hat, fertigt Götzenbilder an und handelt damit. Nur auf Namen bilden sie sich etwas ein, weil sie nämlich Söhne der Gerechten genannt werden. Sie meinen, es genüge für sie, Söhne Jakobs zu heißen. Diese Toren meinen, durch den Namen 'Gerechte', den sie tragen, gerechtfertigt zu sein. Ihr Name überflutet allerdings die ganze Welt, aber ihre Werke überfließen von Sündhaftigkeit. Wegen Abrahams meinen sie, Söhne der Gerechten zu sein. All ihr Stolz beruht nur auf Namen, weil sie nämlich den Namen Israels führen. All ihr Ruhm besteht darin, daß sie beschnitten sind, mögen sie auch noch so sündhaft sein. Ihre Sitten sind aber nicht derart, wie sie Abrahams Söhnen zukommen würden. Viel gilt ihnen der Name Abrahams, viel seine Beschneidung, viel mehr als sein Glaube. Der Sabbat, den ihnen Gott gab, gilt ihnen mehr als Gott selbst. Ja, sie tadeln sogar Gott, wenn er seine Gesetze abschafft. Sie schreiben also dem Gesetzgeber ein Gesetz vor. Sie leben ohne Gesetz, aber Gott soll unter dem Gesetze stehen; denn sie schätzen das Gesetz höher als den Gesetzgeber. Es liegt ihnen nichts daran, sein Gesetz zu halten, viel aber, dessen Geber zu tadeln. In ihren Augen bedeuten Moses und die Propheten weniger als der Opferkult. In den Opfern besteht all ihr Ruhm, der Opferduft ist ihr Stolz. Diese Stolzen sind zufrieden, wenn sie sich mit Rauch brüsten können; diese Blinden sind zufrieden, wenn sie sich mit Blut und Schmutz besudelt haben. Nach ihrer Ansicht liebt der Herr den Opferduft mehr als die lautere Wahrheit, die er gelehrt hat."

44.

Solcherlei Reden führten die Büßer über die Hebräer. So sehr sie früher danach verlangt hatten, hinaufzusteigen [auf den Berg], um das Land zu sehen, so genug hatten sie jetzt an ihm und verabscheuten es. Entsetzt flohen sie es, und Schauder ergriff sie über die Frevel, die sie dort sahen, über die Missetaten, mit denen sie, die Büßer, die Hebräer bedeckt sahen. Die Heiden hatten das Heidentum abgelegt, aber das abscheuliche [Juden-] Volk trug es an sich. Sie sprachen zueinander: „Machen wir, daß wir von hier fortkommen, damit wir nicht wegen ihrer Sünden mitgestraft werden; denn dies ist ein widerspenstiges Volk. In Ninive war große Zuversicht am Platze, hier aber ist große Besorgnis berechtigt. Vielleicht wird anstatt Ninives, das nicht umgestürzt wurde, dieses Land von Grund aus vernichtet werden. Dieses Volk ist wahrhaftig für die

Ausrottung und den Untergang reif. Dieses Volk ist nicht mehr schön; denn es hat sich mit unserer Häßlichkeit geschmückt. Aber das Andenken dieses seligen Propheten wird groß sein in unserem Lande; denn er war uns die Ursache des Lebens, daß wir all dieses Glück erlangt haben."

45.

Mit diesen Worten stiegen sie angstvoll [31] wieder [von dem Berge] herab. Die Seligen brachen dann von dort auf und kehrten fröhlich heim. Alle sprachen, mit echter Freude erfüllt, in Weisheit also: „Preis sei Gott, der das Volk [der Juden] durch die Völker beschämt hat! Als gerechtfertigte Sünder wollen wir ihm Loblieder darbringen; als bekehrte und gereinigte Unreine wollen wir ihm reine Früchte darreichen; mit der [ehedem] getrübten Denkkraft wollen wir ihm ein neues Loblied darbringen!" [32] Auch die Rachsüchtigen und die Zornmütigen dankten ihm für [ihre] Friedfertigkeit; auch die Unkeuschen priesen ihn und dankten ihm dafür, daß sie keusch geworden waren. Es dankten ihm auch die Bedrücker dafür, daß er sie Almosen geben gelehrt hatte. Es dankten ihm auch die Schlemmer dafür, daß er sie fasten gelehrt hatte. Es dankten ihm auch die Trunkenbolde dafür, daß er sie mit Maß trinken gelehrt hatte. Es dankten ihm auch die Räuber dafür, daß sie in Geber verwandelt wurden. Es dankten ihm auch die Ehebrecher dafür, daß ihnen nunmehr der eheliche Umgang genügte. Es benedeiten ihn gar sehr die Wollüstigen dafür, daß sie von der Wollust befreit worden waren. Es dankten ihm die Frevler dafür, daß sie jetzt die Grenze des Erlaubten einhielten. Großes Lob spendeten ihm die Ausgelassenen dafür, daß sie Vernunft und Einsicht angenommen hatten. Es dankten ihm auch die Flucher dafür, daß ihr Mund das Segnen gelernt hatte. Es dankte ihm der Verwaiste dafür, daß er ihm zum Pflegevater geworden war. Es betete ihn die Witwe an dafür, daß er sich mitleidig ihrer Unterdrückung angenommen hatte. Es dankte ihm der Bettler dafür, daß sich sein Korb mit reichem Segen angefüllt hatte. Es dankte ihm der Ackersmann dafür, daß er seinen Pflug wieder bespannt und seinen Leib mit Sättigung angefüllt hatte. Es dankte ihm der Landmann, und der Winzer pries ihn, es dankten ihm auch die Handwerker dafür, daß sie wieder ihr Gewerbe ausüben konnten. Es dankten ihm die Könige dafür, daß sie die Städte wieder in Frieden und ihre Kronen in Sicherheit sahen. Es dankten ihm die Heere dafür, daß sie der Vernichtung entronnen waren. Es dankten ihm die Herrscher dafür, daß sie wieder zu ihrer Herrschaft zurückkehren konnten. Es dankten ihm die Reichen dafür, daß sie ihre Schätze wieder sahen. Es dankten ihm die Eltern dafür, daß sie wieder große Hoffnung auf ihre Sprößlinge setzen konnten. Es dankten ihm die Sprößlinge beim Anblick ihrer Eltern. Es dankten ihm die unschuldigen Kinder dafür, daß ihr Leben verlängert worden war. Es dankten ihm die Kleinen dafür, daß sie [wieder] auf den Schultern getragen werden konnten. Es dankten ihm die Schwangeren dafür, daß ihr Schoß nicht aufgeschlitzt worden war. Es dankten ihm die Bräute dafür, daß sie ihre Brautgemächer mit Freuden betreten konnten. Es dankten ihm die Gebärenden dafür, daß sie mit ihren Säuglingen niederkommen konnten. Es segnete ihn die Säugende dafür, daß sie gesegnet war mit dem Säugling an ihrer Brust. Es dankten ihm die Jungfrauen dafür, daß sie dem Untergang entgangen waren. Es benedeiten ihn gar sehr die Richter dafür, daß sie nicht nach ihren Gerichten gerichtet worden waren. Es benedeiten den Gütigen [Gott] die Schuldforderer dafür, daß von ihnen nicht in der Weise gefordert wurde, wie sie zu fordern pflegten. Es priesen ihn die Wucherer dafür, daß ihre Schulden nicht eingefordert worden waren. Es benedeiten ihn die Schuldner dafür, daß man ihre Schuldbriefe zerrissen hatte. Es brachten die Plünderer ihren Lobpreis dar dafür, daß sie plötzlich zu Gebern geworden sind. Es priesen der Peiniger und sein Opfer Gott gar sehr, und zwar taten es beide auf dieselbe Weise, dafür, daß ihnen in gleicher Weise geholfen worden war: dem Peiniger dadurch, daß er nicht beschädigt wurde, seinem Opfer dadurch, daß es unversehrt blieb. Man brachte in den Palästen Danksagung dar dafür, daß deren Bewohner nicht mehr zu zittern brauchten. Man pries Gott laut in den Burgen dafür, daß sie vor dem Untergang bewahrt worden waren und ihrem Leben noch Jahre hinzugefügt wurden. Ihre Knechte und Mägde dankten und priesen gar sehr; denn eine schwere Knechtschaft ist besser als die Freiheit in den Gräbern. Es freute sich die Mutter und war getröstet; denn sie sah ihren Liebling wieder. Alle Stände und Lebensalter priesen miteinander einander Gott in großem Jubel dafür, daß sie vom Untergang gerettet und gleichsam aufs neue geboren worden waren.

46.

Im Vergleiche zur Buße der Niniviten habe ich unsere Buße einen Schatten genannt. Der wahre Büßer fürchtet sich auch mitten im tiefsten Frieden. Wenn er sich auch einige Hoffnung macht, so erinnert er sich doch immer an seine Züchtigung. Ein Knecht, den sein Herr geschlagen hat, vergißt an keinem Tage seine Schläge. Einen Augenblick fürchtet sich jedermann; ist aber der Zorn [Gottes] vorüber, denkt man nicht mehr daran. Am Anfang des Strafgerichts tut man Buße; allein am Ende desselben empört man sich wieder, wie jemand, der sicher erwartet, daß kein Unheil mehr kommen werde, oder der sich eingeredet hat, der Allerhöchste werde die Sünden nicht mehr bestrafen. Die Niniviten aber bekehrten sich damals von ganzem Herzen. Es dankte ihm die ganze Stadt, die Tag für Tag in ihrer ganzen Ausdehnung gebebt hatte; es benedeite ihn die ganze Stadt, die wie ein Schiff hin und her geschleudert worden war. Es dankten ihm die vernünftigen und die unvernünftigen Wesen, die Menschen und die Tiere. In ihrer Herzensfreude wurden weiße Kleider anstatt der Bußsäcke herbeigeschafft. Gebenedeit sei Er, der die Gerechten liebt und der in Assyrien viele zu Büßern gemacht hat!

Fußnoten

1. Nah. 2,8.
2. Dem Semiten ist das Herz der Sitz des Verstandes.
3. wörtlich: redendes
4. Matth. 5,29.
5. Beim Bau der Arche.
6. Jakob bekleidete sich mit rauen Fellen und erlangte dadurch den Segen Isaaks, und Esau ward um denselben betrogen; ähnlich erlangten die Niniviten durch ihre Buße die Verzeihung, und Satan ging leer aus.
7. Hier ist Esau als Schüler Satans gedacht.
8. D. h. den Wein, vgl. 5 Mos. 32,33.
9. D. h. ließen die Beschneidung allmählich aussterben, abkommen.
10. Wünschte, daß die Strafe eintreten solle.
11. Raguel bezw. Jethro, Exod. 2,20 f.
12. D. h. Adonis.
13. Jeroboam II., König von Israel, unter dem Jonas weissagte.
14. D. h. die Kinder [die Staubgeborenen] wurden von ihren Eltern beweint.
15. wörtlich: einhüllen.
16. Das Wortspiel ahmt der lateinische Übersetzer also nach: collapsus est oris color, cum humum labantem cerneret.
17. Text unrichtig: seinen Schritt [!].
18. Am. 4,11.
19. Text: sie haben versöhnt. Es ist wohl raîn statt ra iv zu lesen.
20. Angeredet ist Jonas.
21. Vgl. das Zwiegespräch Gottes mit Jonas im vierten Kapitel des Buches Jonas.
22. Bei der Heimkehr nach Palästina.
23. Bei der Heimkehr nach Palästina.
24. Ironisch für: sich bis auf die Erde verneigen.
25. nach der Konjektur von Davies; siehe Brockelmann, Lexicon syracum, Berlin 1894, p. 47 r.
26. Die Hebräer waren 99mal so schlecht wie die Heiden.
27. Die Hebräer, welche beim Gerichte auf die linke Seite gestellt zu werden verdienen.
28. Gemeint ist die Venus.

29. Richter 18,2 ff. und 2 Chron. 33,7 in der Peschito. Siehe Näheres über diesen Götzen oben S. 30 [I. Rede über den Glauben Nr. 51 Anm.1].
30. Im Tempel wurde zeitweise eine eherne Schlange [nechustan] verehrt. König Ezechias machte diesem Götzendienste ein Ende [4 Kön. 18,4.
31. Sie befürchteten, mit dem sündhaften Lande unterzugehen, wenn sie sich nicht schleunigst entfernten.
32. Man erwartet, daß jetzt diese Loblied folgen werde, und Zingerle hat auch tatsächlich alle Verba bis Nr. 46 als Kohortative übersetzt, obwohl sie im Präteritum stehen. Es ist dies grammatikalisch kaum zu rechtfertigen, jedenfalls aber in diesem Zusammenhang und in dieser Ausdehnung sehr auffallend. Daher bin ich ihm hierin nicht gefolgt. Es scheint, daß der Rest von Nr. 45 hier an falscher Stelle steht oder daß ein überleitender Passus, der auch das Loblied enthielt, ausfiel.

REDE ÜBER DIE AUFERWECKUNG DES LAZARUS (JOH. 11, 43.)

Vorbemerkung.

„Nachdem er dies gesagt hatte, rief er mit lauter Stimme: ‚Lazarus, komm heraus!'" (Joh. 11, 43.)

Der syrische Text ist der Handschrift Cod. vat. 117, sect. 153 entnommen und in der römischen Ausgabe im II. syrisch-lateinischen Bande S. 387-395 als Werk Ephräms abgedruckt. Aber der Cod. Musei Britannici Add. 17 158 des sechsten oder siebten Jahrhunderts eignet diese Rede dem monophysitischen Bischof Jakob von Sarug [451-521] zu. Der Umstand, daß sie nicht in dem gewöhnlichen zwölfsilbigen Metrum Jakobs, sondern in Ephräms Lieblingsversmaß, dem Siebensilbener, gedichtet ist, könnte dazu beigetragen haben, sie dem hl. Ephräm zuzuschreiben. Allerdings ein absolut untrügliches Zeugnis bilden auch die Autorenangaben der Handschriften der vorislamitischen Zeit nicht, wie Th. Jos. Lamy an der eingangs zitierten Stelle hervorhebt [1]. Aus den christologischen Partien der Rede ergibt sich kein Anhaltspunkt für oder gegen die Zugehörigkeit ihres Verfassers zum Monophysitismus bezw. Dyophysitismus, da derselbe es ausdrücklich ablehnt, auf derartige Fragen näher einzugehen [10 gegen Ende] [2].

Inhalt: Nach einer ernsten Ermahnung zur Aufmerksamkeit im rechten Geiste und nach einer Anrede an die Kirche verspricht der Redner, seinen Zuhörern Wunderbares zu zeigen; dann richtet er plötzlich das Wort an Lazarus [3]. Hierauf handelt er vom Zwecke der Ankunft Christi, von seinem Sieg über den Tod und von der Verleihung des Lebens; weiterhin erörtert er die Frage, warum gerade Lazarus und nicht ein früher Gestorbener erweckt wurde, wobei er auch auf die beiden anderen Totenerweckungen zu sprechen kommt [4-5]. Alsdann macht er auf die Umstände bei der Erweckung des Lazarus aufmerksam, gibt die Gründe an, weshalb der Herr seine Ankunft in Bethanien verzögerte, und beweist, daß seine Frage nach dem Orte des Grabes keinen begründeten Einwand gegen seine Gottheit darbiete [4]. Nach erneuter Aufforderung zur Aufmerksamkeit schildert der Verfasser den Heiland am Grabe, die Stadt der Toten, das Erschrecken des Todes und der Toten beim Rufe des Herrn an Lazarus und schließlich dessen Wiederbelebung, wobei besonderer Nachdruck darauf gelegt wird, daß es hieß: Komm heraus! [Einzahl] und nicht: Kommet heraus! [Mehrzahl] [11—14]. [Nach Zingerle a. a. O. I,248.]*

2.

Dir, o heilige Gemeinde, wünsche ich ein Getränk zu bereiten, damit auch du meine Worte trinkest. Zu dir, o Reine, spreche ich; denn du bist allen Eitelkeiten fremd. Offen tritt die Lehre auf, um dir die Wahrheit zu verkünden; sie verbirgt sich vor den Zuschauern unter keiner fremden Hülle. Die Wahrheit wird mit entschleiertem Angesicht auf ihrer Kanzel ausgelegt, und sie versteckt sich nicht vor der Menge; denn sie ist nicht dazu da, um zu täuschen. Im Gewande der Wahrheit tritt die Lehre auf, fragt in ihrer eigenen Weise und handelt über sie [die Wahrheit] in ihr eigentümlichen Formen. Wenn sie darüber täuschen wollte, was sie ist, so wäre es für sie passend, sich zu verhüllen. Weil aber die Wahrheit so ist, wie sie ist, so verändert sie ihre Gestalt nicht. Wenn sie aber an sich dunkel wäre, so wäre ihr allerdings eine Verhüllung angemessen; weil sie aber ein hellstrahlendes Licht ist, so steht sie offen und klar da.

3.

So tritt jetzt die Lehre mit offenem Visier vor euch; öffnet daher auch ihr das Gehör, damit sie durch dieses aufrichtig aufgenommen werde! Wunderbare Szenen kann ich heute vor euren Augen vorüberziehen lassen. Seid kluge Beobachter des Wunders, das sich euch tatsächlich darstellt! Von den Szenen Christi führe ich euch nur eine vor, die kein Prophet schaute und die nur der gläubige Sinn zu sehen vermag. Reinigt das Auge eures Geistes, um die Wahrheit zu schauen, und wenn die Wahrheit das Ihrige gezeigt hat, so lobpreiset Gott, wenn es wunderbar ist! Komme her zu mir, o toter Lazarus, der du von der Verwesung auferweckt wurdest! Komm heraus und verkünde der Gemeinde das Wunderbare in deiner wunderreichen Geschichte! Komm heraus, der du gebunden einherwandelst und eingewickelt daherschreitest, und offenbare deine wunderbare Geschichte der Menge, die Neues liebt! Ob der Tote erweckenden Stimme bebt meine Rede vor euch. Staunend wollen wir dir zuhören; denn die ganze Begebenheit ist ein Wunder. Nur ein einziges Wunderzeichen Christi will ich einigermaßen besprechen. Voll des Erstaunlichen sind sie ja alle, aber ich bin unfähig, auch nur das Eine entsprechend zu behandeln.

4.

Der Sohn, der die Toten auferweckt, wurde vom Allerhöchsten gesandt, um dem Menschengeschlechte die Auferstehung am Jüngsten Tage zu verkünden. Der starke Sohn Adonais kam zum schwachen Geschlechte Adams, um es durch das Leben, das er den Begrabenen verkündete, vom Falle aufzurichten. Der

Sohn des Reiches ward gesandt, die Stadt des Todes zu bezwingen, und er stieg hinab, um in ihr sein Banner zum Zeichen seines Sieges aufzustellen. Durch die zwölf Heerführer, die er sich auserwählte, damit sie mit ihm ziehen sollten, unterwarf er die Stadt der Finsternis, die sich durch ihre Größe auszeichnete. Am toten, verwesenden Lazarus wollte er seine Macht zeigen, damit er die Totenerweckung durch die Tat bestätige und sie nicht bloß mit Worten predige. Nicht einen von den Entfernten oder einen aus den früheren Geschlechtern erweckte er, damit nicht die Anwesenden zweifelnd fragen könnten: „Wer ist denn dieser? Woher stammt er?" Denn hätte er den Seth oder den Enos oder den Adam selbst auferweckt, so wäre dessen Auferweckung zweifelhaft gewesen, da ja niemand diese gekannt hätte. Darum erweckte er einen Toten der gleichen Generation, von dem bekannt war, wessen Sohn er sei, damit gerade diejenigen, die ihn begraben hatten, die klassischen [5] Zeugen für seine Auferweckung abgeben würden.

5.

Eine [die Tochter des Jairus] entriß er dem Rachen des Todes, einen andern [den Jüngling von Naim] seinen Krallen, den Lazarus aber holte er aus seinen vernichtenden Eingeweiden heraus. Dem Beleber der Toten war es nicht so sehr darum zu tun, die Genannten zu erwecken, als vielmehr durch die Geiseln, die er der Unterwelt entführte, dort sein Banner aufzurichten. Dem ganzen Menschengeschlechte predigte er Ermutigung durch die gute Hoffnung, indem er durch drei Zeugen, die er ins Leben zurückrief, die Auferstehung beglaubigte. Weise wählte und nahm er drei Altersstufen aus den Sterblichen: einen Mann, ein Mädchen und einen Jüngling, für die Ersten, Letzten und Mittleren. Er wollte die eine Auferweckung von Adam bis zum Ende dadurch glaubhaft machen, daß er durch die nahen Toten den fernen große Hoffnung bereitete. Die ersten [Toten] stellte er durch Lazarus dar, die mittleren durch den Jüngling, die letzten durch das Mädchen: allen kündigte er eine Auferweckung an. Nicht solche, deren Zeiten und Geschlechter bereits dahingegangen waren, rief er zum Zeugnis für die Auferweckung vor jenem ungläubigen Volke ins Leben zurück, sondern den Lazarus von Bethanien, dessen Dorf und Haus bekannt war, dessen Schwestern noch lebten und dessen Verwandtschaft sich in der Nähe befand.

6.

Gerade als die Trauer um ihn heftig war und seine Lieben ihn bitter beweinten, als man in der Synagoge, jener Hasserin der Wahrheit, die Geschichte seines Todes besprach und die Wölbung des Trauerhauses noch von dem

Getöse der Scharen von Juden dröhnte, als einer dem andern erzählte, daß Lazarus gestorben sei, wie andere vor ihm, und die Klage über ihn noch nicht verhallt war, als die Kunde von seinem Tode noch lebendig war und jedermann kam, seine Schwestern seinetwegen zu trösten, als die Nachricht von seinem Hinscheiden sicher und sein Begräbnis vielen bekannt war, als die Totenklage noch in seinem Hause gehalten wurde und seine Bekannten ihn noch beklagten: da erschien der Herr der Auferweckung, um seine Macht zu zeigen, nicht so sehr, um den Lazarus aufzuerwecken, als vielmehr, um die Hoffnung [auf die allgemeine Auferstehung] zu stärken. Durch diesen einen Entschlafenen gab er der ganzen Welt ein Beispiel der [allgemeinen] Auferweckung und richtete in der Festung der Begrabenen das Banner des Lebens auf. Er ließ den Verstorbenen in Verwesung übergehen, und dann erst kam er, um ihn aufzuerwecken. Auf diese Weise beglaubigte sein Verwesungsgeruch den Tod und seine Auferstehung die Auferweckung. Der Entschlafene wanderte drei Tage lang unversehrt im Lande des Todes, erst am vierten Tage stieg er hinab in das Meer der Verwesung. Der Tod nahm ihn und führte ihn im Jenseits drei Tagreisen weit; aber an der vierten Station schloß er ihn wie die übrigen [Toten] im Abgrunde der Toten ein.

7.

Jesus ließ dem Lazarus Zeit, damit er bis zum Grunde des Totenreiches hinabsteigen konnte, um ihn dann aus der Tiefe der Grube heraufzuholen und dadurch die Verwesung des Todes zu besiegen. Der Tod ergriff den Begrabenen und übergab ihn der Verwesung. Der Wurm nagte an ihm, und die Fäulnis zersetzte seinen Leichnam. Er schwamm im Tümpel der Gestorbenen und versank in der Unterwelt der Begrabenen, Er wurde dem Ozean der Untergegangenen überliefert und dort zum Schweigen gebracht. Es versenkte ihn der Todesengel in den Abgrund der Vermodernden, damit die erscheinende Auferstehung die der Unterwelt Verfallenen erfreuen könnte. Jesus ließ ihn bis in die Tiefe des Todes hinabtauchen, damit dann die Stimme seiner Auferweckung hinabdringen und das Haupt der Abgründe zertreten würde. Der Tod raubte ihn aus dem Hause des Lebens und brachte ihn in die Stadt der Burg [6]; er verschloß ihre starken Tore und hoffte zuversichtlich, daß sie niemand öffnen würde. Jesus aber verzog eine Weile, damit die Verwesung sich des Leichnams bemächtigen und der Modergeruch des Toten seine Auferweckung klar bezeugen würde. Der Allwissende eröffnete seinen Jüngern: „Unser Freund Lazarus schläft; [ich aber gehe hin, ihn aufzuerwecken"] [7] Dadurch, dass er dieses offenbarte, ehe er hinging, wies er auf seine Allmacht hin; dadurch aber, daß er zögerte, bis der Tote in Verwesung übergegangen war, steigerte er das Wunder seiner Auferweckung.

8.

Das Mädchen rief er im Hause ins Leben zurück und übergab es seinem Vater; den Jüngling erweckte er auf dem Wege zum Grabe, als er hinausgetragen wurde; den Lazarus aber ließ er im Kerker des Grabes zu verwesen anfangen. Dann aber drang sein Ruf hinein in die Burg des Starken und erweckte ihn zum Leben. So rief er also im Hause, auf dem Wege und aus dem Grabe Tote wieder ins Leben, um so auf der ganzen Straße des Todes Meilensteine der Auferstehung aufzustellen. Auf den ganzen Pfad der Entschlafenen streute er die Hoffnung des Lebens aus; denn er ließ am Anfang, am Ende und in der Mitte desselben seine Auferstehung erscheinen. Darum zögerte er, als sein Freund Lazarus gestorben war, damit dieser den Anfang des Weges begehen und er ihn dann von dort zurückbringen könnte. Der Lebendige [Christus] ging dem Tode auf dem Wege seiner Macht auf der Ferse nach und träufelte auf die ganze Straße, vom Anfange bis zum Ende, seine Auferweckung. Er sprach: „Unser Freund Lazarus ist gestorben, und ich freue mich, daß ich nicht dort war" [8]. Es war ihm bekannt, daß er anfangen würde, zu verwesen, und so wartete er darauf, um ihn dann ins Leben zurückzurufen.

9.

Als aber der Tod den Toten schon drei Tage lang in seiner Gewalt gehabt und am vierten das Gewürm an seinem Leichnam zu nagen begonnen hatte, kam der Lebenspender mit seinen Jüngern in die Ortschaft des Toten und fragte dessen versammelte Begraber: „Wo habt ihr ihn hingelegt?" [2] Wenn er darnach fragte, so geschah es nur um der Vermessenen willen; denn es ist sonnenklar, daß er es nicht nötig gehabt hätte, darnach zu fragen. Er wollte nur die Tatsache seines Begräbnisses sicher stellen dadurch, daß er fragte: „Wo habt ihr ihn hingelegt?" Er fragte nicht, wo sein Grab sei, sondern wohin sie ihn gelegt hätten. Er kannte ihre Hartnäckigkeit, mit der sie seine Wundertaten leugneten, daher legte er sie fest durch die Frage, wohin sie den Begrabenen gelegt hätten. Er fragte nicht, wo Lazarus liege oder wo er begraben sei, sondern: „Wo habt ihr ihn hingelegt? Zeiget es selbst, ihr Ungläubige!" Auch vom Vater gibt es eine ähnliche Frage [10], die viel besprochen wird; aber ich übergehe sie mit ehrfürchtigem Schweigen, um nicht in verkehrtes Grübeln zu geraten. Die Wahrheit besteht für sich selbst. Wortkünsteleien führen nicht zum Glauben; die Einfalt schaut mit offenen Augen die Wahrheit, wie sie ist, und ohne Gerede und Wortstreit steht sie auf der Seite der unbestreitbaren und unerforschlichen Wahrheit. Was war wohl größer, zu wissen, wo sein Grab war, oder den Verwesenden aufzuerwecken? Daß er das Verborgene wußte, bewies er dadurch, daß er seinen Aposteln, noch ehe er dorthin kam, offenbarte: „Unser Freund Lazarus schläft." Die ungläubigen Bestatter aber fragte er: „Wo habt ihr ihn hingelegt?", um von ihnen ein Unterpfand seiner Bestattung zu erhalten, und erst dann rief er ihn ins Leben zurück. Weise legte er sie fest durch ihre Aussage, daß sie selbst den Begrabenen bestattet hätten, so daß sie dann, als er ihn anrief und auferweckte, die Wirklichkeit seiner Auferweckung bezeugen mußten. Er fragte: „Wo habt ihr ihn hingelegt?" Sie antworteten: „Komm und sieh!" Durch diese Frage wurden sie festgelegt, so daß ihnen jede Ausrede abgeschnitten war.

10.

Der Sohn ist deshalb, weil er nach dem Grabe fragte, nicht geringer als der Vater. Dadurch, daß er über Lazarus weinte, bewies er andererseits die Wahrheit seiner Menschwerdung. Wenn es heißt, daß er weinte und daß er schwitzte, so waren es seine Tränen und seine Schweißtropfen. Aber dadurch wird der Sohn nicht unter den Vater herabgesetzt; denn er ist ebenso Totenerwecker wie sein Vater. Er weinte, um die Wirklichkeit seiner Menschheit zu beweisen; er rief den Toten hervor, um seine Allmacht zu zeigen. Er fragte, um die Ungläubigen festzulegen; er betete, um seine Übereinstimmung [mit dem Vater] zu offenbaren. Auch dieses Beten am Grabe erniedrigt ihn nicht unter seinen Erzeuger. Daß er nicht aus Notwendigkeit betete, kannst du aus seinen eigenen Worten ersehen: „Dies sage ich um der Menge der Juden willen, damit sie glauben, daß du mich gesendet hast [und damit sie erkennen, daß du in mir bist und ich in dir bin]" [11]. Er heilte die Gesinnung der Menge, deren Gehör krank war und die offen bezweifelte, daß Jesus der Sohn des Allerhöchsten sei. Daher schrieb er alle seine Werke dem Vater zu, um zu zeigen, daß er nicht durch Anmaßung [12] Herr und Lebensspender sei. An dem Niedrigen [13], das an ihm geschah, sollten die Verständigen seine Liebe erkennen. Doch darüber zu sprechen, ist jetzt nicht meine Absicht. Die Wahrheit ist schon an sich klar und leuchtet hell ohne unser Wort. Vollkommen ist der Sohn wie sein Erzeuger, wunderbar der Erstgeborene wie sein Sender, Totenerwecker wie auch sein Vater; denn der nämliche, der weinte, erweckte zum Leben. Darüber hätte ich vieles zu sagen, wenn ihr es wünschet, das heißt, wenn ich sehe, daß der Same meines Wortes in euren Ohren aufgekeimt ist. Ja, selbst wenn ihr widerstrebt, werde ich trotzdem nicht ablassen, den Samen auszustreuen.

11.

Seid doch nicht ein Felsen für mein Wort, noch ein Weg, noch ein Dorngestrüpp! [14] Der Acker Christi ist bestellt, kein Unkraut möge auf ihm sprossen. Er ist mit dem Pfluge des Kreuzes bebaut, und die Dornen sind aus ihm völlig ausgerottet worden. Gottgesegnete Männer [die Patriarchen und die Propheten] haben im Vorbilde [15] schon dieses Feld urbar gemacht, die Apostel reinigten es vom Gestrüppe durch ihre verschiedenen Martyrien [16]. Der Sohn Gottes verfertigte durch sein Leiden das Werkzeug zu seiner Bearbeitung, um durch das Joch der Kreuzigung das Unkraut aus ihm auszurotten. Die harten Felsen darin zerschlug er durch die Nägel in seinen Händen, damit keine Stelle leer bleibe und der Früchte des Kreuzes ermangle. Der Anbetungswürdige machte die Götter zuschanden, die den Dornen gleich auf der Erde hervorgesproßt waren, sandte über sie die Glut des Apostolates und verbrannte sie. Diese bitteren Dornen wurden durch die Pein des Gekreuzigten ausgerottet, möchte doch nicht Satan sie wieder durch die Possen aussäen! Den Sterblichen ist von allen Thematen jenes von der Auferstehung der Toten das liebste, und hier wird auch täglich von der Kanzel die Wiederbelebung der Toten gepredigt. O Staub, den die Erbarmung geformt, o Mensch, der du Asche bist, was hörst du lieber als die Kunde von deiner Auferstehung? Hier [in der Kirche] wirst du durch Worte und Handlungen über deine Erneuerung unterrichtet; draußen in den Theatern aber siehst du nur Possen des Heidentums. Höre weiter! Ich habe dir noch einiges von der Geschichte des Lazarus vorzutragen, die voll Hoffnung der Auferstehung ist und dich, o Sterblicher, mit Trost erfüllt. Neige weise dein Ohr der wunderbaren Begebenheit Christi zu, und du wirst seine große, dir Erstaunen erregende Macht bei der Auferstehung der Toten schauen.

12.

Der Held [17]) stieg von seinem Orte herab, der starke Sohn Adonais, um die Auferstehung der Toten durch die Hoffnung zu offenbaren, die er den Begrabenen verkündete. Er fragte und kam zum Grabe des Lazarus, wie ihr gehört habt, und sah die Stadt des Todes, der mit Macht über die Tausende Toter gebietet. Hoch sind die Mauern des Totenreiches, damit sie nicht von den Lebenden erstürmt werden. Verschlossen sind die Tore der Finsternis vor allen Dahingeschiedenen, und starke Riegel sind vorgeschoben, damit niemand, der hineinging, wieder herauskomme. Überfüllt mit Leichen ist die große Homon [18] der Begrabenen, und wohl befestigt ist die Burg des Todes, auf daß die Auferstehung nicht in sie hineingelange. Myriaden Toter ziehen hinein, aber heraus kommt nicht ein einziger. Der Tod vertraut darauf, daß kein Held seinen Platz zu erobern imstande sei. Die Kunde vom Leben ist ferne jener Stadt der Eingeschlossenen, und die Gefangenschaft aller Zeiten staut sich in den Palästen der Unterwelt. Gefesselt und eingeschlossen wohnen dort die Verbannten in der Finsternis. Damals stand die Auferstehung am Abgrunde der Gebundenen; indem er einen aus ihm befreite, gab er allen Hoffnung. Der Verstorbene war aber in den Schlund aller Toten hinabgesunken, mit den Banden des Todes gefesselt und am Orte der Begrabenen eingeschlossen. Der Zaum des Schweigens war ihm angelegt, und er lag in dem elenden Totenreiche, an Händen und Füßen in die Ketten und Bande des Todes geschlagen. Der Leichnam begann in seinen Staub zu zerfallen, der Leib in seinen Lehm zu zerbröckeln, und der Gestank seiner Vermoderung wehte allen seinen Bestattern entgegen. Seine Schwestern beweinten den Toten, welcher der Verwesung verfallen war. Eine Menge Juden war versammelt und tröstete sie. Dann befahl Jesus, den Grabstein vom Eingange wegzuheben. Auch dies geschah aus unfaßbarer Weisheit. Er veranlaßte die ungläubigen Juden, das Grab aufzudecken, damit ihnen beim Entfernen des Steines der Totengeruch Übelkeit verursache. Beim Wegnehmen des Grabsteines wurden sie von dem Gestank des Toten betäubt, damit sie, während sein Modergeruch noch an ihren Kleidern haftete, das Wunder seiner Erweckung sähen.

13.

Der Erlöser stand am Grabe und die finstere Homon [19] erbebte. Die Mauern der [mit Toten] überfüllten [Stadt] wankten, und ihre Bollwerke zeigten Risse. Die Schlösser ihrer Macht wurden zertrümmert und die hohen Tore aufgerissen. Alle ihre Riegel wurden zerbrochen, und ihre Häuser begannen zu beben. Der Ruf der Auferweckung zermalmte sie [die Totenstadt], und ihre Mauern schlugen aneinander. Der Jungleu [20] brüllte in der Unterwelt, und Schrecken befiel den Tod. Der schöne Hirsch [21] röhrte am Felsenspalt der Schlange, und sie entfloh. Der himmlische Adler schrie im Neste der Habichte, und sie stoben auseinander. Der Tod hörte den neuen Ruf des Lebens an seine Pforte donnern und eilte, die Ketten zu sprengen, um die Gefesselten freizugeben. Er zog seine Hand von seinen Gefangenen zurück, um sie nicht am Fortgehen zu hindern [22]. Er [der Tod] stieg von seiner hohen Stufe herab, damit das Leben [Christus] zu derselben hinaufsteige und dort bleibe. Er gab seine Gewalt über die Toten auf, damit die Auferstehung über sie herrsche. Als er aber, von Angst verwirrt, daran war, die ganze Gefangenschaft freizulassen, da vernahm er die Stimme Jesu, der jedoch nicht rief: „Kommet heraus!" sondern nur: „Komm heraus!"" Er sprach: „Lazarus, komm heraus!" Die Anrede betraf nur einen einzigen und berührte alle übrigen Toten nicht; sie erweckte nur Einen zum Leben, damit durch den Einen die Hoffnung bis auf die Zeit des Jüngsten Tages bestärkt würde. Hätte Christus anstatt „Komm!" gesagt „Kommet heraus!", so wäre die ganze Schar der Toten mit Lazarus herausgekommen. Sein Ruf aber machte einen Unterschied; denn er forderte nur Einen auf, für die übrigen wurde die Auferweckung bis ans Ende der Zeit verschoben. Hätte er damals schon statt „Komm!" gesagt „Kommet!", so wäre nicht Lazarus allein, sondern die Gesamtheit der Entschlafenen hervorgekommen. Darum unterschied er und rief nur Einen aus den vielen, damit ihre Auferstehung nicht eine Verwirrung in bezug auf die Endzeit anrichte, die hierfür [für die allgemeine Auferstehung] bestimmt ist.

14.

Der Ruf der Erweckung brachte Bewegung in den hingestreckten Toten und richtete ihn auf. Er faßte ihn ausdrücklich bei seinem Namen, auf daß nur er allein herauskäme. Der Jungleu von Juda brüllte im leichengefüllten Walde, und seine Stimme drang zu der Herde der Toten. Er ergriff Einen und führte ihn heraus, wie es ihm gefiel. Auf den Ruf stand der Entschlafene auf, und die Stricke der Unterwelt fesselten ihn nicht mehr. Der Odem des Lebens wehte und richtete ihn zum Wandeln auf. „Lazarus, komm heraus!" rief er, und dieser kam. Dem Worte folgte die Tat; auf den Ruf hin geschah die Auferstehung, und die Erweckung fand unverzüglich statt. Der Wind der Auferweckung führte ihn aus der Mitte aller Entschlafenen weg. Weil ihn allein der Hauch des Befehles anwehte, erstand er [allein] aus dem Grabe, und zwar verschnürt. Seine Füße waren gebunden, und doch wandelte er; sein Gang war natürlich [23] und rasch, obgleich seine Gelenke noch nicht frei waren. „Löset ihn und laßt ihn gehen!" Sehet also, daß er beim Herauskommen [aus dem Grabe] noch nicht freigemacht, sondern gebunden, eingewickelt und verhüllt war. Und doch war sein Gang nicht gelähmt. Der Lebensspender befreite ihn vom Tode, nicht aber von der Verschnürung, damit dieselben Hände, welche den Begrabenen bekleidet hatten, ihn wieder freimachen könnten und auf diese Weise nicht mißachtet würden [24]. Überaus wunderbar sind die Taten unseres Erlösers! Alle vollbrachte er zu unserem Heile, und zwar, wie er wollte; denn er hat im Himmel und auf Erden Gewalt [25]. Preis und Verherrlichung und Anbetung und Majestät ihm und seinem Sender und dem Hl. Geiste; über uns, Elende und Sünder, aber komme jederzeit sein Erbarmen!

Fußnoten

1. Siehe das Vorwort S. 17.
2. Jakob von Sarug wird von allen syrischen Kirchen, den unierten wie den schismatischen bezw. heterodoxen, als heilig verehrt. Seitdem aber Martin [ZDMG. [30] 1876, S. 217 ff.] seine Korrespondenz mit den Mönchen von Mar Bassus veröffentlicht hat, ist seine Zugehörigkeit zum Monophysitismus zweifellos.
3. 1-3
4. 6-10## 1. Dringet ihr, Zuhörer, auf mich ein, auf daß es mich dränge, zu reden? Oder ist das Gehör verstopft und soll daher auch die Zunge schweigen? Dürstet ihr vielleicht jetzt danach, vom Weine der Lehre zu trinken oder soll ich davon ablassen, die Marke zu mischen, welche die Wissenschaft ausgekeltert hat? „O ihr alle, die ihr dürstet, kommet zum Wasser!" rief der Prophet im Geiste [^5]. Er zeigte den Dürstenden den Trank. Die Quelle der Lehre entsprudelt für die Bedürftigen der Kanzel. Wen nicht dürstet, der trinke nicht! Wir drängen unser Getränk niemanden mit Gewalt auf. Ist jemand hier, dessen Liebe an die Schauspiele der Außenwelt gefesselt ist, der entferne sich, und dann [erst] werde ich reden; denn es fehlt mir nicht an Zuhörern! Ist jemand hier, der von den göttlichen Dingen nichts wissen will, so muß ich ja nicht zu ihm reden, wie auch er nicht auf mich zu hören braucht. Wer dem Anblick der Nichtigkeit noch nicht fremd geworden ist, der versteht es nicht, mich anzuhören; ich spreche auch nicht für ihn, da seine Liebe von der Üppigkeit der Griechen eingenommen ist. Er soll entweder diese Liebe aufgeben und dann zuhören, oder sich entfernen und nicht zuhören! [^6] Wer gewöhnt ist, von vielen Göttern zu hören, den wird meine Lehre nicht befriedigen; denn ich predige nur von dem einen Wesen. Wer mit Geplärr diesen Schwarm von Göttinnen ansingt, dem kann ich unmöglich gefallen, da ich von der jungfräulichen Mutter predige. Wer nicht an Christus angenäht ist, der paßt nicht zum Gewebe meiner Rede. Was ich hier sage, ist Geist; ich brauche daher auserlesene Gefäße [^7].
5. wörtlich: die richtigen Zeugen. Lies: kînê statt knîšê.
6. Siehe unten Nr. 8.
7. Die eingeklammerten Worte aus Joh. 11,11 fehlen in der römischen Ausgabe. Sie müssen aber hier gestanden haben, da

sonst im folgenden Satze das Wort „Allmacht" unverständlich wäre.
8. Joh. 11,14 f.
9. Ebd. 11,34.
10. Gen. 3,9 und 4,9; nl. die Fragen an Adam und an Kain.
11. Joh. 11, 42. Der Rest der Rede fehlt in der römischen Ausgabe, steht aber nach Angabe Zingerles im vatikanischen Codex. Vgl. Joh. 14,10 und 17,21.
12. wörtlich: Raub, vgl. Philipp. 2,6.
13. d. b.. die Tränen, der Schweiß, das Fragen usw.
14. Matth. 13,3 f.; Luk. 8,5 f.
15. Israel war das Vorbild der Kirche.
16. wörtlich: durch die Tode und durch ihre Steinigungen.
17. Is. 9,6.
18. So heißt nach Ezech. 39,6 MT die Totenstadt des apokalyptischen Königs Gog.
19. Siehe die vorausgehene Note.
20. Offenb. 5,5.
21. Physiologus ed. Lauchert nr. 30.
22. Der Tod wäre also bereit gewesen, alle Toten freizugeben, nicht bloß den Lazarus.
23. D. h. normal.
24. Hätten fremde Leute den Lazarus zur Bestattung hergerichtet, dann hätten die Zeugen der Auferweckung vielleicht seinen Tod bezweifelt. So aber hatten sie ihn ja selbst mit diesen Tüchern zum Begräbnis umhüllt und mußten sich jetzt bei ihrer Wegnahme immer wieder sagen: „Mit diesen unseren Händen und mit eben diesen Hüllen haben wir ihn zur Bestattung bekleidet, und jetzt steht er lebend vor uns!" So war ihnen jede Ausrede abgeschnitten.
25. Matth. 28,18.

REDE ÜBER DIE VERKLÄRUNG CHRISTI

Vorbemerkung.

Diese Rede ist im II. griechisch-lateinischen Bande der römischen Ausgabe S. 41-49 in griechischer Sprache abgedruckt. Davon existiert noch eine arabische Übersetzung im Cod. arab. vat. 45 [Assemani, Bibliotheca Orientalis I, 156, no. 53] und eine armenische Übersetzung im vierten Bande der Mechitaristenausgabe der Werke Ephräms. In syrischer Sprache sind nur Bruchstücke derselben im maronitischen Offizium der Verklärung Christi erhalten, und zwar zum Teil unter dem Namen Ephräms. Darin will Zingerle a. a. O. I,231 f., wohl mit Unrecht, „den entschiedensten und unleugbaren Beweis für ihre Echtheit" sehen. Doch scheint mir schon die christologische Terminologie, speziell des letzten Abschnittes [16], weit über die Zeit Ephräms hinauszuweisen; jedenfalls müßte man eine spätere Überarbeitung annehmen.

Wegen der eigenartigen und geistvollen Behandlung des Stoffes glaubte ich diese kleine Rede beibehalten zu sollen.

Inhalt: Im Eingange wird die Hl. Schrift mit einem Acker von unerschöpflicher Fruchtbarkeit verglichen [1]. Dann folgt die Darstellung der Gründe, warum Jesus die Jünger auf den Berg führte, und die Schilderung der Szene auf demselben [2-7]. Hernach werden die Worte des hl. Petrus: „Hier ist gut sein" ausgelegt [8]. Weiterhin wird der Sinn der Stimme aus der Wolke: „Dieser ist mein geliebter Sohn" in bemerkenswerter Weise erklärt. Die Beweise für die zwei Naturen in Christus werden in einer langen Reihe von Fragen vorgeführt [9-15]. Den Schluß bildet ein Bekenntnis des Glaubens an die Gottheit und die Menschheit Christi und an die hl. Dreifaltigkeit [16]. [Nach Zingerle a. a. O. I, 235.]

1.

Vom Acker kommt Erntesegen, vom Weinberge schmackhafte Früchte und von der Hl. Schrift belebende Lehre. Der Acker gewährt nur für eine Zeit die Ernte, und der Weinberg gewährt nur für eine Zeit die Weinlese, aber die Hl. Schrift sprudelt, so oft sie gelesen wird, belebende Lehre. Ist der Acker abgeerntet, so hört er auf, zu tragen; ist der Weinberg abgeherbstet, so wird er unfähig [1]; von der Hl. Schrift aber kann man täglich ernten, ohne daß die Ähren in ihr für die Ausleger abnehmen, und täglich kann man in ihr Weinlese halten, ohne daß die Trauben der in ihr hinterlegten Hoffnung ausgehen. Nähern wir uns also diesem Acker und genießen wir von dem Ertrag seiner lebenspendenden Furchen! Ernten wir von ihm Ähren des Lebens, nämlich die Worte unseres Herrn Jesus Christus, der zu seinen Jüngern sagte: „Es sind einige von den hier Stehenden, die den Tod nicht kosten werden, bis sie des Menschen Sohn in seiner Herrlichkeit haben kommen sehen"! [2]

2.

„Und nach sechs Tagen nahm er den Petrus, Jakobus und Johannes, dessen Bruder, auf einen sehr hohen Berg und ward vor ihnen verklärt. Sein Angesicht leuchtete wie die Sonne, seine Kleider aber wurden weiß wie das Licht" [3]. Die Männer, von denen er gesagt hatte, daß sie den Tod nicht kosten würden, bevor sie das Vorbild seiner Ankunft geschaut hätten, sind diejenigen, die er mitnahm und auf den Berg führte. Er zeigte ihnen, wie er am Jüngsten Tage in der Herrlichkeit seiner Gottheit und im Körper seiner Menschheit kommen werde.

3.

Er führte sie auf den Berg, um ihnen zu zeigen, wer der Sohn sei und wessen Sohn er sei. Denn als er sie fragte: „Für wen geben die Leute mich, den Menschensohn, aus?" antworteten sie ihm: „Die einen für den Elias, die anderen für den Jeremias oder für einen der Propheten." Daher führte er sie auf den Berg und zeigte ihnen, daß er nicht der Elias sei, sondern der Gott des Elias; daß er auch nicht der Jeremias sei, sondern jener, der den Jeremias im Mutterleibe geheiligt hat; daß er auch keiner der Propheten sei, sondern der Herr der Propheten, der sie gesandt hat. Er zeigte ihnen auch, daß er der Schöpfer des Himmels und der Erde und der Herr der Lebenden und der Toten sei. Denn er gebot dem Himmel, und dieser ließ den Elias herabkommen; er winkte der Erde, und diese erweckte den Moses.

4.

Er führte sie auf den Berg, um ihnen zu zeigen, daß er Gottes Sohn sei, der vor aller Zeit vom Vater erzeugt wurde, am Ende der bestimmten Zeit aus der Jungfrau Fleisch annahm und, wie er selbst wußte, ohne Zeugung und auf unaussprechliche Weise geboren wurde, indem er die Jungfrauschaft [seiner Mutter] unversehrt bewahrte. Denn wo Gott will, wird die Ordnung der Natur überwunden. Gott, das Wort, wohnte im Schoße der Jungfrau selbst, und doch verbrannte das Feuer seiner Gottheit die Glieder des Leibes der Jungfrau keineswegs, sondern er bewahrte sie die Zeit der neun Monate hindurch unverletzt. Er wohnte im Mutterschoße der Jungfrau und ekelte sich nicht an dem Gestank der Natur. Er trat aus ihr als fleischgewordener Gott hervor, um uns zu erlösen.

5.

Er führte sie auf den Berg, um ihnen die Herrlichkeit der Gottheit zu zeigen und ihnen kund zu tun, daß er der Erlöser Israels sei, wie er es durch die Propheten geoffenbart hatte, damit sie nicht an ihm Anstoß nähmen, wenn sie seine freiwilligen Leiden sähen, die er als Mensch für uns erdulden würde. Sie kannten ihn nämlich nur als Menschen und wußten nicht, daß er Gott sei. Sie kannten ihn als den Sohn Mariens, als einen Menschen, der mit ihnen in der Welt umherwandelte, aber auf dem Berge tat er ihnen kund, daß er Gottes Sohn und Gott sei. Sie sahen ihn essen und trinken, müde werden und ausruhen, schläfrig werden und schlafen, sich fürchten und schwitzen. All dies entsprach nicht der Natur seiner Gottheit, sondern nur seiner Menschheit. Daher führte er sie auf den Berg, damit der Vater ihn den Sohn nenne und ihnen zeige, daß er in Wahrheit sein Sohn und Gott sei.

6.

Er führte sie auf den Berg und zeigte ihnen sein Reich vor seinem Leiden und seine Macht vor seinem Tode und seine Herrlichkeit vor seiner Beschimpfung und seine Ehre vor seiner Entehrung, damit sie, wenn er von den Juden gefangen und gekreuzigt würde, erkennen möchten, daß er nicht aus Schwäche gekreuzigt worden sei, sondern aus freiem Willen, weil es ihm so gefiel, zum Heile der Welt. Er führte sie auf den Berg und zeigte ihnen vor der Auferstehung die Herrlichkeit seiner Gottheit, damit sie, wenn er in der Herrlichkeit seiner göttlichen Natur vom Tode erstanden wäre, erkennen möchten, daß er die Herrlichkeit nicht zur Belohnung seines Leidens erhalten habe, als ob er ihrer bedurft hätte, sondern daß sie schon vor aller Zeit mit dem Vater und bei dem Vater sein eigen gewesen sei, wie er ja selbst, als er in das freiwillige Leiden ging, sagte: „Vater, verherrliche mich mit der Herrlichkeit, die ich bei Dir hatte, ehe die Welt war!" [4] Diese unsichtbare und in der Menschheit verborgene Herrlichkeit seiner Gottheit zeigte er den Aposteln auf dem Berge; denn sie sahen sein Angesicht leuchten wie einen Blitz und seine Kleider weiß wie das Licht. Zwei Sonnen erblickten dort die Jünger: eine am Himmel, wie gewöhnlich, und noch eine auf ungewöhnliche Weise, eine, die ihnen allein schien, nämlich sein Angesicht. Seine Kleider aber zeigte er weiß wie Licht, weil aus seinem ganzen Körper die Herrlichkeit seiner Gottheil hervorquoll und sein Licht allen seinen Gliedern entstrahlte; denn nicht wie bei Moses leuchtete nur äußerlich sein Fleisch in hellem Glänze, sondern die Herrlichkeit seiner Gottheit quoll aus ihm hervor. Sein Licht ging auf und blieb in ihm gesammelt, es ging nirgend anderswohin und verließ ihn nicht. Es kam ja auch nicht von anderswoher, um ihn zu verklären; es war ihm nicht etwa zu zeitweiligem Gebrauche geliehen. Er zeigte auch nicht das ganze unergründliche Meer seiner Herrlichkeit, sondern nur soviel ihre Augensterne zu fassen vermochten.

7.

„Und es erschienen ihnen Moses und Elias, und sie redeten mit ihm" [5]. Der Inhalt ihrer Unterredung mit ihm war [wohl] dieser: Sie dankten ihm dafür, daß sowohl ihre Worte als auch die aller ihrer Mitpropheten durch seine Ankunft in Erfüllung gegangen sind. Sie beteten ihn an wegen des Heiles, das er der Welt, dem Menschengeschlechte, brachte, und wegen der tatsächlichen Erfüllung des Geheimnisses, das sie vorgebildet hatten. Durch diese Besteigung des Berges wurde den Propheten und Aposteln Freude bereitet. Die Propheten freuten sich, weil sie seine Menschheit sahen, die sie bisher nicht gekannt hatten. Es freuten sich aber auch die Apostel, weil sie die Herrlichkeit seiner Gottheit schauten, die sie nicht gekannt hatten, und die Stimme des Vaters hörten, die dem Sohne Zeugnis gab. Durch diese erkannten sie auch seine Menschwerdung, welche ihnen bisher dunkel war, und nebst der Stimme des Vaters überzeugte sie die sichtbare Herrlichkeit seines Leibes, die eine Wirkung der in ihm ohne Verwandlung und ohne Vermischung vereinigten Gottheit war. Das Zeugnis dreier wurde besiegelt durch die Stimme des Vaters und durch Moses und Elias, die ihn als Diener umstanden. Die Apostel und Propheten sahen einander an; es erblickten sich dort die Führer des Alten und des Neuen Bundes: der hl. Moses sah den geheiligten Simon [Petrus], der Verwalter des Vaters den Verwalter des Sohnes. Jener spaltete einst das Meer, damit das Volk mitten durch die Wogen ziehen konnte; dieser errichtete eine Hütte, um die Kirche zu bauen. Der Jungfräuliche des Alten Bundes sah den Jungfräulichen des Neuen Bundes, Elias den Johannes, der den feurigen Wagen bestieg jenen, der an die Brust des Feuers hinsank [6]. Der Berg wurde zum Vorbilde der Kirche, und Jesus vereinigte auf ihm die beiden Testamente, welche die Kirche erhielt, und tat uns kund, daß er der Spender beider sei. Das eine empfing seine Geheimnisse, das andere offenbarte die Herrlichkeit seiner Taten.

8.

Simon sagte: „Gut ist es für uns, hier zu sein, o Herr!" [7] O Simon, was sagst du da? Wenn wir hier bleiben, wer erfüllt dann die Weissagung der Propheten? Wer besiegelt dann die Worte der Herolde? Wer bringt dann die Geheimnisse der Gerechten zur Vollendung? Wenn wir hier bleiben, an wem erfüllt sich dann das Wort: „Sie haben meine Hände und Füße durchgraben"? [8] Auf wen trifft dann zu: „Sie haben meine Kleider unter sich verteilt und über mein Gewand das Los geworfen" [9] Wem wird dann dies begegnen: „Sie gaben mir Galle zur Speise, und für meinen Durst ließen sie mich Essig trinken"? [10] Wer erfährt dann an sich die Benennung: „Frei unter den Toten"? [11] Wenn wir hier bleiben, wer zerreißt dann die Handschrift Adams [12], und wer tilgt seine Schuld? Wer gibt ihm dann das Gewand der Herrlichkeit zurück? Wenn wir hier bleiben, wie soll dann geschehen, was ich dir gesagt habe? Wie soll dann die Kirche gebaut werden? Wie wirst du dann von mir die Schlüssel des Himmelreichs bekommen? Wen wirst du dann binden, wen lösen? Wenn wir hier bleiben, wird alles, was durch die Propheten gesagt wurde, ohne Erfüllung bleiben.

9.

Simon sagte ferner: „Laßt uns hier drei Hütten errichten, dir eine, dem Moses eine und dem Elias eine!" [13] Simon war gesandt, die Kirche in der Welt zu bauen, und er will Hütten auf dem Berge errichten. Er sah nämlich noch immer in Jesus nur einen Menschen und stellte ihn neben Moses und Elias. Deshalb zeigte ihm der Herr, daß er seines Gezeltes nicht bedürfe; denn er war es ja, der seinen Vätern in der Wüste vierzig Jahre hindurch ein Wolkenzelt errichtet hatte. Denn „als sie noch redeten, siehe, da überschattete sie eine Lichtwolke" [14]. Siehst du, Simon, das ohne Arbeit errichtete Zelt? Ein Zelt, das die Hitze abhält und kein Dunkel an sich hat? Ein Zelt, das blitzt und leuchtet? Während die Jünger staunten, vernahm man aus der Wolke eine Stimme vom Vater, die sprach: „Dies ist mein geliebter Sohn, an dem ich mein Wohlgefallen habe; ihn höret!" [15] Bei diesem Rufe des Vaters kehrte Moses an seinen Ort zurück und Elias in sein Land; die Apostel aber fielen auf ihr Angesicht zur Erde nieder: Jesus stand allein da, weil jener Ruf nur ihm allein galt. Die Propheten flohen, und die Apostel fielen zu Boden; denn ihnen galt der Ruf des Vaters nicht, der bezeugte: „Dies ist mein geliebter Sohn, an dem ich mein Wohlgefallen habe; ihn höret!" Der Vater belehrte sie, daß die Verwaltung des Moses vorüber sei und daß sie nun auf den Sohn hören sollten. Denn jener redete als Diener, was ihm befohlen war, und verkündete, was ihm gesagt worden war [16], und ebenso alle Propheten, bis endlich kam, was aufbewahrt war, nämlich Jesus. Dieser ist Sohn, nicht Knecht; Herr, nicht Diener; Herrscher, nicht Untergebener; Gesetzgeber, nicht Untertan. Nach seiner göttlichen Natur ist „dieser mein geliebter Sohn".

10.

Den Aposteln offenbarte der Vater auf dem Berge, was ihnen unbekannt war. Der Seiende [17] offenbarte den Seienden, der Vater den Sohn. Bei diesem Rufe fielen die Apostel auf ihr Angesicht zur Erde nieder. Denn es war ein furchtbarer Donner, so daß von seinem Schalle die Erde erzitterte und sie zu Boden stürzten. Der Donner zeigte ihnen an, daß der Vater nahe sei; dann rief sie der Sohn mit seiner Stimme und machte sie aufstehen [18]. Wie nämlich die Stimme des Vaters sie niederwarf, so richtete sie die Stimme des Sohnes durch die Macht seiner Gottheit auf, welche in seinem Fleische wohnt und mit demselben ohne Verwandlung vereinigt ist, indem beide in einer Hypostase und in einer Person unzerteilt und unvermischt verbleiben. Er war nicht wie Moses nur äußerlich glänzend, sondern er strahlte als Gott in Herrlichkeit. Denn Moses wurde nur an der Oberfläche seines Gesichtes mit Glanz gesalbt, Jesus aber leuchtete am ganzen Leibe durch die Herrlichkeit seiner Gottheit, wie die Sonne durch ihre Strahlen.

11.

Der Vater rief: „Dies ist mein geliebter Sohn, an dem ich mein Wohlgefallen habe, ihn höret!" Der Sohn ist von der Herrlichkeit der Gottheit nicht getrennt; denn eine Natur sind der Vater und der Sohn mit dem Hl. Geiste, eine Kraft, eine Wesenheit und eine Herrschaft. Auf einen nur ließ er die Stimme ertönen, mit einem schlichten Namen und zugleich mit furchtbarer Herrlichkeit. Auch Maria nannte ihn Sohn, der durch den menschlichen Leib von der Herrlichkeit seiner Gottheit nicht getrennt ist; denn der eine Gott ist es, der im Fleische in der Welt erschien. Seine Herrlichkeit offenbarte seine göttliche Natur aus dem Vater, und sein Leib offenbarte seine menschliche Natur aus Maria, und zwar beide Naturen verbunden und vereinigt in eine Hypostase. Er ist der Eingeborene aus dem Vater und der Eingeborene aus Maria. Wer ihn [in zwei Personen] trennt, wird von seinem Reiche losgetrennt werden, und wer seine Naturen vermischt, wird des Lebens in ihm verlustig gehen. Wer leugnet, Maria habe Gott geboren, wird nie die Herrlichkeit seiner Gottheit schauen. Wer leugnet, daß er einen sündelosen Leib getragen, wird von dem Heile und dem Leben verworfen, das durch seinen Leib gegeben wird. [19]

12.

Seine Werke bezeugen es, und seine göttlichen Wundertaten belehren die Verständigen, daß er wahrer Gott ist, und seine Leiden beweisen, daß er wahrer Mensch ist. Lassen sich die Geisteskranken [d. h. die Häretiker] nicht überzeugen, so werden sie an seinem furchtbaren Tage dafür büßen müssen. Wenn er nicht Fleisch war, wozu wurde dann Maria ins Mittel gezogen? Und wenn er nicht Gott war, wen nannte dann Gabriel Herr? Wenn er nicht Fleisch war, wer lag dann in der Krippe? Und wenn er nicht Gott war, wen priesen dann die herabgestiegenen Engel? Wenn er nicht Fleisch war, wer wurde dann in Windeln eingewickelt? Und wenn er nicht Gott war, wen beteten dann die Hirten an? Wenn er nicht Fleisch war, wen beschnitt dann Joseph? Und wenn er nicht Gott war, zu wessen Ehre eilte dann der Stern am Himmel dahin? Wenn er nicht Fleisch war, wen säugte dann Maria? Und wenn er nicht Gott war, wem brachten dann die Magier Geschenke dar? Wenn er nicht Fleisch war, wen trug dann Simeon auf den Armen? Und wenn er nicht Gott war, zu wem sagte dann dieser: „Entlaß mich nun in Frieden!"? Wenn er nicht Fleisch war, wen nahm dann Joseph und floh nach Ägypten? Und wenn er nicht Gott war, an wem ging dann das Wort in Erfüllung: „Aus Ägypten berief ich meinen Sohn"? [20] Wenn er nicht Fleisch war, wen taufte dann Johannes? Und wenn er nicht Gott war, zu wem sprach dann der Vater vom Himmel herab: „Dies ist mein geliebter Sohn, an dem ich mein Wohlgefallen habe!"? Wenn er nicht Fleisch war, wer fastete und hungerte dann in der Wüste? Und wenn er nicht Gott war, zu wem stiegen dann die Engel herab, um ihn zu bedienen? Wenn er nicht Fleisch war, wer wurde dann zur Hochzeit nach Kana in Galiläa eingeladen? Und wenn er nicht Gott war, wer verwandelte dann das Wasser in Wein? Wenn er nicht Fleisch war, in wessen Händen lagen dann die Brote? Und wenn er nicht Gott war, wer sättigte dann in der Wüste mit fünf Broten und zwei Fischen die Scharen, die, ohne die Weiber und die Kinder zu rechnen, Tausende betrugen?

13.

Wenn er nicht Fleisch war, wer schlief dann im Schiffe? Und wenn er nicht Gott war, wer schalt dann die Winde und das Meer? Wenn er nicht Fleisch war, mit wem speiste dann Simon, der Pharisäer? Und wenn er nicht Gott war, wer verzieh dann die Vergehen der Sünderin? [21] Wenn er nicht Fleisch war, wer saß dann, von der Reise ermüdet, auf dem Brunnen? Und wenn er nicht Gott war, wer gab dann der Samariterin lebendiges Wasser und warf ihr vor, fünf Männer gehabt zu haben? Wenn er nicht Fleisch war, wer trug dann die Kleider eines

Menschen? Und wenn er nicht Gott war, wer wirkte dann die Kräfte und Wunder? Wenn er nicht Fleisch war, wer spuckte dann auf die Erde und bereitete Lehm? Und wenn er nicht Gott war, wer zwang dann durch den Lehm die Augen zum Sehen? [22] Wenn er nicht Fleisch war, wer weinte dann am Grabmal des Lazarus? Und wenn er nicht Gott war, wer rief dann den seit vier Tagen Toten gebietend aus demselben heraus? Wenn er nicht Fleisch war, wer saß dann auf dem Füllen? Und wenn er nicht Gott war, wem zogen dann die Scharen mit Lobgesang entgegen? Wenn er nicht Fleisch war, wessen bemächtigten sich dann die Juden? Und wenn er nicht Gott war, wer gebot dann der Erde und warf sie [die Häscher] dadurch auf ihr Angesicht nieder? Wenn er nicht Fleisch war, wer wurde dann mit dem Backenstreiche geschlagen? Und wenn er nicht Gott war, wer heilte dann das von Petrus abgehauene Ohr wieder an seine Stelle an? Wenn er nicht Fleisch war, wessen Antlitz wurde dann angespien? Und wenn er nicht Gott war, wer hauchte dann den Aposteln den Hl. Geist ins Angesicht? Wenn er nicht Fleisch war, wer stand dann im Gerichtshause vor Pilatus? Und wenn er nicht Gott war, wer erschreckte dann die Gemahlin des Pilatus im Traume? [23] Wenn er nicht Fleisch war, wessen Kleider zogen dann die Soldaten aus und verteilten sie? Und wenn er nicht Gott war, wie wurde dann die Sonne bei der Kreuzigung verfinstert? Wenn er nicht Fleisch war, wer hing dann am Kreuze? Und wenn er nicht Gott war, wer erschütterte dann die Grundfesten der Erde? Wenn er nicht Fleisch war, wessen Hände und Füße wurden dann mit Nägeln angeheftet? Und wenn er nicht Gott war, wie zerriß dann der Vorhang des Tempels, spalteten sich die Felsen und öffneten sich die Gräber?

14.

Wenn er nicht Fleisch war, wer rief dann: „Mein Gott, mein Gott, warum hast Du mich verlassen?" Und wenn er nicht Gott war, wer sagte dann: „Vater, verzeihe ihnen!"? Wenn er nicht Fleisch war, wer hing dann mit den Schachern am Kreuze? Und wenn er nicht Gott war, wie konnte er dann zum Schächer sagen: „Heute wirst du mit mir im Paradiese sein"? Wenn er nicht Fleisch war, wem reichte man dann Essig und Galle? Und wenn er nicht Gott war, wessen Stimme hörte dann die Unterwelt und erbebte? Wenn er nicht Fleisch war, wessen Seite durchbohrte dann die Lanze, so daß Blut und Wasser herauskam? Und wenn er nicht Gott war, wer zertrümmerte dann die Pforten der Unterwelt und zerbrach die Fesseln, und auf wessen Geheiß kamen dann die eingekerkerten Toten hervor? Wenn er nicht Fleisch war, wen sahen dann die Apostel im Obergemache? Und wenn er nicht Gott war, wie kam er dann bei verschlossenen Türen hinein? Wenn er nicht Fleisch war, in wessen Händen betastete dann Thomas die Wundmale der Nägel und in wessen Seite das Mal der.Lanze? Und wenn er nicht Gott war, wem rief dann dieser zu: „Mein Herr und mein Gott!"? Wenn er nicht Fleisch war, wer aß dann am See von Tiberias? Und wenn er nicht Gott war, auf wessen Gebot füllte sich dann das Netz? [24] Wenn er nicht Fleisch war, wen sahen dann die Apostel und die Engel in den Himmel aufgenommen werden? Und wenn er nicht Gott war, wem öffnete sich dann der Himmel, wen beteten dann die Mächte zitternd an und wen forderte dann der Vater auf: „Setze dich zu meiner Rechten!", wie auch David sagt [25]: „Es sprach der Herr zu meinem Herrn: Setze dich zu meiner Rechten usw."?

15.

Wenn er nicht Gott und Mensch war, dann ist unsere Erlösung nur Lüge und sind die Aussprüche der Propheten Lügen; aber die Propheten redeten die Wahrheit, und ihre Zeugnisse sind ohne Trug. Was sie sagen mußten, das redete der Hl. Geist durch sie. Daher belehrte uns auch der keusche Johannes, der an der Brust des Feuers lag, die Stimmen der Propheten bekräftigend, von Gott in den Evangelien sprechend, also: „Im Anfange war das Wort, und das Wort war bei Gott, und Gott war das Wort. Alles ist durch dasselbe gemacht worden, und nichts, was gemacht wurde, ist ohne dasselbe gemacht worden. Und das Wort ist Fleisch geworden und hat unter uns gewohnt." Der aus Gott ist, Gott das Wort, der eingeborene Sohn aus dem Vater, wesensgleich mit dem Vater, das ewige Wort, das da ist aus dem, der ist, vor allen Zeiten auf unaussprechliche Weise ohne Mutter aus dem Vater gezeugt: eben dieser wurde am Ende [der bestimmten Zeit] aus einer Menschentochter, aus Maria, der Jungfrau, ohne Vater geboren. Der fleischgewordene Gott nahm von ihr das Fleisch an und wurde Mensch, was er vorher nicht war, blieb aber Gott, was er war, um die Welt zu erlösen. Dies ist Christus, der Sohn Gottes, der Eingeborene aus dem Vater und der Eingeborene aus der Mutter.

16.

Ich bekenne ihn als vollkommenen Gott und als vollkommenen Menschen, der in den zwei hypostatisch oder zu einer Person vereinigten Naturen erkannt wird, und zwar ohne Trennung, ohne Vermischung und ohne Verwandlung, der Fleisch annahm, das durch eine vernünftige und verständige Seele belebt war, und der uns in allem, nur die Sünde ausgenommen, der menschlichen Natur nach gleich geworden ist. Er ist zugleich irdisch und himmlisch, zeitlich und ewig, beschränkt und unbeschränkt, zeitlos und der Zeit unterworfen, erschaffen und unerschaffen, leidend und leidensunfähig, Gott und Mensch, und zwar in beider Hinsicht vollkommen, einer in zweien und in zweien einer. Es ist eine Person des Vaters und eine Person des Sohnes und eine Person des Hl. Geistes. Es ist eine Gottheit, eine Macht, eine Herrschaft in drei Personen oder Hypostasen. In dieser Weise sollen wir die hl. Einheit in der Dreiheit und die hl. Dreiheit in der Einheit verherrlichen, indem der Vater vom Himmel herab gerufen hat: „Dies ist mein geliebter Sohn, ihn höret!" Diese Lehre nahm die hl. katholische Kirche Gottes an, in dieser hl. Dreiheit tauft sie zum ewigen Leben, diese [die hl. Dreiheit] preist sie mit gleicher Ehrenbezeigung heilig, diese bekennt sie als unzerteilt und ungetrennt, betet sie ohne Irrtum an, bekennt und verherrlicht sie. Dieser dreipersönlichen Einheit gebührt Lob, Danksagung, Ehre, Macht, Verherrlichung: dem Vater und dem Sohne und dem Hl. Geiste, jetzt und allezeit und in alle Ewigkeiten. Amen.

Fußnoten

1. Im gleichen Jahre nochmals Früchte zu geben.
2. Matth. 16,28.
3. Ebd. 17,1. 2.
4. Joh. 17,5.
5. Matth. 17,3.
6. Beim letzten Abendmahle lehnte Johannes sein Haupt an die Brust Jesu.
7. Matth. 17,4.
8. Ps. 21,17.
9. Ebd. 21,19.
10. Ebd. 68,22.
11. Ebd. 87,6.
12. Koloss. 2,14.
13. Matth. 17,4.
14. Ebd. 17,5.
15. Ebd.
16. Hebr. 3,5.
17. Exod. 3,14.
18. Matth. 17,7.
19. Matth. 17,7.
20. Os. 11,1; Matth. 2,15.
21. Vgl. Luk. 7,36 und Matth. 26,6, welche hier [wie im Diatessaron] identifiziert werden.
22. Joh. 9,6.
23. Matth. 27,19.
24. Joh. 21,1 f.
25. Ps. 109,1.

VIER LIEDER ÜBER JULIAN DEN APOSTATEN

Vorbemerkung

1.

Flavius Claudius Julianus[1]. Eine Quellenuntersuchung von Dr. Wilhelm Koch, Tiel in Holland [Jahrbücher für klassische Philologie, herausgegeben von A. Fleckeisen, 25. Supplementband, Leipzig 1899, S. 329-488]; Geschichte des römischen Kaiserreiches, von Dr. G. F. Hertzberg, Berlin 1880, S. 751 ff. [Allgemeine Geschichte in Einzeldarstellungen, herausgegeben von W. Oncken II, 1]. In der Chronologie halte ich mich an v. Borries.) ist als Sohn des Julius Constantinus, des jüngeren Halbbruders Konstantin des Großen, im Mai oder Juni 332 zu Konstantinopel geboren. Wenige Monate nach seiner Geburt starb seine Mutter Basilina, eine Tochter des Praefectus praetorio Anicius Julianus. Um die Wende des Jahres 337 fielen sein Vater und sein älterer Stiefbruder einem Aufruhr der Soldaten zum Opfer, die sich nur von den Söhnen des großen Konstantin regieren lassen wollten und daher alle übrigen männlichen Nachkommen des Constantius Chlorus ermordeten. Nur seiner großen Jugend verdankt es Julian, daß er verschont wurde; Gallus, sein jüngerer Stiefbruder, der tödlichen Krankheit, an der er zurzeit des Blutbades darniederlag. Des verwaisten Knaben nahm sich ein Verwandter seiner Mutter, der arianische Bischof von Nikomedien, der aber schon 338 Bischof von Konstantinopel wurde, an und gab ihm eine gute, strenge Erziehung. Seinem Pädagogen, dem Gothen Mardonios, der schon die Erziehung seiner Mutter geleitet hatte und dem er zu einem guten Teile seine Vorliebe für das Griechentum und seine ernste Lebensauffassung verdankte, hat er zeitlebens große Dankbarkeit und Verehrung bewahrt und sogar im „Misopogon" ein ehrendes literarisches Denkmal gesetzt:[2]. Von seinen Lehrern sind aus dieser Periode noch zu nennen: Nikokles für Grammatik, der damals christliche Philosoph Hekebolius für Rhetorik, sowie Georgius, der spätere Bischof von Alexandrien, der seine Lektüre leitete. Da er den berühmten Redner Libanius nicht hören durfte, wußte er sich Nachschriften seiner Vorlesungen zu verschaffen und studierte diese um so eifriger. Seine Erziehung, die er teils in Konstantinopel teils in Nikomedien erhielt, bezweckte nach dem ausdrücklichen Wunsche des asketischen Kaisers Konstantius, aus ihm einen zuverlässigen [arianischen] Christen zu machen.

Im Jahre 345 wurde er mit seinem Bruder Gallus, der bis dahin in Ephesus erzogen worden war, auf kaiserlichen Befehl nach Kappadozien auf das kaiserliche Schloß Makellon [fundus Macelli] bei Caesarea gebracht. Dort empfing er die Taufe. Die Erziehung der Prinzen wurde womöglich noch strenger, fast mönchisch; die Unterrichtsgegenstände waren großenteils theologischer Natur und daher nicht nach dem Geschmacke Julians, der überhaupt den Aufenthalt in dem einsamen Schlosse als Verbannung empfand. Anfangs war Julian ein eifriger arianischer Christ oder schien es zu sein; er las nach Gregors Zeugnis[3] sogar dem Volke die hl. Schriften vor, was man wohl dahin verstehen darf, daß er die Weihe des Lektorats empfangen hatte, also dem Stande der Kleriker angehörte. Aber je mehr er sich in die Lektüre der Vorträge und Werke des Redners Libanus vertiefte, desto mehr wuchs seine Vorliebe für den Neuplatonismus und das hellenische Heidentum, so daß es nur eine Frage der Zeit war, wann die Katastrophe eintreten sollte.

Als sein Bruder Gallus am 15. März 351 vom Kaiser zum Cäsar des Ostens ernannt worden war, schlug auch ihm die Stunde der Befreiung aus der „Verbannung". Nachdem er seine Bewegungsfreiheit erlangt hatte, trieb es ihn, mit berühmten Gelehrten in persönlichen Verkehr zu treten und seinen Durst nach hellenischer Weisheit zu stillen. Vor allem imponierten ihm Aedesius von Pergamon und namentlich sein Dämon, Maximus von Ephesus. Dieser, „ein glühend beredter, überaus gelehrter Mann und gewandter Dialektiker, persönlich eine ehrwürdige Erscheinung, fesselte ihn nicht nur durch seine phantastische Lehre, sondern prophezeite ihm auch den Thron und den künftigen Beruf, die Altäre der alten Götter wieder aufzurichten"[4].

Maximus gewann auf den noch nicht zwanzigjährigen Prinzen einen solchen Einfluß, daß er im Winter 351/352 vom Christentum abfiel und Heide wurde, allerdings diesen Schritt noch sorgfältig geheim haltend.

Nach der Absetzung und Hinrichtung seines Bruders Gallus 354 [zu Flanona in Istrien] drohte ihm ein ähnliches Schicksal; aber nach mehrmonatlicher Haft zu Mailand wurde er nicht bloß freigelassen, sondern bekam durch die Vermittlung der ihm gewogenen Kaiserin Eusebia die Erlaubnis, an der Hochschule zu Athen seine geliebten Studien fortsetzen zu dürfen. Damit erfüllte sich ein Herzenswunsch Julians. Dort kam er Mitte 355 an und wurde Schüler des Proaeresius aus Kukusos [Armenien], eines Christen, und des Himerius aus Prusa [Bithynien], eines Heiden. Er ließ sich in die eleusinischen Mysterien einweihen und die Zukunft verkünden. Die nachmals als Kirchenväter so berühmt gewordenen Kappadozier Gregor von Nazianz und Basilius waren seine Mitschüler. Der Aufenthalt in Athen dauerte kaum ein paar Monate; denn noch im Herbst 355 rief ihn der Kaiser an den Hof nach Mailand, um ihn zum Cäsar zu ernennen und mit der Oberaufsicht über Gallien, Spanien und Britannien zu betrauen. Das geschah in Anwesenheit und mit Zustimmung des versammelten Heeres am 6. November 355. Wenige Tage darauf vermählte er ihn mit seiner jüngsten Schwester Helena. Aber nur widerwillig brach Julian am 1. Dezember nach Gallien auf, wo er ungeahnte glänzende militärische und administrative Talente offenbarte. Seine Kriegsführung gegen die Alemannen war von solchem Erfolge begleitet, daß ihn das Heer zu Paris 360 als Augustus ausrief. Da sich aber sein kaiserlicher Vetter Konstantius II. dieser Thronerhebung widersetzte, drohte der Bürgerkrieg. Schon war Julian von Gallien aufgebrochen und auf dem Wege nach Konstantinopel, um seinen Ansprüchen durch das Schwert Geltung zu verschaffen und wohl auch, um den Mord seines Vaters endlich zu rächen, als ihn zu Naissus [Nisch] die Nachricht von dem am 3. November 361 zu Mopsukrene [Cilicien] erfolgten Tode des Kaisers erreichte. Damit war Julian ohne Schwertstreich Alleinherrscher im großen römischen Weltreiche geworden. Unter dem Jubel des Volkes und den Huldigungen des Senats zog er am 11. Dezember 361 in Konstantinopel ein.

Der erste Teil der Prophezeiung des Philosophen Maximus von Ephesus war nunmehr in Erfüllung gegangen; die Verwirklichung des zweiten Teiles, Restauration des Heidentums, ließ nicht lange auf sich warten.

2.

Am Epiphaniefeste 361 hatte er zu Vienne zum letztenmale dem christlichen Gottesdienste beigewohnt. Schon bald danach, noch auf dem Zuge nach dem Balkan, warf er die Maske weg und opferte den Göttern, namentlich dem Helios und dem Zeus, ganze Hekatomben, wie er selbst mit Stolz seinem Freunde Maximus[5] und seinem Oheim Julian[6] schreibt.

Als er aber nunmehr Inhaber der höchsten Macht geworden war, beeilte er sich, sie seinen christumfeindlichen Plänen dienstbar zu machen. Er trat nicht als Christenverfolger alten Stiles auf, sondern ging viel raffinierter zu Werke[7].

Er setzte das Heidentum wieder in alle früheren Rechte und Privilegien ein, befahl die Rückgabe der Tempel und den Wiederaufbau der zerstörten Heiligtümer und tat alles, um den alten Götterkult zu neuem Leben zu erwecken. Den Gemeindewesen, welche das Heidentum bereitwillig wieder einführten, sandte er anerkennende Schreiben und überhäufte sie mit Hulderweisen; den christustreuen und den zögernden dagegen erklärte er, sie solange zu ignorieren, sie weder zu besuchen, noch ihre Abordnungen zu empfangen, noch ihnen irgendwelche Hilfe zu leisten, bis sie nicht seine Befehle ausgeführt hätten. Als z. B. die von den Persern bedrohte Grenzstadt Nisibis, welche bis dahin infolge der Bemühungen des energischen Bischofs Abraham die proheidnischen Dekrete des Kaisers unbeachtet gelassen hatte, um Hilfe gegen die Feinde vorstellig wurde, wies er die Gesandten schroff ab und verweigerte jeden Beistand, bevor nicht die Tempel wieder geöffnet und der heidnische Opferkult wieder eingeführt wäre[8], was dann auch geschehen zu sein scheint.

Die Christen mußten alle den Kirchen seit Konstantin d. Gr. geschenkten städtischen Grundstücke zurückgeben, verloren alle Privilegien und wurden aus allen irgendwie einflußreichen Ämtern und Würden verdrängt.

Um den Christen, die ihren Glauben in heidnischen Schulen nicht der Gefahr aussetzen wollten, den Weg zur Bildung abzuschneiden und damit das Christentum selbst bei den Gebildeten zu diskreditieren, verbot er ihnen, die Stellen von Rhetoren und Grammatikern zu bekleiden. Er schrieb selbst mehrere Bücher voll beißenden Spottes gegen die Christen, die er verächtlich „Galiläer" nannte. Das Heidentum dagegen suchte er im Sinne des Neuplatonismus zu reformieren, ja er nahm sogar christliche Einrichtungen, z. B. Hierarchie, Predigt, Armenpflege herüber. Zugleich war er bestrebt, die heidnische Moral zu heben und ging selbst durch sittenreinen, ja asketischen Lebenswandel mit gutem Beispiel voran. Er verzichtete sogar, nachdem seine Gemahlin bald nach seiner Erhebung zum Augustus 360 gestorben war[9], auf die Eingehung einer neuen Ehe. Ganz besonders liebte er es, als pontifex maximus aufzutreten und unter gewissenhaftester Beobachtung der alten Zeremonien ganze Hekatomben persönlich zu opfern. Zur Verherrlichung der Neubelebung des heidnischen Opferdienstes ließ er auf der Rückseite seiner Münzen das Bild eines Opferstieres anbringen, was vielen Spott hervorrief. Als Neuplatoniker gab er sehr viel auf Magie und Wahrsagerei und bemühte sich auf alle Weise, die Zukunft zu erforschen.

Die Spaltungen unter den Christen beförderte er nach Möglichkeit; die Juden standen bei ihm in hoher Gunst.

All dies mußte Julian bei den Christen verhaßt machen; sie stigmatisierten ihn auch für alle Zeiten mit dem Beinamen παραβάτης bezw. apostata. Aber auch bei den Heiden fand er nicht überall und nicht immer die erhoffte Anerkennung und Mitwirkung. Sein Neuplatonismus mißfiel den Konservativen unter den Heiden. Seine Reformen, die manchem altehrwürdigen Schlendrian und manchem otium cum dignitate in die Quere kamen, wurden teils als überflüssig, teils als lästig, teils als verfehlt empfunden und oft mit bitterem Hohne quittiert.

3.

Galerius hatte 297 den Persern fünf armenische Provinzen am Tigris entrissen und dem römischen Reiche einverleibt[10]. Erst nach vierzig Jahren [337] wagte es Sapor II. [309—380], die Rückeroberung zu versuchen. Zu diesem Zwecke fiel er in das römische Mesopotamien ein, mußte aber unverrichteter

Dinge wieder umkehren. Seitdem hörten die Grenzkämpfe zwischen den Römern and Persern nicht mehr auf. Dreimal belagerte Sapor die Grenzfestung Nisibis vergeblich: 338 [achtundsechzig Tage lang], 346, worauf ein Waffenstillstand folgte, der aber nicht lange aufrechterhalten wurde, und 350. Diese letzte Belagerung und deren Vereitelung ist von Ephräm wiederholt gefeiert worden. Da Sapor mit seinen Maschinen den Mauern nichts anhaben konnte, griff er zu einem merkwürdigen Auskunftsmittel. Er baute rings um die Stadt einen Wall von der Höhe der Mauer, leitete den Fluß Mygdonius in den Zwischenraum und schwellte ihn ab, bis die Fluten die Höhe der Mauerzinnen nahezu erreicht hatten. Dann griff er auf Schiffen die Besatzung der Stadt an. Ehe er aber diese Kampfesweise zur vollen Wirkung bringen konnte, gab der Wall nach, und die herausstürzenden Gewässer rissen zugleich eine mächtige Bresche in die Stadtmauer, so daß die Stadt verloren schien. Aber in dem aufgeweichten Boden versanken Soldaten und Elephanten, und so mußten die Perser mit dem weiteren Angriff warten, bis das Erdreich getrocknet war. Inzwischen aber hatten die Nisibener die Bresche wieder geschlossen. Daher mußte Sapor zum drittenmale von der Belagerung abstehen.

4.

Julian wollte nun an dieser Grenze endgültige Ruhe schaffen, sich den Titel Parthicus verdienen und mit Alexander dem Großen verglichen werden. Daher rüstete er alsbald zum Kriege gegen die Perser. Zu diesem Zwecke brach er Ende Mai 362 von Konstantinopel nach Antiochien auf, wo er im Juni eintraf und mit Jubel empfangen wurde. Doch bald machte er sich aus verschiedenen Gründen mißliebig.

Da die Ernte schlecht geraten war, suchte er durch Preisregulierung eine Teuerung hintanzuhalten, erreichte aber nur, daß die Händler die Waren zurückhielten und die Not um so drückender wurde. Ferner hatte er angeordnet, den Leichnam des beim Apollotempel zu Daphne beigesetzten Märtyrers Babylas auszugraben und an anderer Stelle zu bestatten. Die Christen gehorchten nur widerwillig und sangen bei der Übertragung Psalmen und Antiphonen, die gegen den Kaiser gerichtet waren. Daraufhin ließ dieser mehrere Christen gefangen setzen und befahl, sie zu foltern. Da aber der erste, welcher der Marter unterworfen wurde, ein Jüngling namens Theodor, trotzdem er gegeißelt und mit eisernen Krallen zerrissen wurde, standhaft blieb, verzichtete der Kaiser auf weitere Bestrafung und gab alle frei[11]. Als bald darauf, am 22. Oktober, der Apollotempel zu Daphne den Flammen zum Opfer fiel, erblickte der Kaiser darin einen Racheakt der Christen und ließ deren Kathedrale zu Antiochien schließen[12].

Überhaupt mißfiel den üppigen und spottlustigen Antiochenern sein asketisches und frömmelndes Wesen sowie sein ganzes Auftreten; vor allem spotteten sie über seine bei einem Kaiser ganz besonders auffallende Barttracht. „Man gab ihm den Spottnamen Cercops[13], nannte ihn einen Zwerg, der die schmalen Schultern emporrecke, einen Bocksbart trage und gewaltige Schritte mache, als wäre er ein Bruder des Otus und Ephialtes, deren Körperlänge Homer[14]ins Unendliche erhebt; statt eines Opferpriesters hieß er nur Opferschlächter mit Anspielung auf seine vielen Opfer; ebenso war es ein willkommener Anlaß zum Tadel gegen ihn, daß er ohne Scheu wie ein Priester heiliges Geräte, um sich zur Schau zu stellen, einhertrug und an dem Gefolge von Weibsbildern [mulierculae] Wohlgefallen fand"[15].

Julian hinwieder verhöhnte die Antiochener, die „Barthasser", wie er sie nannte, durch eine bissige Schrift mit dem bezeichnenden Titel: Misopogon [Barthasser].

5.

Um die Christen ganz besonders zu ärgern und um die Weissagungen Daniels [9, 27] und des Herrn [Matth. 24,2 u. Parallelen] Lügen zu strafen, veranlaßte er während seines Aufenthalts zu Antiochien die Juden, ihren Tempel in Jerusalem mit möglichster Pracht wieder aufzubauen, und betraute damit den früheren Vizestatthalter von Britannien, Alypius von Antiochien. „Aber", so berichtet der Heide Ammianus Marcellus, „mehrmals schossen plötzlich aus dem Grunde Feuerballen hervor und machten den Platz für die Arbeiter, die sogar vom Feuer beschädigt wurden, unzugänglich: weil man nun an dem Elemente selbst auf diese Weise so hartnäckigen Widerstand fand, mußte die Ausführung ganz unterbleiben"[16].

Diese Vereitelung des Tempelaufbaues durch Elementargewalt berichten alle Kirchenhistoriker der damaligen Epoche[17], aber das wertvollste Zeugnis bleibt das soeben zitierte; denn Ammian war von allen uns zu Gebote stehenden Zeugen dem Orte und der Zeit nach der Katastrophe am nächsten und hatte als Heide keine apologetischen Tendenzen.

6.

Der Kaiser war schließlich froh, als die Zeit, den Perserzug zu beginnen[18], herangekommen war und er am 5. März 363 die Stadt, die ihm so viele Enttäuschungen gebracht hatte, verlassen konnte. Am 5. April überschritt er bereits den Grenzfluß Chaboras und folgte nun dem linken Euphratufer, von einer elfhundert Schiffe zählenden Proviantflotte begleitet. Alle entgegenstehenden Hindernisse wurden spielend überwunden, sogar die gewaltigen Festungen Pirisabora und Maozamalcha fielen nach ein bis zwei Tagen. Der von Trajan angelegte, von den Persern verschüttete Kanal, der den Euphrat mit dem Tigris verband, wurde für die Flotte in kürzester Zeit schiffbar gemacht, der Übergang über den Tigris bei Ktesiphon in der Nacht vom 26. bis 27. Mai erzwungen und die Perser in der von Mitternacht bis Mittag während Schlacht entscheidend geschlagen. Sapor war zum Frieden bereit, aber Julian hielt sich für einen zweiten Alexander, ja, wenn wir Sokrates[19]glauben dürfen, für Alexander selbst; denn er war Anhänger der Lehre von der Seelenwanderung. Daher wies er das Friedensangebot zurück, trat den Marsch ins Innere des Landes an, verbrannte sogar seine ganze Flotte, wenige Schiffe ausgenommen, was ihm dann zum Verhängnis wurde.

7.

Warum Julian seine Flotte und seine Vorräte verbrannte, ist nicht klar. Nach dem Berichte des Augenzeugen Ammian 24,7 begriff man dieses Vorgehen schon damals nicht. Sicher ist wohl, daß dabei ein oder mehrere hinterlistige persische Überläufer nach der Art des Zopyrus die Hand im Spiele hatten. Denn Ammian erzählt, daß die Überläufer ihre Hinterlist auf der Folter eingestanden hätten und daß man daraufhin das Feuer löschen wollte, wozu es jedoch zu spät gewesen wäre. Auch Ephräm 2,18; 3,15 und Gregor von Nazianz, Contra Julianum II,11[20]) stimmen damit überein. Daß sich aber der Kaiser von Überläufern zu einer solch waghalsigen Tat bestimmen ließ, versteht man nur, wenn ihm ein Traum, ein Wahrzeichen, ein Orakel sicheren Erfolg seines Zuges in Aussicht gestellt hatte. Sokrates III,21[21]weiß nun tatsächlich von einer Weissagung des Philosophen Maximus von Ephesus, auf den Julian große Stücke hielt, derzufolge er nicht bloß den Ruhm des mazedonischen Alexanders erreichen, sondern sogar überstrahlen würde, wenn er den Feldzug fortsetzen würde. Daraufhin habe Julian Sapors Friedensangebot zurückgewiesen[22].

8.

Julian mußte nur zu bald seinen Fehler erkennen. Der Feind zog sich ständig vor ihm zurück, alle Vorräte, sogar das Getreide auf den Feldern verbrennend; dabei beunruhigte er die Römer durch unaufhörliche Teilangriffe, ohne je standzuhalten; dazu kam die unerträgliche Sommerhitze und die entsetzliche Insektenplage; der Proviant, der nicht ergänzt werden konnte, ging zur Neige. Daher mußte sich der Kaiser nach etwa vierzehn Tagen zum Rückzug entschließen, den er auch über Corduene [Kurdistan] einschlug. Derselbe wäre auch trotz aller Hindernisse gelungen und hätte vielleicht die Anabasis Xenophons noch in Schatten gestellt, wäre nicht bei einem Angriff der Perser bei Samarra der Kaiser in der Morgenfrühe des 26. Juni 363 von einem feindlichen Geschosse tödlich getroffen worden und in der darauffolgenden Nacht gestorben. Über seinen Tod gehen die Nachrichten im einzelnen auseinander[23]. Sicher ist, daß er damals den Panzer abgelegt hatte, also gegen die feindlichen Geschosse unbeschützt war. Daß Julian absichtlich den Panzer abgelegt habe, um durch den Tod der schmählichen Niederlage zu entgehen, wie Ephräm[24] es schildert, erscheint als unwahrscheinlich. Von dem Ausrufe: „Galiläer, du hast gesiegt!", der später Julian zugeschrieben wurde, weiß weder Ammian noch Ephräm etwas. Letzterer hätte es sicher nicht unterlassen, daran lange Reflexionen anzuknüpfen.

Als die Römer sahen, daß ihr Kaiser tödlich verwundet war, suchten sie ihn zu rächen, und es entwickelte sich das Geplänkel zu einer großen Schlacht, in welcher die Perser schwere Verluste erlitten und unterlagen. Ihre Feldherrn Merenes und Nahodares sowie fünfzig Satrapen zählten zu den Gefallenen.

9.

Aber trotzdem sah sich der am nächsten Tage [27. Juni] zum Kaiser ausgerufene, bisherige Oberst Flavius Claudius Jovianus gezwungen, mit Sapor einen schimpflichen Frieden zu schließen, der am 12. Juli 363 zustande kam. Die Eroberungen des Galerius sowie ein großer Teil des römischen Mesopotamien mit sechzehn Festungen, darunter Singara und Nisibis, mußten den Persern ausgeliefert werden. Dafür erhielten die Römer Proviant und freien Abzug.

Die Übergabe der bisher unbesiegten Stadt Nisibis erfolgte nach dem Berichte des Augenzeugen Ammian[25] in dieser Weise:

Als Kaiser Jovian auf seinem Rückzuge vor Nisibis angekommen war, schlug er vor den Toren dieser Stadt sein Lager auf und war durch nichts zu bewegen, im Palaste Wohnung zu nehmen. Am folgenden Tage drang der von Sapor II. mit der Übernahme betraute Satrap Bineses auf Übergabe der Stadt. Nachdem der Kaiser zugestimmt hatte, zog er in die Stadt ein, pflanzte die persische Fahne auf den Zinnen der Burg auf und kündigte den Einwohnern die traurige Ausweisung aus ihrer Heimat an [submigrationem e patria civibus nuntians luctuosam]. Da der Befehl auf sofortige Auswanderung aller [et vertere solum exemplo omnes praecepti] lautete, so wandten sich Magistrat und Bürgerschaft an den Kaiser mit der Bitte, sie in ihrer Heimat zu belassen, jedoch vergeblich. Binnen drei Tagen mußten alle Einwohner die Stadt verlassen, und um dem Befehle die Ausführung zu sichern, waren Soldaten mit der Räumung beauftragt und bedrohten jeden Widerspenstigen mit dem Tode. Ammian schildert die herzzerreißenden Szenen, die sich da abspielten. „Nachdem dann die Einwohner fortgetrieben, die Stadt übergeben und der Tribun Constantius angewiesen worden war, die Befestigungen samt der Umgebung den persischen Magnaten auszuliefern, erhielt Prokop den Befehl, die Überreste Julians nach dessen letztwilliger Verfügung nach Tarsus zu bringen und dort in der Vorstadt zu begraben[26].

10.

Die Evakuierung der Stadt muß jedoch wenigstens anfangs nicht so gründlich gewesen sein, als es nach der Darstellung bei Ammian den Anschein hat. Denn der hl. Ephräm, der diese Katastrophe miterlebte und sie in den hier übersetzten Liedern beklagt, rühmt in den Schlußstrophen des zweiten Liedes [II, 22f.; 26f.] vom Perserkönig, daß er die christliche Kirche in Ehren hielt, während er die heidnischen Tempel zerstörte, und dass er „uns nicht in die Verbannung trieb und zerstreute, sondern im Heimatlande ließ". Es scheint also der Perserkönig die Christen besser als die Heiden behandelt und denselben das Bleiben gestattet zu haben. Doch muß diese Vergünstigung bald wieder rückgängig gemacht worden sein; denn wir finden später den hl. Ephräm zu Amida wieder, wohin die Nisibener übergesiedelt worden waren.

Daraus ist zu schließen, wie schon von Bickell[27] geschah, daß diese Lieder bald nach der Übergabe der Stadt an die Perser, aber noch vor der Auswanderung der Christen nach Amida, also wohl noch vor Ende 363 gedichtet und in Umlauf gesetzt wurden.

11.

Daß der hl. Ephräm sich eine so dankbare Materie wie den Tod Julians nicht entgehen ließ, liegt auf der Hand, und seine anonyme Vita bestätigt es uns ausdrücklich, daß er gegen Julian Gedichte verfaßt habe[28]. Die Handschrift Cod. syr. 14 571 des britischen Museums in London enthält nun am Ende, fol. 105b-114, vier Lieder, welche die Überschrift: „Gegen den Kaiser Julian, der Heide wurde, gegen die Irrlehren und gegen die Juden, nach der Melodie: Haltet euch an die Wahrheit!"tragen. Dieselben bestehen aus zusammen neunzig Strophen zu je elf Versen; die Verse sind fünfsilbig mit Ausnahme des jeweiligen siebten, der sieben Silben zählt. Das Strophenschema ist also 55555575555. Die Handschrift stammt aus der zierlichen Feder des Schreibers Julian, der laut Kolophon seine Arbeit im achthundertdreißigsten Jahre der Ära von Apamea = 519 Domini zu Edessa vollendete. Die Handschrift enthält nur Madrošê Ephräms, und der Kopist Julian hat sorgsam dessen Namen am oberen Rande jeder Seite wiederholt. Die Unterschrift unter dem letzten Liede ist irrtümlich, da sie von fünf Liedern spricht, während nur vier kopiert wurden.

Daß diese Lieder Ephräm angehören, kann somit nicht zweifelhaft sein. Auch der Inhalt, der einen Augenzeugen der Vorgänge zu Nisibis offenbart, spricht nirgends dagegen. Es ist jedoch die Annahme gestattet, daß Ephräm diesen dankbaren Gegenstand noch öfter behandelt hat und daß diese vier Lieder nur einen Teil seiner Antijuliana bilden.

Die Lieder der Londoner Handschrift hat Joseph Overbeck 1865 zum erstenmale herausgegeben[29], und 1878 hat sie Georg Bickell wegen ihrer Bedeutung für die Geschichte des Apostaten im zweiten Jahrgang der Zeitschrift für katholische Theologie [Innsbruck 1878] ins Deutsche übersetzt und durch eine kurze Einleitung und Anmerkungen erläutert[30]. Da Bickell ein hervorragender Kenner des Syrischen und ein ausgezeichneter Stilist war, so mußte sich meine Revision naturgemäß auf untergeordnete Punkte beschränken[31]. Die Anmerkungen jedoch habe ich ganz neu bearbeitet, die Winke Bickells dankbar benützend. Die paar Druckfehler oder Kopistenfehler der Ausgabe Overbecks, die schon Bickell verbesserte, habe ich stillschweigend richtiggestellt.

Fußnoten

1. Zur nachfolgenden Lebensskizze vgl. den ausführlichen Artikel über Julianos Apostata von E. von Borries in Paulys Realenzyklopädie der klassischen Altertumswissenschaft, Neue Bearbeitung, 19. Halbband, Stuttgart 1917, Sp. 26-91; ferner die Monographie: Kaiser Julian der Abtrünnige. Seine Jugend und Kriegstaten bis zum Tode des Kaisers Konstantius (331-361
2. ed. F.C. Hertlein, Lipsiae 1875, p. 452,21 s.
3. Gregorii theologi or. IV, cap. 87 [MSG 35,616].
4. Hertzberg a. a. O. S. 751
5. Epist, 38 ed. Hertlein, p. 536.
6. Epist, 13, p. 493.
7. Zum Nachfolgenden vgl. Ammianus 22, 5. 10. 12-14; Rufinus, Hist. eccl. I,22, MSL 21,501 s.; Socrates, Hist. eccl. III. 1.17-20, MSG 67, 368 sqq.; Sozomenos, Hist. eccl. V,1-5, 16-22, MSG 67, 1208 sqq.; Theodoret, Hist. eccl. III. 3 s., MSG 82,1092 s.
8. Sozomenos, Hist. Eccl. 5, 3, MSG 67, 1120 s.
9. Julian ließ den Leichnam seiner Gemahlin von Gallien nach Rom überführen und an der Seite ihrer beiden Schwestern Constantia und Constantina, der Gattin des Gallus, an der Via Nomentana beisetzen. Dort hatte Konstantin der Große in der Nähe der Kirche St. Agnes für seine älteste, früh verstorbene Tochter Constantia ein Mausoleum errichtet, in dem nun drei Töchter des großen Kaisers ruhten. Helena hinterließ ihrem Gatten keine Kinder; denn der Knabe, den sie ihm in Gallien geboren hatte, starb infolge eines absichtlichen Kunstfehlers der von der unfruchtbaren Kaiserin Eusebia bestochenen Hebamme. So berichtet wenigstens Ammian 16,10. — Siehe auch Koch a. a. O. S. 373 f.
10. Zum Folgenden vgl. S. Ephraemi Syri Carmina Nisibena, additis prolegomenis et supplemento lexicorum syriacorum primus edidit, vertit, explicavit Dr. Gustavus Bickell, Lipsiae 1866, besonders p. 11-19.
11. Rufinus I, 35 s., MSL 21,503 s.; Socrates III,18 u. 19, MSG 67,425 u. 428; Sozomenos V,19 u. 20, MSG 67,1278 s.; Theodoret III,6 u. 7, MSG 82, 1097. Rufin sprach den Bekenner Theodor selbst und fragte ihn über seine Marter aus.
12. Ammian 22,13.

13. D.i. geschwänzter Affe.
14. Od. 10,307 s.
15. Ammian 22,14; Übersetzung nach C. Büchele in „Römische Prosaiker", in neuen Übersetzungen herausgegeben von Tafel, Osiander u. Schwab, 182. Bändchen, Stuttgart 1858, S. 463.
16. Die berühmte Stelle [28,1] lautet: „Cum itaque rei idem fortiter instaret Alypius juvaretque provinciae rector, metuendi globi flammarum prope fundamenta crebris adsultibus erumpentes fecere locum exustis aliquotiens operantibus inaccessum hocque modo elemento destinatius repellente cessavit inceptum." - Übersetzung nach Büchele 1. c. S. 490.
17. Rufinus I,37 u. 38, MSL 21,505 s.; Socrates III, 20,MSG 67,428 s.; Sozomenos V,22, MSG 67,1281 s.: Theodoret III, 15, MSG 82,1112 s.; siehe unten Ephräm 4,19 u. 20.
18. Über diesen Feldzug vgl. vor allem Ammian 24. u. 25. Buch
19. Hist. eccl. III,21, MSG 67,432.
20. MSG 35,677.
21. MSG 67, 432
22. πεπιστευκὼς δὲ μαντίαις τισίν, ἃς αὐτῶ σνμταρῶν ὁ φιλόσοφος Μάξιμος ὑπετίυετο καὶ ὀνειροπολήσας τὴν Ἀλεξάνδρου τοῦ Μακεδόνος δόξαν λαβεῖν ἢ καὶ μαλλον ὑπερβαίνειν τὰς Μακεδόνος δόξεῖν ἢ καὶ μαλον ὑπερβαίνειν τὰς ἱκεσίας Ἱερσῶν ἀπεκρούσατο.
23. Siehe Nostitz-Rieneck, Vom Tode des Julian, Programm, Feldkirch 1907.
24. 3,16.
25. 25,8 u. 9.
26. Ammian 25,9; Übersetzung nach Büchele S. 624.
27. Zeitschrift für kath. Theologie, Innsbruck 1878 [2. Jahrg.], S. 336.
28. Assemani, Bibl. orient. I, p. 51
29. S. Ephraemi Syri, Rabulae episcopi Edesseni, Balaei aliorumque opera selecta, Oxonii e typographeo Clarendonanio 1865, p. 3-20.
30. S. 335-356: Die Geschichte des hl. Ephräm gegen Julian den Apostaten, übersetzt von Prof. Dr. G. Bickell.
31. Nur II, 11 hat „Homer geschlafen".

ERSTES LIED.

Gegen den Kaiser Julian, der Heide wurde, gegen die Irrlehren und gegen die Juden. Nach der Melodie: „Haltet euch an die Wahrheit!"

1. Das kaiserliche Szepter soll die Menschen leiten, die Länder beaufsichtigen und die wilden Tiere verjagen; das Szepter des kaiserlichen Apostaten tat gerade das Gegenteil. Bei seinem Anblick frohlockten die Bestien, die Wölfe traten auf seine Seite, freudige Erregung erfaßte Panther und Löwe, ja sogar die Schakale erhoben ein Freudengeheul[1].

2. Als die Wölfe den Nebel, den Regen und den Sturm sahen, riefen sie einander zu, stürmten herbei und tobten voll Hunger. Bisher waren sie alle eingeschlossen gewesen, jetzt umringten sie voll Wut die gesegnete Herde Christi. Aber bald zerbrach das Szepter, das sie erfreut hatte, und sie wurden wieder in Trauer versetzt. Die Stütze der Linken[2] war eben nur ein zerbrechliches Rohr.

3. Da flohen sie wieder in ihre finsteren Felsenklüfte und zogen die Furcht, die sie abgelegt hatten, in ihren Höhlen von neuem an. Die verfinsterte Schöpfung wurde wieder hell und klar, nachdem die zerschmettert waren, die ihre Häupter erhoben hatten. Die Häupter des Leviathan[3] wurden im Meere zermalmt, seinen einst so beweglichen Schwanz aber zerstampfte man auf dem Lande.

4. Die lebendig Toten[4] waren zu neuem Leben erwacht; sie hofften, am Leben zu bleiben, mußten aber bald erkennen, daß sie sich bitter getäuscht hatten. Zu derselben Zeit, als die Götzenbilder wieder erstanden, waren auch sie zu neuem Leben erwacht. Daher sprachen die Götzen selbst den Ungläubigen das Urteil. Die Heiden und die Unkräuter[5] waren dem gleichen Tode verfallen; denn beide klammerten sich zur gleichen Zeit an den gleichen Halt[6].

5. Damals geriet der Kot in Gärung und brachte Schlangen jeder Größe und Gewürm jeglicher Art hervor, so daß die ganze Erde mitten im Winter[7] davon wimmelte; denn der Hauch des Drachen hatte ihn befruchtet. Wer aber mit den Schuhen der Wahrheit ausgerüstet war, der verachtete die giftigen Stacheln der Söhne des Irrtums.

6. Die mit den gestürzten Götzen wieder aufgestanden waren, fielen aufs neue mit dem fallenden Kaiser[8]. Sie hielten sich für stark und hofften bestehen zu können. Die Toren schlossen sich aneinander, kamen herbei und fielen. Ihr Fall beweist ihren Anstoß; denn mochten sie auch sonst verschiedenen Sinnes gewesen sein, hinsichtlich des Anstoßes waren sie eins; denn alle waren durch die gleiche Liebe zu dem einen Kaiser mit einander verbunden.

7. Damals, als sich die Teufel freuten, lebten auch sie plötzlich wieder auf; damals, als der Böse jubelte, frohlockten auch sie. Es war sozusagen ein Vorbild der ihnen bestimmten Ewigkeit, wo sie ebenfalls alle zusammen an den einen gehängt werden sollen: er machte sie jetzt schon untereinander zu Brüdern und Gliedern, sie hingen ja am Haupte der Linken.

8. Denn während die Rechte über die Sünder trauerte, waren die Söhne der Linken hocherfreut. Die Engel freuen sich nur[9]über die Büßer, die Toren aber tun törichterweise das Gegenteil. Nur die Kirche ahmt die Engel in beidem nach, indem sie über die Sünder weint und über die Büßer sich freut.

9. Als der Böse sah, daß er die Menschen in Rausch und Taumel versetzt hatte, da freute er sich und verachtete die Freiheit um so mehr, als sich die Menschen ihm so sklavisch unterworfen hatten. Der Böse staunte, dass er uns so mißhandeln durfte; aber die misshandelten Toren achteten nicht auf ihre Schmerzen und verschmähten die Heilung, obwohl der Arzt bereit war.

10. Der abscheuliche Februar[10], der trübe und alles betrübende Monat, hatte sich den Vorzug des alles erfreuenden April[11]angemaßt; aber es sproßten und blühten in ihm nur Dornen und Unkraut. Der Frost, der sonst alles erstarren macht, trieb Saft in die [noch unentwickelten] Dornen und Stacheln im Innern der Gesträppe und Sträucher, und alsbald kamen sie nackt und bloß[12]hervor.

11. Die Spätsaat[13]war gleichsam in Angst und Furcht, sie war ja nicht kunstgerecht gesät und gepflegt worden; denn es waren nur von selbst ausgefallene Körner, die in der Erde gekeimt hatten. Was nur oberflächliche Wurzeln geschlagen hatte, wurde bald ausgerottet; aber die kunstgerecht bestellte Saat schlug tiefe Wurzeln und trug hundertfältige, sechzigfältige und dreißigfältige Frucht.

12. Die Kaiser, welche Söhne der Wahrheit waren, hatten mit den beiden Testamenten, wie mit zwei an dasselbe gemeinschaftliche Joch gespannten Stieren, die Erde gepflügt und bestellt. Selbst die Dornen[14]bekleideten sich mit dem Glanze des Weizens, und die Saat teilte sogar dem Unkraut[15]ihre Farbe mit. Als sie dann den Glanz wieder ablegten, taten sie es mit freiem Willen.

13. Die einen zeigten sich dann als Dornen, die anderen als Weizen; die einen erwiesen sich als Gold, die anderen als Staub. Der Tyrann wurde zu einem Schmelzofen für den Glanz der Wahrhaftigen[16]. Welch herrliches Schauspiel! Die Wahrheit kommt in den Schmelzofen des Lügners und wird darin erprobt, der Irrtum dagegen verherrlicht die Wahrhaftigen und hat davon keine Ahnung!

14. Über den Abtrünnigen freuten sich alle Abtrünnigen und über das Haupt der Linken die Söhne der Linken. In ihm konnten sie sich sehen, wie sie waren; denn er war für sie alle ein Spiegel. Diejenigen, welche sich über seinen Sieg freuten, teilten den Triumph mit ihm, wie sie auch bei seinem Untergange Anteil an der Demütigung hatten.

15. Denn nur die Kirche war ganz gegen ihn, wie auch umgekehrt er und alle seine Anhänger gegen sie waren. Dies genügt zweifellos zum Beweise, daß es nur zwei Parteien gibt, die der Kirche und die ihrer Widersacher. Auch die Heuchler, von denen man glaubte, dass sie nicht zu den letzteren gehörten, schlossen sich ihnen schleunigst an, gleich Gliedern einer und derselben Kette.

16. Die Juden erfaßte rasendes Entzücken, sie stießen in die Posaune und freuten sich darüber, daß er ein Zauberer war, und jubelten, weil er ein Magier war[17]. Die Beschnittenen sahen plötzlich das Bild des Stieres vor sich; auf seinen Goldmünzen erblickten[18] sie den Stier der Schmach und begannen, ihn mit Pauken und Trompeten zu umtanzen; denn sie erkannten in ihm ihr ehemaliges Kalb[19].

17. Er ließ den Stier, das Symbol des Heidentums, der in sein Herz eingezeichnet war, in jenem Münzbilde für das Judenvolk, das ihn liebte, ausprägen. Vielleicht riefen die Juden beim Anblick dieses Stieres: „Israel, das sind die Götter, welche deine Gefangenschaft aus Babylon in das verwüstete Land zurückführen werden, wie dich das gegossene Kalb aus Ägypten herausgeführt hat"[20].

18. Der König von Babylon wurde plötzlich in einen Waldesel verwandelt; er lernte aber, sich bändigen zu lassen. Er schlug nicht mehr aus, obwohl er ein störrisches Tier geworden war[21]. Der König von Griechenland[22] wurde plötzlich ein Stier, der die Kirchen stieß, aber bald dahingerafft wurde. Die Beschnittenen sahen den Stier auf die Stateren geprägt und freuten sich, daß die Kälber des Jeroboam[23] wieder aufgelebt waren.

19. Vielleicht hatten die Juden deshalb an diese Münze eine so ausgelassene Freude, weil sie dachten: gleichwie der darauf abgebildete Stier einen Platz im Herzen, im Beutel und in der Hand des Kaisers habe, so stehe auch jenes Kalb der Wüste vor seinen Augen, seinem Herzen und seinem Geiste, ja er schaue es möglicherweise sogar in seinen Träumen[24].

20. Der König von Babylon wurde wahnsinnig und entfloh in die Wüste. Gott ließ ihn umherirren, auf dass er zur Ruhe komme; er ließ ihn wahnsinnig werden, auf daß er Vernunft annehme. Und er bereitete auch schließlich Gott Freude und dem Daniel Entzücken. Der griechische Kaiser machte sich dadurch strafbar, daß er Gott erzürnte und den Daniel Lügen strafen wollte[25] des Greuels wird Vernichtung sein; bis zur Vollendung der beschlossenen Dinge wird sie[26] in der Vernichtung verharren"[27]; daher wurde er zu Babylon dem Gerichte überliefert und verurteilt[28].

ZWEITES LIED.

1. Der Wolf[29]kleidete sich in das Gewand eines Lammes der Wahrheit. Die arglosen Schafe beschnupperten ihn, aber erkannten sein wahres Wesen nicht. Als er den verstorbenen Hirten völlig betört hatte[30], da ließ er die Lammeshülle fallen und zeigte sich offen als Wolf. Die Böcke nahmen sofort seinen Geruch auf; sie haßten die Lämmer, ihn aber liebten sie als ihren Hirten.>br> Kehrvers:
   Heil dem, der ihn vernichtet und alle Söhne des Irrtums in Trauer versetzt hat!

2. Sie [die Böcke] freuten sich über ihn, denn er war ein Magier; sie frohlockten über ihn, denn er war ein Zauberer. Sie gerieten außer sich vor Freude, weil er Kaiser, und in Entzücken, weil er Götzenpriester geworden war. Sie jubelten, weil nun durch ihn die Stelle so vieler Könige und Königinnen ihres Schlages, eines Achab, Jeroboam, Joathan, Manasses, einer Jezabel, Athalia, jener Quellen des Heidentums, wieder ausgefüllt war.

3. Sie verwarfen den Erlöser, den Zeugen des Wahrhaftigen, der die Wißbegierigen belehrte, daß es nur einen Gott gebe. Sie kreuzigten ihn durch ihren Abfall und ihre Vielgötterei [aufs neue] und freuten sich über das abscheuliche Unterpfand. Durch seine Opfer mietete und führte er die Götterschar herbei, damit sie [die Götterschar] die Dornenbüschel für das Höllenfeuer aufhäufe.

4. Auf seinem Feldzuge nahm er seine Götter und die Göttin[31], die er gegossen und in Erz gekleidet hatte, sowie Zauberer und Wahrsager mit; alle Söhne des Irrtums begleiteten ihn mit ihren Gebeten. Im Vertrauen auf die großartigen Verheißungen zog er aus und zerstörte sogar seine eigene Flotte, erwarb aber dadurch allen seinen Anhängern nur eine Krone von Schmach.

5. Seine Götter und Göttinnen pflegten miteinander zu tollen, und er, der der Keuschheit entsagt hatte[32]schämte sich nicht, Götzen zu feiern, welche den Göttinnen liebestoll nachlaufen. Er war ihnen Opferbock und Opferpriester zugleich. Seinen Bart weihte er der Schande: er ließ ihn wachsen und neigte ihn herab, damit der Opferrauch ihn durchdringe.

6. Ihm sagte die Feier jener Schandgöttin[33]zu, an deren Festtage Weiber und Männer vor unreiner Lust rasen, Jungfrauen sich preisgaben, Ehefrauen Unzucht treiben und schandvolle Reden ausstoßen. Solche abscheuliche Feiern liebte er, aber von den gesegneten Festen der Keuschheit und dem Ostern der Lauterkeit[34]wollte er nichts wissen.

7. Die Heiden trugen ihre Götzenbilder umher und waren ausgelassen; die Beschnittenen lärmten mit der Posaune und rasten; alle schrien zusammen und

tobten. Es war wie bei jenem Feste in der Wüste. Der Allgütige, der dort die durch das eine Kalb Aufgeregten ernüchterte, ernüchterte auch hier die Scharen, die der eine Kaiser aufgeregt hatte.

8. Er zermalmte jenes Kalb, um die Aufregung wegzunehmen; er zerbrach diese Kaiserkrone, um der Raserei ein Ende zu machen. Wie ein Arzt schnitt er die Ursache der Aufregung weg. Beide wurden im Süden gestürzt; durch ein scharfes Eisen vernichtete er das Kalb und durch einen furchtbaren Speer den Kaiser.

9. Die Ziegen vom Geschlechte jenes Ziegenbockes[35], mit langen Haaren und stinkenden Bärten[36], umringten den Schwarzen [Julian], der auf die Ehe verzichtete[37], weil er sich seiner Schande [Aphrodite] verlobt und geweiht hatte; diese Zeichendeuter der Linken trieben durch ihre Weissagungen[38] den Bock an, gegen Persien in den Krieg zu ziehen, um dort als Opfer zu fallen.

10. Mit ihren Orakeln knickten sie den Stengel des Unkrauts, den Schaft und die Säule, auf die sich die Dornen, seine Gesinnungsgenossen, und die Disteln, seine Sippschaft, stützten. Dem Weizen hatte er bei seinem Aufbruch gedroht, ihn nach der Rückkehr mit dem Gestrüppe seines Heidentums zu ersticken[39]; aber der Ackersmann der Gerechtigkeit jätete das Unkraut aus.

11. Er war jenem Dornstrauch gleich, von dem geschrieben steht[40], daß er stolz und übermütig wurde, so daß er die Zedern und Zypressen zu erniedrigen drohte, die Disteln und Unkräuter dagegen erhöhen wollte. Aber der gerechte Gott machte aus ihm einen Besen, kehrte damit rücksichtslos allen heidnischen Unrat zusammen, schaffte sein Heidentum fort und warf es an einen abgelegenen Platz.

12. Die Magier und Wahrsager einzeln zu besiegen, däuchte der Wahrheit zu gering; deshalb band sie dieselben mit dem einen Kaiser zusammen und gab ihnen Gelegenheit, sich mit Helm und Rüstung zu wappnen, um sie dann zusammen in dem einen zu besiegen und das Band der Schmach um sie alle zu schlingen. Denn alle Söhne des Irrtums erwiesen sich in jeder Beziehung als Betrüger.

13. Haben nun alle insgesamt bei ihren Weissagungen betrogen, so hat natürlich auch jeder einzelne für sich Lügen geweissagt. Die Schweine zogen aus und besudelten sich mit abscheulichem Unräte. Sie sind eine Herde, welche die Welt beschmutzte; denn sie zogen aus und beschmutzten sich, dann kehrten sie zurück und schüttelten sich aus. Und es gelang ihnen und gelingt ihnen noch, viele zu verführen.

14. Nachdem der König von Babylon die Sterndeuter überführt hatte, ließ er keine andern mehr rufen; denn er hatte sie ein für allemal erprobt. Daher zog er sich von ihnen zurück, verstieß sie und überlieferte sie dem Tode[41]. Er wollte also von seinen eigenen Leuten nichts mehr wissen. Wenn sie nun aber diesen

betrogen haben, um wieviel mehr werden sie dich betrügen! Und wenn alle gelogen haben, wie sollte man da einem von ihnen glauben können?

15. Denn er hatte gewahrsagt und versprochen, geschrieben und uns übersandt, daß er auf seinem Feldzuge Persien überwältigen und demütigen, Singar[42]aber wieder aufbauen würde. Aber die Drohung seines Briefes erfüllte sich so wenig, daß sogar Nisibis infolge seines Kriegszuges verloren ging; denn er hatte durch seine Beschwörer gerade die Macht[43], auf die es vertraute, gelähmt. Als Opferlamm rettete die Stadt sein Heer.

16. Gott hat das eroberte Nisibis als Spiegel aufgestellt, in den wir schauen sollen. Den heidnischen Kaiser, der auszog, um zu nehmen, was nicht sein war, ließ er das verlieren, was sein war, diese Stadt, welche der Welt die Schmach seiner Beschwörer verkündigte. Damit aber seine Schande eine fortdauernde sei, mußte er [Julian][44]diesen fortwährenden, unermüdlichen Herold dem Feinde ausliefern.

17. Sie [die Stadt Nisibis] ist ein Herold, da sie den Schimpf seiner [des Julian] Beschwörer mit vier Zungen[45]in alle Welt hinausruft; denn die Tore dieser Stadt öffneten sich ehedem nach den glücklich überstandenen Belagerungen und öffnete damit zugleich unseren Mund zum Preise unseres Befreiers; heute sind sie verschlossen, um dadurch den Mund der Heiden und Irrgläubigen zu verschließen.

18. Wir wollen nun der Ursache nachgehen, warum und wie diese Stadt, der Schild aller Städte[46], preisgegeben wurde. Der Rasende hatte in seiner Raserei seine Schiffe auf dem Tigris verbrannt. Ohne daß er es merkte, hatten die Bärtigen den Bock überlistet, der sich doch rühmte, das Verborgene zu wissen. So wurde er offen getäuscht, damit er im geheimen noch mehr beschämt würde.

19. Diese Stadt verkündete die Wahrheit ihres Befreiers, als die plötzlich ausgebrochenen und anprallenden Fluten sich legten, die Belagerungswerke einstürzten und die Elephanten ertranken. Der damalige Kaiser[47]rettete die Stadt durch sein Bußgewand; der Tyrann [Julian] aber vereitelte durch sein Heidentum ihren Triumph, während sie ehedem das Gebet mit Sieg gekrönt hatte.

20. Die Wahrheit war ihre Mauer, das Fasten ihr Bollwerk. Die Magier kamen drohend heran, aber in ihnen wurde Persien zuschanden, Babylon in seinen Sterndeutern und Indien in seinen Zauberern. Dreißig Jahre[48]lang hatte sie die Wahrheit mit Sieg gekrönt. Aber als jener im Sommer[49]in der Stadt ein Götzenbild aufgestellt hatte, entfloh die Gnade, und der Zorn eilte herbei.

21. Die leeren Götzenopfer entleerten ihre [der Stadt] Volksmenge; die Dämonen, die Söhne der Wüste[50], verwüsteten sie infolge ihrer Trankopfer; der Götzenaltar, der in ihr errichtet worden war, zerstörte und entfernte den Altar, dessen härene Decke[51] uns gerettet hatte; die Feste der Raserei beseitigten ihre

[der Stadt] Festfeier, und der Dienst der Söhne des Irrtums machte ihrem Gottesdienst ein Ende.

22. Nachdem der Magier[52] in unserer Stadt eingezogen war, sühnte er unsere Schmach und verachtete seinen Feuertempel, ehrte aber unsere Kirche; er zerstörte die Götzenaltäre, die zur Zeit unserer Erniedrigung erbaut worden waren, und riß die zu unserem Schimpf errichteten Baulichkeiten nieder; denn er wußte, daß die Gnade, die uns dreimal[53] vor ihm errettet hatte, nur von einem Heiligtume[54] ausgegangen war.

23. Wie sehr hat sich doch die Wahrheit in unserer Stadt geoffenbart! Sie zeigte sich in unseren Breschen nach allen Seiten hin, so daß sogar Blinde sie in unserer Errettung sehen mußten. Auch der König[55] erkannte sie in unserer Befreiung; da er sie in unseren Triumphen geschaut hatte, als er noch außerhalb der Stadt war, ehrte er sie durch Opfergaben, nachdem er in dieselbe eingezogen war.

24. Der Krieg war der Ofen der Prüfung, der dem König die Schönheit der Wahrheit und die Hässlichkeit der Lüge offenbarte. Durch die Erfahrung lernte er, daß der Herr dieses Hauses in allem gütig und gerecht ist; denn solange die Stadt ihm gläubig anhing, überlieferte er sie ihm trotz aller seiner Anstrengungen nicht; als sie ihn aber durch ihre Götzenopfer herausgefordert hatte, gab er sie ihm mühelos preis.

25. Das Bußgewand des seligen Kaisers[56] hatte diese Stadt, die das Haupt des ganzen Zweiströmelandes war, errettet und verherrlicht; die Gotteslästerung des Tyrannen dagegen erniedrigte und demütigte sie. Wer vermöchte die Größe ihrer Schande zu ermessen? Sie, die vordem das Haupt des ganzen Abendlandes gewesen, ist jetzt zur äußersten Ferse des Morgenlandes geworden.

26. Diese Stadt darf nicht mit den übrigen gleich gestellt werden; denn zu wiederholten Malen hat sie der Gütige vom sicheren Untergang, vom Krieg unter[57] und über der Erde errettet. Als sie aber ihrem Retter mit Undank lohnte, da gab er sie preis; doch mischte der Gerechte seiner Zornesglut sein Erbarmen bei, so dass er uns nicht in die Verbannung trieb und zerstreute, sondern im Heimatlande ließ[58].

27. Der Kaiser war Götzenpriester geworden und hatte unsere Kirche mit Schmach überhäuft; der Magierkönig dagegen ehrte unser Heiligtum. Er verdoppelte unseren Trost, indem er unser Heiligtum ehrte. Er betrübte und erfreute uns zu gleicher Zeit und zerstreute uns nicht. So hat Gott jenen Irrenden durch einen anderen Irrenden zurechtgewiesen, und je undankbarer der Götzenpriester sich zeigte, desto dankbarer erwies sich der Magier.

DRITTES LIED.

1. Hinsichtlich der Stadt erlebte ich ein merkwürdiges Zusammentreffen: Zu eben der Zeit, als der Leichnam dieses Verfluchten an der Stadtmauer vorübergetragen wurde, pflanzte ein Magier[59] die aus dem fernen Osten hergesandte Fahne auf dem Turme auf, um damit den Zuschauern anzudeuten, daß die Stadt nunmehr den Herren dieser Fahne Untertan geworden sei[60].

Kehrvers:
Preis dem, der seinen Leichnam in Schmach gehüllt hat!

2. Staunend fragte ich mich, wer wohl dieses gleichzeitige Zusammentreffen von Leichnam und Fahne herbeigeführt haben könnte, und ich erkannte darin eine bewundernswerte Fügung der göttlichen Gerechtigkeit, daß gerade zu der Zeit, als die Leiche des Gestürzten vorbeigetragen wurde, die schreckliche Fahne aufgepflanzt wurde, welche verkündete, daß die Gottlosigkeit seiner Beschwörer diese Stadt den Feinden überliefert habe.

3. Dreißig Jahre lang hatten die Perser auf alle mögliche Weise gegen diese Stadt Krieg geführt, aber trotzdem die Mauer nicht zu überschreiten vermocht. Wohl gelang es ihnen, in dieselbe Breschen zu legen und sie niederzureißen, aber da griff das Kreuz ein und brachte Rettung. Damals aber bot sich mir ein abscheulicher Anblick: auf dem Turme die Flagge des Eroberers und im Sarge die Leiche des Verfolgers.

4. Glaubt mir, Brüder, auf ja und nein[61], wenn ich euch sage, daß ich zum Sarge dieses Unreinen hinging und, als ich bei ihm stand, sein Heidentum also verhöhnte: Das ist also jener, der sich gegen den lebendigen Namen erhoben und dabei vergessen hat, daß er nur Staub ist. Deshalb hat ihn Gott wieder zu Staub werden lassen, damit er erkenne, daß er Staub sei.

5. Ich stand da voll Staunen über die tiefe Erniedrigung, in der ich ihn schauen mußte. Das war also der einst so hoheitsvolle, stolze Inhaber von Thron und Reich, das die Schleuder, die gegen uns geschwungen worden war! Ich machte mir selbst Vorwürfe darüber, daß ich dieses Ende nicht schon zurzeit seiner Machtfülle vorausgesehen hatte.

6. Ich konnte nicht begreifen, wie so viele den Spender alles Lebens verleugnen konnten, um einer sterblichen Krone zu gefallen. Brüder, ich blickte nach oben und nach unten, und bewundernd sah ich die Glorie unseres Herrn dort oben und die tiefe Erniedrigung des Verfluchten hier unten. Da dachte ich: Wer würde sich wohl jetzt noch vor diesem Leichnam fürchten und den Wahrhaftigen verleugnen?

7. Daß das Kreuz, als es mit uns in den Kampf zog, nicht siegte, geschah nicht aus dem Unvermögen zu siegen - es ist ja stets siegreich -, sondern damit für den Frevler, der auf Betreiben seiner Wahrsager nach dem Osten gezogen war, die Grube gegraben würde. Als er nun in dieselbe gefallen und umgekommen war, da wurde es den Einsichtigen klar, daß der Krieg nur auf ihn gewartet hatte, um ihn zu Fall zu bringen.

8. Man sollte erkennen, daß der Streit sich deshalb so sehr in die Länge gezogen hatte, damit der Keusche[62] die Jahre seiner Herrschaft vollenden, aber auch der Verfluchte das Maß seines Heidentums vollmachen könnte. Als sich dann sein Geschick erfüllt hatte und er dahingerafft war, da wurde es dann auf beiden Seiten wieder hell, und es ward Friede unter dem gläubigen Kaiser[63], dem Genossen der Glorreichen.

9. Der Gerechte hätte ihn auf alle mögliche Weise töten können, aber er sparte ihn für einen entsetzlichen und bitteren Sturz auf; denn an seinem Todestage traten ihm alle diese Gedanken vor die Seele: Wo war jetzt der Orakelspruch, auf den er soviel Vertrauen gesetzt hatte? Wo blieb die Kriegsgöttin, daß sie ihm nicht zu Hilfe eilte? Und wo die Scharen seiner Götter, daß sie ihm keine Rettung brachten?

10. Als damals[64] das Kreuz des Allwissenden an der Spitze der Truppen in den Kampf gezogen war, ließ es sich den Hohn, es habe sie doch nicht retten können, ruhig gefallen. Den Kaiser hatte es in Frieden bewahrt, das Heer dagegen dem Untergang preisgegeben; denn es kannte dessen heimliches Heidentum gar wohl. Preisen wir also das Kreuz des Alldurchforschers, das damals einsichtslose Toren geschmäht haben!

11. Denn sie hielten nicht zur Fahne des Allerlösers, und dieses Heidentum, das sie am Schlusse offenbarten, war unserm Herrn schon von Anfang an offenbar. Aber obwohl er ihre heidnische Gesinnung kannte, rettete sie doch sein Kreuz; erst als sie sich von ihm lossagten, mußten sie dort Leichen verzehren und wurden zum Sprichwort.

12. Als das Volk Israel bei der elenden Stadt Hai besiegt worden war, zerriß Josua seine Kleider vor der Bundeslade und sprach vor dem Höchsten die schrecklichen Worte: „Ein Bann ist unter dem Volke, und man weiß es nicht!"[65] Ebenso war im Heere das Heidentum verborgen, trotzdem sie das Kreuz, wie jene die Bundeslade, trugen.

13. Die Gerechtigkeit rief ihn auf kluge Weise herbei, nicht durch Zwang lenkte sie seinen Willen. Sein Ehrgeiz lockte ihn zu dem todbringenden Speer. Als er sah, wie leicht ihm die Eroberung der Festungen gelang[66], wurde er übermütig; zudem trat kein Unfall ein, der ihn zur Rückkehr hätte veranlassen können. Und so stürzte er schließlich in den Abgrund.

14. Weil er den gelästert hatte, der den [flammenden] Speer vom Paradies weggenommen hat[67], darum drang der Speer der Gerechtigkeit in seinen von den Orakeln seiner Zauberer schwangeren Leib und riß ihn auf. Schmerzlich stöhnte er, als er da an die Drohungen denken mußte, die er in seinem Briefe gegen die Kirchen ausgestoßen hatte. Der Finger der Gerechtigkeit hat sein Andenken ausgelöscht.

15. Der Kaiser sah, wie die Söhne des Morgenlandes zu ihm kamen und ihn überlisteten, die Einfältigen den Weisen, die Profanen den Zauberer, Die [Perser], welche er schon in sein Netz verstrickt glaubte, nahmen durch die Mithilfe Ungelehrter seine Weisheit gefangen. Er befahl, die Schiffe, die ihm den Sieg verschafft hätten, zu verbrennen. Und so wurden durch eine einzige Überlistung seine Götter und Zauberer gefesselt[68].

16. Als er einsah, daß seine Götter mit Schimpf und Schmach bedeckt waren und daß er selbst weder siegen noch fliehen konnte, schwankte er lange unentschlossen zwischen Furcht und Schande hin und her. Endlich wählte er den Tod, um in die Hölle zu entfliehen. Deshalb legte er mit Vorbedacht den Panzer ab, um tödlich getroffen zu werden und zu sterben, ohne daß die Galiläer sich an seiner Schmach weiden könnten.

17. Verächtlich hatte er die Brüder Galiläer[69] genannt. Siehe, nun rollen die Räder[70] des galiläischen Königs in der Luft; von seinem Wagen aus, den die Cherube tragen, läßt er seinen Donner erschallen. Der Galiläer rädert die Herde des Zauberers und überliefert sie den Wölfen in der Wüste, aber die galiläische Herde erstarkt und erfüllt die Welt.

VIERTES LIED.

1. Wie raffiniert war doch der Schmelzofen, der die Königstochter[71]läuterte! Er zeigte sich gegen sie freundlich, aber sie war darüber nicht erfreut; er suchte sie zu betrüben, aber sie geriet nicht in Angst; er bot ihr an, aber sie nahm nichts an; er beraubte sie, aber sie unterlag nicht. Sie zerstörte dagegen seine Altäre[72], und er geriet in Wut, Nachdem er aber eines ihrer Glieder zerfleischt[73]und dadurch ihre Standhaftigkeit erprobt hatte, hörte er kluger Weise auf, um nicht ihren Triumph noch zu erhöhen.

Kehrvers:
Preis dem, der die Lügner von seiner Wahrheit überzeugt hat!

2. In dem einen ihrer Glieder hatte er alle ihre Glieder geprüft und alle bereit gefunden, ihre Kronen zu empfangen. Als er einsah, daß er die Wahrhaftigen durch Gewalt nicht bezwingen konnte, verstellte er sich und trat mit Schmeichelreden an sie heran. Er warf seinen Sauerteig in ihre Milch; aber dadurch läuterte er sie nur, ohne es zu bemerken. Das Ihrige mußte er ihr lassen, und nur das Seinige zog er an sich.

3. Ebenso sah er alle seine Angehörigen in dem einen Verwandten[74], der bei lebendigem Leibe von Würmern wimmelte und zerfressen wurde. In dem diesseitigen Wurm sah er den jenseitigen. Der Gerechte schnitt ihm durch die Würmer den Arm ab, und er sank ohne Arm hinab, um dadurch anzuzeigen, daß jener im Kampfe abgehauen und nicht siegreich, verstümmelt und nicht triumphierend sein werde.

4. Er war sein Fleisch und Blut, sein vollkommenes Ebenbild, beide waren sogar mit dem gleichen offenkundigen Namen bezeichnet, gleichwie sie von demselben verborgenen Teufel besessen waren. Sein Verwandter kündigte ihm durch seine Würmer das eigene Schicksal an. In diesem Gegenbilde erblickte er sich selbst und die ihm bevorstehende Strafe. In seinem Tode sah er den eigenen Untergang und in seinem Wurm die eigene Qual.

5. Der Irrtum schlug seine Leier und fing sie ein: den Achab durch Verheißungen[75], diesen durch Wahrsprüche. Durch die Propheten des Baaltempels wie durch die Besessenen des Lügentempels sang er das gleiche Lied: dem Achab, daß er hinaufziehen; diesem, daß er hinabziehen solle. Und Achab zog hinauf und fiel; dieser zog hinab und kam um.

6. Wer hat je so viele Götzenaltäre errichtet? Wer hat je alle Teufel so geehrt? Wer hat je so alle Dämonen sich günstig zu stimmen gesucht? Nur den einen [Gott] erzürnte er - und wurde zerschmettert! In ihm wurde die ganze linke Seite als eine Macht bloßgestellt, die ihren Anbetern nicht helfen kann.

7. Er suchte sich die berühmtesten Zauberer, die ausgezeichnetsten Sterndeuter, die erfahrensten unter den Söhnen des Irrtums aus, damit nicht etwa aus Unwissenheit das Richtige übersehen und verfehlt würde. Diese mühten sich nun Tag für Tag auf alle Weise ab, vertieften sich in die Lehren der Geheimkunst und forschten darin; aber als sie glaubten, etwas herausgebracht zu haben, da war der ganze Erfolg nichts als Schmach.

8. Der Gerechte hatte einst dem Saul[76]mit dessen eigenem Maße gemessen: da er durch Zauberei fragte, so betrübte er ihn durch Zauberei und ließ ihn von dem, auf den er horchte[77], ein Lied hören, das ihm das Herz verwundete. In gleicher Weise verfuhr er mit diesem, welcher in Sauls Fußstapfen wandelte: er liebte die chaldäischen Sterndeuter, darum gab er ihn den Chaldäern preis; er betete die Sonne[78]an, darum fiel er durch die Sonnenanbeter.

9. Weil er Gott verleugnete, der niemals in sich geteilt ist, deshalb überließ er ihn dem Satan, der niemals in sich einig ist. Der Irrende irrte, als er in den Krieg gegen die Irrenden auszog. Er betete ja selbst die Sonne an, und doch fügte er ihr anderseits wieder Schimpf zu, da er aufbrach, um gegen ihre Diener und Anbeter zu streiten. Das Satansreich ist eben durch und durch morsch und gespalten.

10. Im Vertrauen auf die Hilfe der Sonne zog er aus, um diejenigen zu besiegen, welche schon seit langer Zeit der Sonne opferten. Dadurch hat er sich selbst das Urteil gesprochen, da er ja selbst der Sonne opferte. Und ohne daß er es ahnte, ließen ihn auch die Sterne im Stiche. Während er aus ihnen entnahm, daß er siegen werde, wenn er ausziehe, hatte er vielmehr in ihnen lesen sollen, daß er unterliegen werde, wenn er ausziehe.

11. Pochend auf seine Verehrung der Sonne beschloß er, in den Krieg zu ziehen; aber dabei beachtete er nicht, daß sie dort [in Persien] noch viel eifriger angebetet wird. Da die Sterndeuter zu Babylon zu Hause sind, wie konnte er als Fremdling dagegen aufkommen wollen? Wenn er so fest auf den Irrtum vertraute, dem er sich doch erst vor kurzem angeschlossen hatte, so konnten doch diejenigen, bei denen derselbe schon vor ihm bodenständig war, noch viel fester auf ihn vertrauen.

12. Als er durch seine Forschungen herausgebracht hatte, daß er, wenn er in den Krieg ziehe, diejenigen besiegen werde, welche der Sonne eifrig opferten, gab er seinen eigenen Götzendienst auf und wurde Sonnenanbeter. Aber gerade dadurch beschimpfte er die Sonne, ohne es zu bemerken; denn dadurch, daß er voraussetzte, sie werde ihre langjährigen getreuen Diener im Stiche lassen, erklärte er sie ja für undankbar und ihre Verehrung für zwecklos.

13. Die Parteien der Kinder des Bösen, die durchaus nie einig sind, sind von der Wurzel aus in sich gespalten. Wenn zwei Könige zugleich in den Sternbildern ihr Schicksal lesen wollen, so müssen sie zu einem falschen Ergebnis kommen;

denn wenn der eine aus der Konstellation ersehen könnte, daß er siegen werde, müßte auch der andere zu dem gleichen Resultate gelangen.

14. Da er wie sie die Sonne anbetete, da er wie sie die Zeichen beobachtete, da er wie sie die Orakel befragte, so ist folglich der Böse in sich selbst geteilt, so belügt ihre verfluchte Lehre ihre eigenen Lehrer und betrügt ihr wahnwitziger Aberglaube dessen Verbreiter.

15. Der Sohn des Kaisers[79], dieses Meer von Ruhe, erging sich nie in Siegesankündigungen; denn er wußte wohl, daß der Ratschluß des Höchsten unerforschlich ist. Er gab seine Krone dem Allwissenden anheim, und wenn er auch keine [kriegerischen] Siege und Triumphe feiern konnte, so war doch das schon ein herrlicher Sieg und Triumph, daß sein Gebet vierzig Jahre hindurch[80] das Reich erhielt.

16. Einer Zeder gleich neigte er sich zu seiner Zeit sanft zu Boden, sank auf sein Sterbelager und legte sich in Frieden zur Ruhe. An seiner Statt entsproßte der süßen Wurzel seines Stammes ein Schößling des Heidentums, von dem man erwartete, daß er auf lange Zeit hinaus die Berge mit seinem Schatten bedecken würde. Aber in einer Nacht sproßte er auf, in der nächsten verdorrte er wieder[81].

17. Und es brannte die Sonne auf die Häupter seiner verfluchten Anhänger, wie einst auf Jonas, herab, eine klug unterscheidende Sonne, da sie die Wahrhaftigen erquickte, die Abtrünnigen dagegen quälte. Denn wenn Jonas leiden mußte, weil er sich gegen die Büßer erhob, um wieviel mehr wird jeder gepeinigt werden, der gegen die Heiligen kämpft.

18. Damals erregte Gott zur Überführung des Irrtums Erdbeben, um dadurch in der Welt den Seelen die Wahrheit zu predigen. Zur Beschämung des Heidentums wurden ganze Städte zerstört[82], Jerusalem aber sollte die verfluchten Kreuziger, die sich erfrechten, den Wiederaufbau der Ruinen, des Werkes ihrer Sünden, zu beschließen und in Angriff zu nehmen, ganz besonders ins Unrecht setzen.

19. Diese einfältigen Toren hatten Jerusalem, als es noch bestand, zerstört, und jetzt, wo es zerstört war, beschlossen sie, es wieder aufzubauen. Als es noch festgegründet dastand, hatten sie es geschleift, und nun, da es verwüstet war, liebten sie es. Jerusalem erbebte, als es sah, daß seine Zerstörer wiederum kämen, um seine Ruhe zu stören. Da flehte es den Höchsten um Hilfe gegen sie an und fand Erhörung.

20. Er gebot den Stürmen, und sie wehten; er winkte den Erdbeben, und sie kamen; den Blitzen, und sie zuckten; der Luft, und sie verfinsterte sich; den Mauern, und sie stürzten ein; den Toren, und sie öffneten sich. Feuer brach hervor und verzehrte die Schriftkundigen, die bei Daniel[83] gelesen hatten, daß die Verwüstung ewig währen sollte. Sie hatten es gelesen, aber daraus nichts gelernt; darum wurden sie durch ihren elenden Untergang belehrt[84].

21. Sie hatten Jerusalem zerstreut durch die Tötung des Sanftmütigen[85], der dessen Küchlein hatte sammeln wollen[86]; nun aber hofften sie, daß der Irrtum des Zauberers es wieder sammeln würde. Sie hatten es durch die Verfolgung der Standhaften[87]niedergerissen, und nun wollten sie es durch die Begünstigung der Wankelmütigen stützen und wieder neu aufbauen. Sie hatten seinen großen Altar durch die Ermordung des Heiligen zerstört, und nun hofften sie, der Erbauer der Götzenaltäre werde ihn wieder aufrichten.

22. Sie hatten Jerusalem durch das Kreuzesholz, das sie dem lebendigen Baumeister der Welt bereitet hatten, zum Einsturz gebracht, und nun wollten sie es mit dem gebrechlichen Rohre des Heidentums stützen. Sie hatten es durch die Ermordung des Zacharias[88]betrübt, der es durch seine Weissagung: „Siehe, dein König kommt!"[89]erfreut hatte, und nun wollten sie ihm eine Freude bereiten durch das Orakel[20]des Wahnsinnigen[21], indem sie ihm die frohe Botschaft verkündeten: „Siehe, es kommt der Besessene, der dich wieder aufbauen wird; er wird in dich einziehen und in dir seinen Teufeln[22]Opfer und Spenden darbringen."

23. Aber Daniel hatte schon über Jerusalem das entscheidende Urteil gefällt, daß es nie mehr aufgebaut werden solle, und Sion glaubte ihm. Beide [Jerusalem und Sion][23]beklagten und beweinten ihr Los, gaben aber die Hoffnung endgültig auf. Kana[24]tröstete die beiden Trauernden durch seinen Wein und gab ihnen den Rat: „Vernachlässigt doch bei eurer Trauer nicht die Dankespflicht gegen den Gütigen!"

24. „Denn sehet, jetzt lebt ihr in Ruhe und Frieden, befreit von den Besessenen und dem Umgang mit den Teufelsdienern. Diese haben stets Unruhen und Aufruhr erregt, haben sogar den Spender alles Lebens gekreuzigt und euch beide unaufhörlich gequält. Sie haben in euch die Propheten ermordet, die Götzen dagegen vermehrt und durch das Götzenbild mit den vier Gesichtern[25]euch die Schamröte ins Gesicht getrieben.

25. „Heilsamer als dieser heidnische Wohlstand ist für euch die Verwüstung ohne Sünden und die Öde ohne Zauberei. Der Gütige hat euch beiden noch zwei Orte, Bethlehem und Bethanien, beigesellt und veranlaßt, daß statt des verbannten Judenvolkes jetzt alle Völker unter Lobgesängen zu euch wallfahren, um in eurem Schoße das heilige Grab von Golgotha zu schauen."

26. Wer wird jetzt noch an Schicksalserforschung und Horoskop glauben? Wer wird jetzt noch Orakeln und Wahrsagern Vertrauen schenken? Wer wird sich jetzt noch von Zauberern und Sterndeutern irreführen lassen? Denn sie alle haben in allem vollständig versagt. Um aber nicht jedem einzelnen Irrenden eigens die Nichtigkeit des Aberglaubens beweisen zu müssen, hat der Gerechte diesen einen Irrenden zerschmettert, um dadurch alle übrigen zu belehren.

Fußnoten

1. Der bei den übrigen Liedern stets nach der ersten Strophe angemerkte Kehrvers, den der Chor zu singen pflegte, fehlt hier wohl nur aus Zufall.
2. Nach Mattth. 25,33 stellt der Weltenrichter die Schafe auf seine rechte, die Böcke dagegen auf seine linke Seite. Deshalb nennt Ephräm das Geschlecht der Bösen die Linke [nl. die linke Seite], das der Guten die Rechte. Die Stütze der Linken das Haupt der gottfeindlichen Partei, ist Julian.
3. Ps. 78 [74],13 f.; vgl. auch Ezech, 29,3 ff.; 88, 2 ff.
4. Die Heiden.
5. Die Häretiker
6. Julian begünstigte sowohl die Heiden als auch die Häretiker.
7. Nach Str. 10 begann Julian seine proheidnische Tätigkeit im Februar, wozu wir als Jahr 361 zu ergänzen haben.
8. Der orthodoxe Nachfolger des Apostaten, Jovian, hob dessen christenfeindliche Erlasse auf und stellte den früheren Rechtszustand wieder her.
9. D. i. nicht über die Sünder als solche, sondern nur, wenn sie Büßer sind, also für die Sünden Buße tun.
10. Siehe Anm. 4 auf S. 214.
11. Der syrische Februar entspricht unserem wetterwendischen April; der syrische April aber unserem Wonnemonat Mai bezw. Juni.
12. wörtlich: nackt und barfuß; der Sinn ist wohl der, daß sich das Heidentum ohne Maske überall zeigte.
13. Jene Christen, die sich nur aus weltlichen Beweggründen, namentlich aus Streberei und Wohldienerei zum Christentum bekannten.
14. Die Scheinchristen, die innerlich Heiden geblieben waren.
15. Den Häretikern.
16. Die mit voller Überzeugung und in aller Aufrichtigkeit Rechtgläubigen im Gegensatz zu Scheinchristen und zu den irgendeinem Irrtum Anhängenden, also auch „die an der Wahrheit Haftenden". Alle Nuancen von šariro lassen sich im Deutschen nicht mit einem Worte umfassen.
17. Julian verstand sich auf Magie und Wahrsagekunst

18. Zur Erinnerung an die Renaissance des heidnischen Opterkultes ließ Julian auf der Rückseite seiner Münzen einen Opferstier anbringen.
19. Das goldene Kalb in der Wüste Sinai, Exod. 32,4 ff.
20. Anspielung auf den Ausruf der Israeliten beim Anblick des goldenen Kalbes, der nach Exod. 32,4 lautete: „Das ist dein Gott, o Israel, der dich aus Ägypten weggeführt hat."
21. Über Nebukadnezars Strafe und Umkehr siehe Daniel 4,25-34.
22. D. i. der König von Byzanz, also Julian.
23. 3 Kön. 19,28 ff.
24. Verhöhnt die Traumdeuterei Julians.
25. nl. dadurch, daß er trotz Dan. 9,27 den Tempel zu Jerusalem wieder aufbauen wollte. Ephräm versteht wie die Väter die Danielstelle von der bleibenden Verwüstung des Tempels. Der masoretische Text ist heillos verderbt und unverständlich. Die Peschito ist nicht viel klarer: „und auf den Flügeln (!
26. wer?
27. LXX ist deutlicher: „und im Tempel wird der Greuel der Verwüstung herrschen bis zum Ende, und ein Ende wird der Verwüstung gemacht werden". Vulgata: et erit in templo abominatio desolationis, et usque ad consummationem et finem perseverabit desolatio.
28. Julian kam in Babylon ums Leben
29. Julian
30. Kaiser Konstantius II., bei dem sich Julian durch seine Lobreden zu insinuieren wußte.
31. Pallas Athene.
32. Ammian 25,4 rühmt dagegen seine Sittenreinheit: ita inviolata castitate enituit, ut post amissam conjugem nihil unquam venereum agitaret.... Quam labem in adulto robore juventutis ita caute vitavit, ut ne suspicione quidem tenus libidinis ullius vel citeroris vitae ministris incusaretur, ut saepe contingit.
33. Aphrodite; eine solche Feier, bei welcher Julian den Umzug ausgelassener Weiber und Männer hoch zu Roß begleitete, schildert Chrysostomus, In s. Babylam, contra Julianum et contra gentiles § 14 [MSG 50,555] und ruft dabei seine antiochenischen Zuhörer als Zeugen für die Wahrheit seiner Schilderung auf.
34. Vgl. 1 Kor. 5,7 ff.
35. Der König von Griechenland, d. i. Alexander der Große, erscheint in der Vision Daniels 8 unter dem Bilde eines zottigen

Ziegenbockes [8,21: „der zottige Ziegenbock bedeutet den König von Griechenland"]. Die Ziegen sind also die Neuplatoniker in der Umgebung Julians.
36. Verhöhnung der Philosophentracht.
37. Julian war 355-360 mit der jüngsten Schwester des Kaisers Konstantius II., Helene, verheiratet; aber nach deren frühen Tod ging er keine weitere Ehe mehr ein.
38. Vgl. das oben [Vorbemerkung 7] mitgeteilte Orakel des Philosophen Maximus.
39. Μέλλοντος γαρ αυτο ἐπί πέρσας στρατεύειν καὶ μετὰ τὸν πόλεμον κακῶς ποιήσειν τὰς ἐκκλησιας ἐπαπειλουντος Sozomenos Hist. Eccl. VI, 2 (MSG 67, 1296)
40. 4 Kön. 14,9-10. Als Amasias, König von Juda, dem König Joas von Israel eine Kriegserklärung sandte, antwortete dieser mit der Bilderrede: „Die Distel auf dem Libanon sandte zu der Zeder auf dem Libanon und ließ ihr sagen: Gib deine Tochter meinem Sohne zum Weibe! Aber das Wild des Waldes auf dem Libanon lief über die Distel und zertrat sie."
41. Dan. 2,12.
42. Singar in Mesopotamien war 360 von den Persern erobert und zerstört worden [Ammian 20, 6 u. 7].
43. Die Reliquien des hl. Jakobus, Bischofs von Nisibis [Ö etwa 338] galten als Palladium dieser Stadt [Ephräm, Carmina Nisibena, ed. Bickell 18,18-21]. Solange der hl. Leichnam in der Stadt begraben war, war sie den Persern uneinnehmbar, als aber, wie Gennadius, de script, eccl. 1 [MSL 58, 1062] berichtet, Julian ihre Entfernung verfügt hatte, mußte Nisibis den Persern ohne Schwertstreich infolge eines schimpflichen Friedens ausgeliefert werden; dadurch rettete Jovian wenigstens sein Heer.
44. Tatsächlich war es Jovian, der Nachfolger Julians, der Nisibis ausliefern mußte; aber die eigentliche Ursache war Julian.
45. das sind die vier Stadttore, welche durch ihr Geöffnet- bezw. Geschlossenwerden je nach den Zeitläuften den Preis des Befreiers [des hl. Jakob bezw. Gottes] oder die Schmach Julians verkündeten.
46. Nisibis war das Hauptbollwerk gegenüber Persien
47. Konstantius II. Gemeint ist die wunderbare Befreiung von der dritten Belagerung 350, die. ich oben [Vorbem. 3] geschildert habe.

48. Ephräm nennt hier eine runde Summe, in Wirklichkeit waren es 26 Jahre [337-363].
49. Es wird der Sommer 363 gemeint sein.
50. Is. 34,14; Matth. 12,43; Luk. 11,24.
51. In Zeiten der Bedrängnis wurde dem Altar gleichsam ein Bußkleid angelegt, indem man das Altartuch mit einer härenen Decke vertauschte.
52. Der persische König Sapor II.
53. 338; 346; 350.
54. Wo der hl. Jakob begraben war.
55. Der Perserkönig.
56. Konstantinus II.
57. Ephräm denkt an die versuchte Unterminierung der Stadtmauern.
58. Vgl. hierzu Vorbemerkung 10.
59. Der Satrap Bineses [Ammian 25,9]
60. Vgl. Vorbemerkung 9 und 10.
61. Im Hinblick auf Matth. 5,37 will Ephräm eine weitergehende Bekräftigung seiner Worte vermeiden.
62. Konstantinus II.
63. Jovian
64. In den verfehlten persischen Feldzügen Konstantius' II., namentlich 360. Ephräm denkt wohl vor allem an die Einnahme von Singar und die Kapitulation von zwei römischen Legionen [Ammian 20,6].
65. Jos. 7,5 ff.
66. Vgl. Vorbemerkung 6
67. Durch die Erlösung wurde der Weg zum Paradies wieder frei; der Cherub mit dem flammenden Schwert versperrt ihn nicht mehr.
68. Über den unglücklichen Ausgang des Perserzuges Julians, namentlich über die Überlistung durch die persischen Überläufer und die unbegreifliche Vernichtung der eigenen Proviantflotte, siehe Vorbemerkung 6-8.
69. Im Syrischen Wortspiel.
70. Im Syrischen Wortspiel.
71. Antiochien. Über das Verhältnis Julians zu den Antiochenern vgl. Vorbemerkung 4 und ganz besonders seine boshafte Schrift Misopogon.
72. Ephräm schreibt demnach den Brand des Apollotempels in der Vorstadt Daphne den Christen zu und setzt ihn - was nach den

anderen Quallen unrichtig ist - vor das Martyrium des Jünglings Theodor.
73. Theodor. Über seine Marter vgl. Vorbemerkung 4. Er hat dem Kirchenhistoriker Rufinus selbst sein Martyrium erzählt. Er wurde mittelst Riemen und Krallen zerfleischt.
74. Der gleichnamige Onkel des Apostaten hatte als comes Orientis die Kirche von Antiochien gebrandschatzt. Alle Kleriker waren geflohen, nur der Priester Theodor - nicht zu verwechseln mit dem jugendlichen Bekenner Theodor in Anm. 3 - war zurückgeblieben. Um das Versteck etwa in Sicherheit gebrachter Kirchenschätze zu erpressen, wurde er der Folter unterworfen und, da er standhaft blieb, enthauptet. Bald darauf ging Julian an einer entsetzlichen Krankheit. Wurmfraß und Miserere, zugrunde. Siehe Sozomenos 5, 8, MSG 67,1236; Theodoret 3,9, MSG 82,1101.
75. 3 Kön. 22, 5-23: 400 Propheten hatten Achab, König von Israel, glücklichen Ausgang des Feldzugs gegen Ramoth in Gilead geweissagt, nur Michäas, der Sohn Jimlas, widersprach. Der König folgte jenen und verlor Schlacht und Leben.
76. 1 Sam. 28.
77. Der beschworene Geist Samuels verkündete ihm den nahen Tod.
78. Helios war einer seiner Lieblingsgötter, vgl. seine Epist. 13, ed. Hertlein p. 493
79. Konstantius II., der Sohn des Kaisers Konstantin. Ephräm behandelt diesen fanatischen Arianer sonderbarerweise ganz wie einen orthodoxen Kaiser. So schon oben 1,12.
80. Nach der Chronologie bei Sokrates 2,47, MSG 67, 365 setzen sich diese 40 Jahre also zusammen: 13 Jahre Mitregentschaft mit seinem Vater Konstantin, nach dessen Tode noch weitere 25 Jahre, zusammen 38 Jahre; dazu kommen noch 2 Jahre Julians bis zur Katastrophe. Dagegen haben die Handschriften Ammians 21,15 die [korrupte] Lesart: imperii vitaeque anno quadragesimo et mensibus paucis [sc. abiit e vita], wonach er 40 Jahre regiert und gelebt hätte.
81. Wie die Wunderstaude des Jonas [Jon. 4,10].
82. Zur Illustration dieser Stelle hat Bickell aus den Anecdota syriaca von Land I,106 folgenden Abschnitt der Fortsetzung der eusebianischen Chronik in Übersetzung mitgeteilt: „Zur selben Zeit ergrimmte der Herr gegen die Städte der Heiden, Juden, Samariter und Irrgläubigen im Süden, welche sich an dem Wahnsinn des abtrünnigen Julian beteiligten. Es ging aus der Zorn

vom Herrn, und er fing an, die unreinen und heidnischen Städte über ihre Bewohner umzustürzen, weil diese sie mit unschuldigem Blute, das sie darin vergossen, besudelt hatten. Er begann 21 Städte zu zerstören, von welchen einige von der Erde verschlungen wurden, andere einstürzten, andere stehen blieben."

83. Dan. 9,27. Siehe Anm. 5 zu Strophe 20 des 1. Liedes.
84. Über die Vereitelung des Tempelbaues durch Elementarereignisse vgl. Vorbemerkung 5.
85. Matth. 21,5 nach Zach. 9,9.
86. Matth. 23,37 f.
87. šarire bedeutet sowohl die „Wahrhaftigen" im oben erwähnten Sinne als auch die „Feststehenden, Standhaften". Da es hier im Gegensatz zu „Wankende", Wankelmütige steht, habe ich es in der zweiten Bedeutung genommen. Vom Dichter sind aber beide Bedeutungen beabsichtigt. Die Standhaften und Wahrhaftigen sind die Rechtgläubigen, die Wankelmütigen sind die Heiden.
88. 2 Chron. 24,20-22; Matth. 23,35.
89. Zach. 9,9
90. Bildet im Syrischen mit Zacharias ein Wortspiel: zuchorô - zecharjô.
91. Julian
92. Götter, vgl. 1 Kor. 10,20 und Ps. 95 [96], nach. LXX und Vulgata, jedoch nicht nach MT und Peschito.
93. Sion = der Tempelberg; Jerusalem = die übrige hl. Stadt.
94. Kotne ist der syrische Name für das galiläische Kana. Da dort der Herr Wasser in Wein verwandelte und da man nach dem Rate von Sprichw. 31,6 Traurigen Wein reichen soll, wird Kana als Trösterin ihrer Sohwestern, Sion und Jerusalem, eingeführt.
95. Über dieses Götzenbild siehe die Anmerkung zu „Drei Reden über den Glauben" I,51, oben S. 39.

AUSGEWÄHLTE NISIBENISCHE HYMNEN

Vorwort

In sieben Handschriften des Britischen Museums in London, zu denen sich später noch eine achte gesellte, fand der um die syrische Literatur so verdiente Gustav Bickell, damals Professor der orientalischen Sprachen in Münster, eine Sammlung von siebenundsiebzig Gedichten Ephräms, die bisher gänzlich unbekannt geblieben waren. Er gab sie 1866 heraus unter dem Titel: S. Ephraemi Syri Carmina Nisibena, Leipzig, F. A. Brockhaus, 234 und 146 Seiten; außer einer lateinischen Übersetzung und einem Wörterverzeichnis schickte er noch Prolegomena voraus, in denen er alles, was zum Verständnis der Gedichte notwendig ist, eingehend und zuverlässig behandelte, so daß auch neuere Untersuchungen und Funde kaum etwas Wesentliches hinzufügen konnten [1]. Vgl. außerdem: Geiger, Alphabetische und akrostichische Lieder bei Ephräm, in der Zeitschrift der Deutschen Morgenländischen Gesellschaft 21, S. 469 – 74; 25, S. 274, 277 und 512. Dazu nahm Bickell selbst noch einmal das Wort in derselben Zeitschrift 26, S. 809. Die geschichtliche und archäologisohe Bedeutung der Gedichte behandelte auch Rohling im „Katholik" 1868, II, S. 56 ff.).

Die Echtheit der Gedichte muß als unbestritten gelten; das Zeugnis der Handschriften, deren wichtigste, fast die ganze Sammlung enthaltende, aus dem sechsten Jahrhundert stammt, wird unterstützt durch die Akrosticha mehrerer Gedichte der Sammlung, die den Namen „Ephräm" ergeben; innere Kriterien bestätigen das Ergebnis.

Die äußere Bezeugung der Gedichte in der späteren syrischen Literatur ist freilich ganz auffällig schwach. Ebedjesu von Nisibis, der uns in seinem wertvollen Katalog der Schriftsteller seines Volkes [2] sogar über manches verlorene Schriftwerk Kunde gibt, läßt uns bezüglich der Carmina Nisibena völlig im Stich. Diese müssen demnach wohl frühzeitig ihr aktuelles Interesse eingebüßt haben, so daß wir bis vor der Auffindung der alten Handschrift durch Bickell keinerlei Kenntnis von ihrer Existenz hatten; denn die einzige darauf bezügliche Notiz in der Lebensbeschreibung Ephräms, sowohl in den längeren Rezensionen der römischen und Pariser Handschrift als auch in der kürzeren Fassung, blieb unbeachtet und nötigte auch nicht, an eine so umfangreiche Sammlung zu denken. Sie lautet in der längeren Rezension der Biographie [röm. Ausgabe, 3. syr. Band S. LV; ähnlich nach der Pariser Handschrift bei Lamy, S. Ephraem Syri Hymni et Sermones, 2, S. 74]: „In jener Zeit verfaßte er die

Hymnen über Nisibis und über Mar Jakob, über den Kaiser Konstantin, über die Strafgerichte jener Zeit und über die Einnahme der Nisibis benachbarten Städte und der umliegenden Klöster." „Utinam exstaret opus tam insigne", ruft bedauernd J. S. Assemani S. XLVI der Prolegomena des 2. griech.-latein. Bandes aus, nachdem er diese Notiz aus der Vita angeführt hat. Ob Philoxenos von Mabbug in seinem Buche „De Uno ex trinitate incarnato et passo", in welchem er ein Zitat aus Ephräms „Buch über die Blutzeugen von Nisibis" anführt [Bibliotheca Orientalis 1, S. 56], unsere Carmina Nisibena meint, dürfte zweifelhaft sein. In einer fremden Umrahmung haben Teile einzelner Hymnen aus unserer Sammlung in sechs Totengesängen [Nr. 32, 34, 35, 37, 58, 62 der sogenannten Canones necrosimi, 2. syr.-latein. Band der römischen Ausgabe. S. 289 ff.] Aufnahme gefunden. Vielleicht hat ein Späterer sich aus den Carmina Nisibena einen Auszug für liturgische Zwecke gemacht, der dann den Werken Ephräms angefügt wurde und als Originaldichtung gelten konnte, seitdem die Quelle in Vergessenheit geraten war.

Inhaltlich kann man zwei Hauptgruppen von Hymnen unterscheiden:
I. Zeitgeschichtliche [1-34], II. dogmatisch-paränetische [35 – 77]. Erstere Gruppe enthält in vier Unterabteilungen die Lieder
1].über die Belagerung und Befreiung von Nisibis [1 – 12],
2] über die Bischöfe von Nisibis [13-21 [22 – 24 fehlen ganz]],
3] über Edessa [25 – 30],
4] über Harran [31 – 34];
die zweite Gruppe handelt
1] über unserm Herrn, über den Tod und den Teufel [35 – 42],
2] über die Auferstehung [43 – 51],
3] über den Teufel und den Tod [52 – 68],
4] hauptsächlich über eschatologische Fragen [69 – 77].

Die Bedeutung dieser Gedichtsammlung liegt wohl in erster Linie darin, daß sie uns in ihren zeitgeschichtlichen Hymnen mancherlei wertvolle Andeutungen über die Lage der Kirche von Nisibis und Edessa aus jener Zeit der beständigen Spannung zwischen dem Römer- und Perserreiche und der inneren Kämpfe der Orthodoxie gegen die Häresie, besonders den Arianismus, hinterlassen hat. All diese schweren Heimsuchungen werden vom Dichter unter dem religiösen Gesichtspunkte gewertet und vielfach unter Benützung einer reichen Bildersprache vorgetragen; dabei muß manches für uns rätselhaft bleiben, was seinen Zeitgenossen, obgleich es nur angedeutet und in Bilder eingekleidet ist, vollauf verständlich war. Trotzdem müssen wir die Carmina Nisibena als kostbare Dokumente eines Augenzeugen jener inneren und äußeren Kämpfe einschätzen, die von den späteren Berichterstattern durch Beifügung legendärer Züge und durch Verwechslungen recht entstellt worden sind.

Bickell hat in seiner Ausgabe wie der kirchengeschichtlichen und archäologischen Bedeutung so auch dem dogmengeschichtlichen Wert der Gedichte je einen Abschnitt gewidmet, auf die hier verwiesen werden muß; unter letzterem Gesichtspunkte sei nur auf jene für den Herausgeber persönlich bedeutsam gewordene Stelle im 27. Hymnus aufmerksam gemacht, wo Ephräm sagt: „Du allein und deine Mutter sind über alles schön, keine Makel ist, o Herr, an dir, kein Fehl an deiner Mutter"

Die zweite Hälfte der Sammlung ist von Wichtigkeit für die Kenntnis der dogmatischen, besonders eschatologischen Anschauungen Ephräms. Daneben bietet sie auch vom formellen Standpunkt großes Interesse; die Gedichte sind nämlich zum Teil dramatisch-dialogisch abgefaßt, und sie können als die ältesten Vertreter jener Dichtungsart angesehen werden, die später unter dem Namen „Sugitha", „Wechsellied" in der syrischen Poesie so große Verbreitung fand [3]

Eine lateinische Übersetzung der ganzen Gedichtsammlung fügte Bickell seiner Textausgabe bei; Einzelheiten verbesserte er dann im Conspectus rei Syrorum literariae, Münster 1871, S. 29 f. In der vorigen Auflage der Bibliothek der Kirchenväter hat dann Pius Zingerle im zweiten Ephrämbande [Kempten 1873], S. 153 ff. eine Anzahl der Carmina Nisibena ins Deutsche übertragen. Wie bei seinen übrigen Übersetzungen aus dem Syrischen hat auch hier der verdiente Benediktinerpater bei der Auswahl sich fast ausschließlich von asketischen Gesichtspunkten leiten lassen; darum schaltete er die erste Hälfte, die zeitgeschichtlichen Gedichte, ganz aus, und hat aus der letzten Hälfte die Nummern 35 – 42, 52, 60, 66, 69 übersetzt. 1882 hat Carl Macke in seinem schönen Büchlein „Hymnen aus dem Zweistromland" [Mainz, Kirchheim], eine größere Anzahl der Carmina Nisibena in deutsche Poesie umgegossen, wobei freilich öfters der syrische Text etwas freier wiedergegeben werden mußte; dort finden sich Übersetzungen folgender Lieder: 1, 3, 10, 13, 17 – 21, 33 – 41, 43, 47 – 49, 69, 70, 74 – 77. Außerdem hat Macke in der Monatsschrift „Gottesminne" 3, 1905 [Alphonsusbuchhandlung, Münster] den ganzen Hymnenzyklus von Tod und Teufel [Carmina Nisibena 52-68] in Versen übersetzt. – Einzelne Proben auch in Baumgartners Geschichte der Weltliteratur 1. Bd., S. 187 ff. und bei H. Grimme, Der Strophenbau in den Gedichten Ephräms des Syrers, Freiburg i. d. Schweiz, 1893.

In der nun folgenden Übersetzung soll versucht werden, den syrischen Text möglichst genau wiederzugeben. Freilich macht es der Dichter dem Leser nicht immer leicht, ihm in seinen uns oft fremdartigen Gedankengängen zu folgen; eine absolute Sicherheit über die Richtigkeit der Übersetzung läßt sich darum an manchen Stellen nicht erzielen. Für die Auswahl aus der ganzen Sammlung war der Gedanke maßgebend, jene Gedichte in erster Linie zu berücksichtigen, die dem geschichtlichen Interesse entgegenkommen und bisher nur zum Teil übertragen worden sind; aus diesem Grunde ist die erste Hälfte der Sammlung mehr herangezogen als die letzte, die ja auch von Zingerle und Macke zum größeren Teil schon übersetzt ist; hier wurde auch, soweit vorhanden, die Prosaübersetzung Zingerles benutzt. – Auf Wortspiele, die Ephräm so sehr liebt, und die oft die Gedankenfolge bei ihm beeinflussen, wurde nur dann verwiesen, wenn es das Verständnis unbedingt erforderte.

Ins Französische sind einzelne Teile der Carmina Nisibena übersetzt von C. Ferry [St. Ephrem poète, Paris 1877], dem es indes nur auf die poetische Würdigung ankommt; er hat dabei einfach den lateinischen Text Bickells zugrunde gelegt.

Fußnoten

1. Verbesserungen trug er selbst nach in seinem Conspectus rei Syrorum literariae, Münster 1871, S. 28 ff. Ferner lieferten solche: ein Anonymus in Zarncke's Lit. Centralbl. 1866, Sp. 992 – 94; Abraham Geiger in einer Rezension von Bickells Conspectus in der Zeitschrift der Deutschen Morgenländischen Gesellschaft 25, S. 278 ff.; Le Hir in den Études religieuses, mars 1868 [wieder abgedruckt in den Études bibliques, Paris 1869, S. 388 – 420
2. Assemani, Bibliotheca Orientalis, t. 3, p. I S. 3 ff.
3. Vgl. A. Baumstark in der Wissenschaftlichen Beilage zur Germania 1909, S. 131 – 140 und meinen Aufsatz über die liturgische Poesie der Ostsyrer in der 3. Vereinsschrift der Görresgesellschaft 1914, S. 54 ff„ wo auch weitere Angaben.

1. DIE KRIEGSNÖTE DER STADT NISIBIS.

Vorwort. Die Kriegsnöte der Stadt Nisibis.

Die ersten zwölf Gedichte haben die Belagerung und Befreiung der Stadt Nisibis sowie damit zusammenhängende Heimsuchungen zum geschichtlichen Hintergrund. In welches Jahr ist nun das erste Ereignis zu setzen? Nisibis hat drei Belagerungen durch Sapor, den tatkräftigen Perserkönig und grausamen Christenverfolger, durchkosten müssen, da er durchaus die östlichste Provinz des Römerreiches und Armenien seinem Reiche einverleiben wollte. Die erste fand nach dem Tode Konstantins, also 338, die zweite 346, und eine dritte 350 statt. Diese dreimalige Einschließung bezeugt sowohl Ephräm als auch Sextus Rufus in seinem etwas nach 369 verfaßten Breviarium rerum gestarum populi Romani, cap. 27, und das aus dem Jahre 380 stammende Chronicon des Hieronymus [Berliner Kirchenväterausgabe, Eusebius VII 1, S. 234, 236 und 237]. Wollen wir dann bei den griechischen und syrischen Chroniken nähere Auskunft suchen, so stoßen wir auf ein Chaos der verschiedensten Darstellungen. Diesem Umstand ist es zuzuschreiben, daß Bickell in der im ersten Gedichte geschilderten Kriegsnot die dritte Belagerung vom Jahre 350 erblickt, während Lamy [S. Ephraem Syri Hymni et Sermones, Bd. 4, S. XXII] ihm Unrecht gibt und alles auf die erste Belagerung vom Jahre 338 bezieht. Woher diese Verschiedenheit in der Datierung? Lamy bringt die dort von Ephräm erzählten Ereignisse mit der Errettung der Stadt durch den Bischof Jacobus zusammen und muß daher, da Jacobus nach einheitlichem Zeugnis der Geschichtsschreiber im Jahre 338 gestorben ist, wie es auch Ephräm wenigstens andeutet [13. Hymnus, 80 ff.], die erste Belagerung als Anlaß nehmen. Aber zu dieser Voraussetzung, daß beide Ereignisse, die Errettung aus Wassernot, die als das hervorstechende Kennzeichen der von Ephräm geschilderten Belagerung zu gelten hat, und die Befreiung durch das Gebet des Jacobus bezw. durch das Auftreten von Mückenschwärmen, bei ein und derselben Belagerung stattgefunden hätten, sind wir weder genötigt noch berechtigt. Wie wir sehen werden, haben erst spätere Berichterstatter, die wohl samt und sonders auf Theodoret zurückgehen, dieses Zusammenschmelzen ursprünglich getrennter Ereignisse vorgenommen; Theodoret hat, weil er nur einmal von der Belagerung in seiner Kirchengeschichte und in der Historia religiosa spricht, alles, was er wußte, in dieser einen Schilderung zusammengetragen.

Nun haben wir aber außer der Schilderung Ephräms noch die eines kompetenten Zeitgenossen, nämlich des Kaisers Julian, der in seiner I. und II.

oratio ad imperatorem Constantium auch die Befreiung von Nisibis auf das Ruhmeskonto des letzteren schreiben möchte und uns darum eine sehr lebendige Darstellung hinterlassen hat [Juliani imperatoris quae supersunt ed. Hertlein; oratio I, S. 33 f.; II, S. 79 ff.]. Die von ihm gebotene Erzählung gehört ganz sicher in das Jahr 350; andererseits sind die ihr zugrunde liegenden charakteristischen Ereignisse [Wassernot!] entschieden identisch mit den von Ephräm berichteten; also muß auch die im ersten Hymnus geschilderte Belagerung ins Jahr 350 fallen. Die Schwierigkeiten, die sich aus den verschiedenen Angaben über die Dauer der Belagerung nach den Ausführungen Lamys gegen diesen Schluß erheben, halte ich für unerheblich. Auch kann ich nicht glauben, daß etwa Sapor beidemal eine Überschwemmung herbeigeführt hat. Außerdem, wenn die Errettung wirklich auf das unmittelbare Eingreifen des Bischofs Jacobus zurückzuführen wäre, wie es Theodoret dramatisch aufputzt, dann hätte Ephräm, der große Verehrer seines Lehrers Jacobus, schwerlich verfehlt, in seinem Gedicht diesen Zug kräftig zu unterstreichen; er erwähnt ihn gar nicht, nur 13,113 – 115 sagt er, daß die Reliquien jenes die Stadt retteten, und 17,106 f. wünscht er, daß der neue Bischof Abraham der Stadt eine Mauer sei wie Jakob. [Lamy, S. XX führt in die Irre, wenn er beide Zitate so verbindet: Jacobus, qui fuit Nisibenis sicut murus et salvavit urbem.] Ob überhaupt aus der auch von Ephräm vertretenen Anschauung, daß die Reliquien dieses heiligen Bischofs ein rettendes Panier für die Stadt bedeuteten, erst der spätere, und dann als legendär zu betrachtende Zug, daß Jacobus durch sein persönliches Eingreifen die Stadt errettete, entstanden sei, möchte ich dahingestellt sein lassen.<br|>Da die lebhafte, bisweilen von gelehrten Reflexionen unterbrochene Schilderung Julians die zuverlässigste Erläuterung zum ersten Hymnus ist, möge sie hier im Abriß folgen. Sapor zieht mit ungeheuren Truppen und Troß heran und schließt die Stadt ein; durch Dämme gelingt es ihm, den ohnehin zur Frühjahrszeit angeschwollenen Mygdonius so zu stauen, daß die Stadt nur noch wie eine Insel aus dem See hervorragt. Nun schafft er auf Schiffen Belagerungsmaschinen an die Stadt heran. Die Bewohner leisten erbitterten Widerstand, werfen Steine und Feuerbrände auf die Belagerer, die große Verluste an Soldaten und Maschinen erleiden. Doch inzwischen hat das Wasser eine Mauer unterspült, sie fällt ein; aber auch die Staudämme scheinen teilweise der Gewalt des Wassers nicht mehr gewachsen zu sein; denn das Wasser tritt zurück, und Sapor muß auf dem völlig versumpften Gelände einen Angriff machen, der ihm nur große Verluste an Reiterei und Elephanten einbringt. So hat er inzwischen vier Monate vor der Stadt zugebracht. Die Belagerten haben unter dem Schutz von Soldaten in unerwarteter Schnelligkeit die eingestürzte Mauer wieder aufgerichtet, so daß ein erneuter Angriff durch Bogenschützen gerade gegen jene Bresche erfolglos bleibt. Krankheiten und

Hunger scheinen ebenfalls sein Heer heimgesucht zu haben, so daß er schließlich die Belagerung aufheben muß, nicht ohne vorher ein strenges Strafgericht über jene Führer abgehalten zu haben, die nach seiner Ansicht den Mißerfolg verschuldet hatten. Vielleicht haben auch Unruhen in anderen Gebieten seines weiten Reiches seine baldige Anwesenheit nötig gemacht; so meinen spätere Geschichtschreiber.

Theodoret, der, wie erwähnt, die Ereignisse der ersten und dritten Belagerung zur Darstellung einer einzigen zusammenschweißt, spricht sowohl in der Vita des Jacobus [Historia religiosa I, Migne PG. 82,1304] als auch in der Kirchengeschichte [Migne PG. 82,1076f.; Berliner Kirchenväter: Theodoret, Kirchengeschichte, herausgegeben von Parmentier, 167 ff.] von einem Eingreifen des Bischofs Jacobus und verlegt demgemäß auch das Ereignis in die Zeit kurz nach dem Tode Konstantins. Schon die Erfolglosigkeit des ersten Angriffs mit den Belagerungsmaschinen wird dem Gebete des Jacobus zugeschrieben. Das Stauen des Mygdonius hat den Einsturz der Mauer zur Folge, doch wartet Sapor einen Tag mit dem Angriff, damit sich das Wasser erst verlaufe. Die Bewohner stellen auf Betreiben des Jacobus die Mauern wieder her; er betet inzwischen in der Kirche. Der Sturm ist wieder erfolglos. Nach der Historia religiosa wird Jacobus gebeten, die Mauer zu besteigen und den Feind zu verfluchen; als er die Menge der Feinde erblickt, bittet er, Gott möge Mückenscharen gegen sie kommen lassen; sofort geschieht es, und die von ihnen gequälten Elephanten und Pferde richten eine fürchterliche Verwirrung unter den Soldaten an. Sapor glaubt in dem Heiligen auf der Mauer den Kaiser selbst erblickt zu haben und bestraft seine Umgebung, weil man ihm verschwiegen habe, daß der Kaiser anwesend sei.

In der Kirchengeschichte ist das letztere etwas anders dargestellt. Der Kaiser sieht nach der Wiederherstellung der Mauer auf ihr einen Mann in kaiserlichem Gewande und glaubt, daß es Konstantius sei; er schießt voll Wut einen Pfeil gen Himmel. Dann erst wird erzählt, wie Ephräm den Bischof Jacobus bittet, auf die Mauer steigen zu dürfen; ihm, nicht dem Bischof, wird dann die Verfluchung zugeschrieben. Der Erfolg ist der gleiche wie oben.

Diese Darstellung ist dann von den meisten späteren Schreibern, oft in sklavischer Anlehnung, übernommen worden. So in den syrischen Viten des Ephräm, die den Schluß natürlich in der Fassung der Kirchengeschichte Theodorets bieten.

Das Chronicon paschale [Migne PG. 92, 717 u. 724; vgl. Berliner Kirchenväterausgabe: Philostorgios, ed. Bidez, S. 216 ff.], das auch die Belagerung vom Jahre 337 kennt, schreibt für die vom Jahre 350 eine ausführlich arianische Quelle aus, die merkwürdigerweise auf den Bischof Vologeses von Nisibis zurückgeführt wird. Die Darstellung Theodorets ist noch um einige Züge bereichert, doch wird Jacobus nicht genannt; der Mann auf der Mauer, den Sapor für den Kaiser hält, ist nur ein „Jemand". Dieselbe Quelle benutzt auch Theophanes in seiner Chronographia [ed. de Boor I, 34, 33; 38, 10; 39,13].

Unter den Syrern erscheint die Schilderung der Belagerung nach Theodorets Kirchengeschichte; so in der Vita des Jacobus [Bedjan, Acta Martyrum et Sanctorum 4, 270 ff.), in der Chronik Michaels des Großen [herausgegeben von Chabot, S. 135 f., Übersetzung S. 266 f.] und bei Barhebraeus, Chronicon [ed. Bedjan S. 61]. Georg, der Araberbischof, beruft sich für seine Notiz über die Rolle, die Ephräm bei der Belagerung spielte, ausdrücklich auf Theodoret [Georgs des Araberbischofs Gedichte und Briefe, übersetzt von Ryssel, Leipzig 1891, S. 47]. In der wertvollen Chronik von Arbela [= Sources syriaques, vol. 1, ed. Mingana, Leipzig 1907, S. 48 f.; E. Sachau, Die Chronik von Arbela, Abhandlung der Berliner Akad. d. Wiss. 1915, Philos.-histor. Klasse, Nr. 6, S. 74] heißt es, daß nach dem Tode Konstantins Sapor Nisibis belagerte; infolge des Gebets des Bischofs Jakob, das er auf der Mauer zu Gott richtete, schickte Gott Insekten gegen die Armee des Perserkönigs; diese belästigten die Pferde, und darob entstand große Verwirrung, der König mußte abziehen. - Zum Jahre 351 berichtet die Chronik von einer erneuten Belagerung von Nisibis, ohne Einzelheiten anzugeben; Sapor muß wegen Aufruhrs anderer Völkerschaften heimkehren, läßt aber viele Truppen vor Nisibis und in Mesopotamien stehen.

Von den Berichten anderer Chroniken, die meist Auszüge aus älteren Quellen bringen und für unseren Fall in letzter Linie auf Theodoret zurückgehen, kann wohl abgesehen werden.

Als Resultat ergibt sich jedenfalls, daß man drei Belagerungen der Stadt Nisibis anzunehmen hat, von denen die zweite keine nähere Darstellung gefunden hat und die erste und dritte vielfach verwechselt und verschmolzen worden sind. Die erste fand bald nach dem Tode Konstantins statt und scheint durch ein Eingreifen des Bischofs Jakob eine günstige Wendung genommen zu haben. Vielleicht haben wir das Auftreten von Mückenschwärmen, wie es die auch sonst zuverlässige Chronik von Arbela schildert, wenn es überhaupt historisch ist, hier unterzubringen. Die dritte Belagerung, die uns Ephräm als Augenzeuge, Julian als Zeitgenosse schildert, ist charakterisiert durch die künstlich herbeigeführte Überschwemmung der Umgebung von Nisibis. Die erste und dritte Belagerung erscheinen bald in den Berichten – die älteste greifbare Quelle hierfür ist Theodoret – als eine, und die bei beiden verschiedenen Vorgänge sind auf ein Ereignis zusammengedrängt, das, wenn es überhaupt zeitlich bestimmt erscheint, meist in die Zeit nach dem Tode Konstantins verlegt wird, also mit der ersten Belagerung konkurriert. In der Zuteilung der Rollen des Mauerbesteigens und Verfluchens ist Theodoret noch schwankend; – ob überhaupt Ephräm im Jahre 338 schon eine solche Stellung neben dem Bischof einnehmen konnte? – Neuere Bearbeiter der Geschichte dieser Zeit, denen die Ereignisse bei der Belagerung fester mit dem Jahre 350 verankert erscheinen als mit der genauen Zeit des Bischofs Jacobus, lassen ihn einfach bis zum Jahre 350 leben; dieser Charybdis sind sowohl Gibbon [The History of the Decline and Fall of the Roman Empire, edited by J. B. Bury, London 1896, Vol. 2, S. 229] als auch Seeck [Geschichte des Untergangs der antiken Welt, IV. Bd. [1911], S. 95] verfallen; nach Tillemont, Histoire des Empereurs 4,2 [Bruxelles 1709] hat Jakob in allen drei Belagerungen die Rettung herbeigeführt.

Die Abfassungszeit dieser ersten Reihe von Hymnen dürfte nach Bickell folgendermaßen zu bestimmen sein: Nr. 1 ist während oder bald nach der Belagerung von 350 entstanden, ebenso 2 – 3 kurz darauf; 4 – 12 stammen aus dem Jahre 359, wie sich aus den angedeuteten kriegerischen Ereignissen ergibt, die bei Ammianus Marcellinus näher beschrieben sind.

1.

Nach der Melodie: Ich will meinen Mund öffnen in Weisheit.

In diesem Gedicht führt Ephräm die Stadt Nisibis sprechend ein; sie ist zum drittenmal belagert, und diesmal haben die Feinde die ganze Umgebung der Stadt unter Wasser gesetzt, so daß die Stadt sich mit der Arche Noës vergleichen kann. Der Vergleich wird bis ins einzelne durchgeführt.

Der äußeren Form nach besteht das Gedicht aus 11 Strophen, die mit dem ersten, dritten, fünften usw. Buchstaben des syrischen Alphabets beginnen. Jede Strophe hat 14 Verse, je die letzten zwei kommen auf den Kehrvers [Unitha], der hier, wie sonst selten, für jede Strophe ein anderer ist.

Barmherziger Gott, der du Noë Ruhe verliehest[1], da auch er deine Barmherzigkeit versöhnte; Opfer brachte er dar und hemmte die Fluten, Spenden gab er, und Verheißung empfing er. [5] Durch Gebet und Weihrauch versöhnte er dich, mit Eidschwur und dem Regenbogen beschenktest du ihn gnädig, und wo die Flut droht, der Erde zu schaden, sollte gegen sie der Regenbogen auftreten, [10] um sie zu vertreiben und der Erde neuen Mut zu geben; denn deine Eidschwüre sollen den Frieden sichern, und dein Bogen soll deinem Zorne Widerstand leisten. – [Kehrvers:][2] Spanne deinen Bogen aus gegen die Flut, denn ihre Wogen türmen sich gegen unsere Mauern auf.

[15] Freimütig klage ich, Herr: Wenn das schwache Blut, das Noë ausgoß, für alle Zeit deinem Zorne Einhalt gebot, um wieviel kräftiger sollte das Blut deines Eingeborenen sein, daß sein Vergießen unsere Flut hemme! [20] Denn siehe, als sein Vorbild nur erhielten jene schwachen Opfer Kraft, die Noë darbrachte, und

so den Zorn aufhielt. Laß dich versöhnen durch das Opfer auf meinem Altar und halte fern von mir die Sturmflut der Leiden. [25] So möge Schutz gewähren das Paar deiner Wunderzeichen: mir dein Kreuz, dem Noë dein Bogen. – Dein Kreuz soll das Wassermeer durchschneiden, dein Bogen des Regens Flut vertreiben.

Siehe es bedrängen mich all die Fluten, [30] aber der Arche ließest du den Vorteil, daß nur die Wogen sie rings umgaben, mich aber umdräuen Wälle, Waffen und Wogen. Sie war dir ein Hort teurer Güter, ich freilich bin ein Sammelplatz der Sünden; [35] sie glitt auf den Wogen dahin, von deiner Liebe getragen, ich aber bin durch deinen Zorn hilflos Speeren preisgegeben; sie trug die Flut, mich umtost der Fluß. Lenker jener Arche, [40] sei auch mein Führer auf dem festen Lande. – Jene hast du in dem Hafen auf dem Berge ausruhen lassen, gewähre auch mir Ruhe in dem Hafen meiner Mauern!

Der gerechte Gott züchtigte mich mit Fluten, jene mitten auf den Fluten liebte er zärtlich. [45] Hat doch Noë die Wogen der Begierde besiegt, die zu seiner Zeit die Söhne Seths fortrissen[3], er, dessen Fleisch den Töchtern Kains widerstand, machte der Fluten Rücken sich zum Thron, er, den Weiber nicht befleckten, führte die Tiere einander zu, [50] da er in der Arche sie alle paarweise miteinander verband. Die Olive, die durch ihr Öl das Angesicht erstrahlen läßt, erfreute hier schon durch ihr Laub ihr Antlitz. – [55] Der Fluß, dessen Trank erquickt, macht durch seine Überschwemmung, o Herr, mich traurig.

Deine Gerechtigkeit erblickte den Schmutz meiner Sünden, und deine heiligen Augen verabscheuten mich. Wasser hast du angesammelt durch den Unreinen [den heidnischen Feind], [60] um von mir meine Sünden abzuwaschen, zwar nicht um mich in diesem taufend zu läutern, sondern um mich dadurch zu schrecken und zu züchtigen, denn die Fluten nötigen mich zum Gebet, das meine Sünden abwäscht. [65] Ihr Anblick, der mich mit Reue erfüllt, wirkt in mir als Taufe. In dem Meere das bestimmt ist, mich zu ertränken, möge, Herr, deine Barmherzigkeit die Sünden ertränken. - In dem Schilfmeer hast du Menschenleiber versenkt[4], [70] in diesem mögest du anstatt der Leiber Sünden versenken.

Aus Liebe hast du die Arche gebaut, um in ihr alles, was übrig war, zu erhalten. Um die Erde durch deinen Zorn nicht zu veröden, machte deine Gnade eine Erde aus Holz. [75] Du hast die eine in die andere entleert, um die eine mit der andern wieder herzustellen. Mein Land[5] wurde schon dreimal gefüllt und entleert, und jetzt stürzen auf mich die Wasserfluten, um den Flüchtling zu verschlingen, [80] der in mir Zuflucht gefunden. In der Arche hast du den Überrest gerettet, bewahre, Herr, auch in mir den Sauerteig! – Die Arche gebar auf dem Berge, für mein Land laß mich die Eingeschlossenen gebären.

[85] Herr, erfreue die in meinen Festungen Eingeschlossenen, der du jene Eingeschlossenen durch den Ölzweig erfreut hast; als Arzt sandtest du ihn durch die Taube den Kranken, die durch den Wogenschwall geängstigt waren; er kam und vertrieb alle Krankheiten, [90] denn die Freude über ihn verschlang den Kummer, und die Trauer schwand dahin durch seinen Trost. Und wie ein Feldherr flößte er Mut den Zaudernden ein, gab die Sprache den Verlassenen wieder [95] und ließ die Augen den Anblick des Friedens kosten, und sogleich öffnete sich der Mund zu deinem Lob. – Als Ölzweig in diesen Fluten erhalte mich, damit sich an mir erfreuen die in der Feste Eingeschlossenen.

Die Flut stürmt dreist gegen unsere Mauern an, [100] doch wird sie die Kraft, die alles stützt, erhalten; nicht wird sie fallen, wie ein Haus auf Sand gebaut, denn meine Lehre habe ich nicht auf Sand gegründet, ein Fels ward mein Fundament, denn auf deinen Felsen baute ich meinen Glauben. [105] Das verborgene Fundament meiner Hoffnung wird meine Mauer tragen. Jerichos Mauern fielen freilich, denn seine Hoffnung war auf Sand gebaut, Moses aber baute im Meere eine Mauer auf,[6] die sein gläubiger Sinn auf Felsen gründete. – Noës Fundament war auf Felsen gegründet, es trug das Holzhaus auf dem Meere.

Vergleiche doch die Seelen, die in mir sind, mit den Tieren der Arche! [115] Und anstatt Noës, der traurig in ihr lebte, sieh deinen Altar, schmucklos und erniedrigt! Und anstatt der Ehefrauen in ihr siehe meine Jungfrauen, die ehelos bleiben! Und anstatt Chams, der hinging [120] und die Scham seines Vaters entblößte, siehe jene, die Wohltun üben, wie sie züchtig die Nackten[7] bekleiden! In meinem Schmerze rede ich irre, Herr, rechne es mir nicht an, wenn meine Worte deinen Zorn reizen! – [125] Die Übermütigen, welche murrten, brachtest du zum Schweigen, mir sei gnädig, wie dem Überrest, der Schweigen beobachtete.

Vor deinem Zornesausbruche erbautest du eine Zufluchtsstätte, und es flüchteten sich in sie alle Arten der Geschöpfe. Noë erfreute sich der Ruhe [wohnung], [130] denn Ruhe bedeutete ihm die Wohnung wie sein Name[8]. Du verschlossest das Tor, um den Gerechten zu hüten, du öffnetest die Regenschleußen, um die Gottlosen zu vernichten. Noë stand da inmitten der Wogen, die draußen schrecklich drohten, [135] und mitten unter den furchtbaren Rachen[9] drinnen. Es trieben ihn die Wellen umher, es verwirrten ihn die Rachen, doch du versöhntest mit ihm die Hausgenossen drinnen und unterwarfst ihm die [Fluten] draußen. - Das Lästige machtest du schnell erträglich, [140] denn leicht ist dir, Herr, das Schwierigste.

Höre, Herr, und vergleiche meine Lage mit der des Noë, und wäre mein Kummer leichter als der seine, so mache uns in der Errettung gleich! Denn siehe, meine Kinder stehen da, gleichwie er, [145] zwischen Rasenden und Übeltätern. Gib Frieden mit den Hausgenossen drinnen, und unterwirf mir die Feinde draußen und verdoppele so meinen Sieg, und da zum drittenmal der Mörder seinen Zorn ausläßt, [150] so möge auch zum drittenmal der „Dreitägige" [Christus] seine Gnade walten lassen. Möge der Böse nicht über die Barmherzigkeit triumphieren. Besiege den, der zum zweiten- und drittenmal es wagte. Es wird mein Sieg die Erde durchfliegen und dir Ruhm auf Erden verschaffen. [155] O, der du am dritten Tage auferstandest, laß mich nicht in meiner dritten [Trübsal] untergehen!

2.

Über die Errettung der Stadt. Nach der Melodie: Tröstet durch Verheißungen.

Die befreite Stadt sagt Gott Dank für die Errettung, und klagt gleichzeitig über die Sünden ihrer Bewohner. - Die ersten Buchstaben der einzelnen Strophen ergeben als Akrostich: Afrem [Ephräm, Afrem, Fremion, Verkleinerungsform von Ephräm als Ausdruck der Verdemütigung].

Heut öffnet sich jeder Mund, um Dank zu sagen; jene, die Breschen schlugen[10], haben auch den Mund meiner Kinder geöffnet, [5] sie preisen den Erbarmer, der unser Volk errettet hat. Er hat jetzt sein Augenmerk nicht darauf gerichtet, uns die Verfehlungen heimzuzahlen, die auf uns lasteten. Erhoben sich doch bereits jene, die uns in Gefangenschaft führen wollten, [10] aber die Welt hat in unserer Errettung deine Gnade fühlen gelernt. – [Kehrvers:] Preis sei deiner Güte von jedem, der sprechen kann!

Er rettete uns ohne Mauer [15] und lehrte uns, daß er unsere Mauer ist; er rettete uns ohne König[11] und bewies, daß er unser König ist; er rettete uns in allem und jedem und zeigte, daß er alles ist. [20] Er rettete uns durch seine Gnade und offenbarte dadurch, daß er umsonst Gnade erweist und Leben gibt. Wer immer sich rühmt, dem nimmt er den Ruhm und gibt ihm seine Gnade.

[25] Der Jubelruf in aller Mund ist zu gering für, deinen Ruhm; denn in jener Stunde, als unser Licht nur flackerte und am Erlöschen war, [30] flammte es plötzlich wieder auf und leuchtete, denn dir ist alles leicht. Wer sah zwei solche Wunder, daß sich jenem, der von aller Hoffnung abgeschnitten war, plötzlich reiche Hoffnung nahte! [35] Die Stunde des Wehklagens ist der frohen Kunde gewichen.

Ein Festtag ist's, aus dem frohe Feste hervorgehen; denn wenn uns der Zorn erfaßt hätte, dann hätten auch die Feste aufgehört, [40] nun aber hat unser Friede den Sieg davongetragen, darum ertönet Festjubel. Dieser gesegnete Tag brachte alles mit sich; von ihm hing das Schicksal der Stadt ab, von der Stadt das Volk, [45] vom Volk der Frieden, vom Frieden alles.

Sogar durch die Breschen hast du den Ruhm vermehrt; [50] Lobpreis stieg zu dem Dreieinigen empor von den drei Mauerbreschen[12]; denn er stieg herab und verschloß sie in seiner Barmherzigkeit, die den Zorn zurückhält. Er fegte jenen hinweg, der nicht erkennen wollte, daß er uns [nur] eine Lehre geben wollte. Er lehrte die Eingeschlossenen, [55] daß er aus Gerechtigkeit die Mauern brach, er lehrte aber auch die Belagerer, daß er sie aus Güte wieder schloß.

Rufet und lobpreiset, meine Geretteten, am heutigen Tage, [60] ihr Greise und Knaben, ihr Jünglinge und Jungfrauen, ihr Kinder und Unschuldigen, und du, Kirche, Mutter der Stadt, denn die Greise wurden vor der Gefangenschaft bewahrt, [65] die Jünglinge vor Qualen, die Kinder vor der Zerschmetterung, die Frauen vor der Schande und die Kirche vor der Verachtung!

Er kam zu uns mit harten Strafen, [70] und wir waren im Augenblick vom Schrecken erfaßt; er kam mit Milde, und sogleich blühten wir wieder auf; er wandte sich ab und verließ uns ein wenig, da irrten wir umher ohne Ziel [75] wie ein reißendes Tier, das Lock- und Schreckmitteln folgt, das aber, wenn man von ihm abläßt, wütet und umherirrt und dem bebauten Lande Schaden zufügt.

[13]Er zahlte uns heim, und wir gerieten in Furcht, er befreite uns, und wir wurden nicht beschämt; er führte uns in Bedrängnis, und zahlreich wurden die Gelübde, er ließ Milde walten, und zahlreich wurden die Sünden; wenn er uns bedrängte, wurde ein Bund geschlossen, [85] wenn er uns aufatmen ließ, trat Verirrung ein. Er ließ sich herab, uns zu stärken, obwohl er uns kannte; am Abend erhoben wir ihn, am Morgen brachen wir ihm die Treue; verließ uns die Not, [90] so ging auch die Wahrheit von uns fort.

Er bedrängte uns durch die Breschen, um unsere Verfehlungen heimzuzahlen, Hügel[14]errichtete er, um unsere Ruhmsucht zu erniedrigen, [95] die Gewässer ließ er hervorbrechen, um unsere Unreinheit abzuwaschen; er schloß uns ein, um uns in seinem Tempel zu versammeln; er schloß uns ein, und wir verlöschten, er öffnete uns, und wir gingen in die Irre. [100] Der Wolle glichen wir, die alle Farben wiedergibt.

Wisse, daß die seligen Niniviten, als sie Buße taten, es nicht taten wegen der Hügel, [105] nicht wegen der Gewässer, nicht wegen der Breschen, auch nicht wegen der Bogen, und auch nicht aus Furcht vor dem Klange der Bogensehne taten sie Buße: sie hörten auf eine verachtete Stimme, [110] ließen ihre Kinder fasten, sie machten ihre Jünglinge keusch und ihre Herrscher demütig.

Du hast uns gezüchtigt, und wir haben zugeben müssen, daß es nicht unverdient geschah. [115] Du hast uns gerettet, und wir danken dir, denn wir waren dessen nicht wert. Du hast Gnade walten lassen, obwohl du dich nicht der trügerischen Hoffnung hingabst, daß wir uns bekehren würden. [120] Du wußtest, daß wir sündigten und erkanntest, daß wir wieder sündigen würden; du durchschautest unsere frühere und zukünftige Sündhaftigkeit, als du an uns Gnade übtest.

Er wog unsere Buße ab, ob sie schwerer sei als unsere Sünde, aber nicht einmal zum Gleichgewicht stiegen die Wagschalen gleich hoch, da unsere Sünden das Übergewicht hatten und unsere Buße zu leicht war. [130] Schon hatte er den Befehl gegeben, uns für unsere Sünden zu verkaufen, aber seine Gnade war unsere Fürsprecherin. Die Grundschuld mit den Zinsen haben wir mit dem Scherflein bezahlt, das unsere Buße darbot.

[135] Zehntausend Talente der Schuld ließ er uns um weniges nach, obgleich er gar sehr berechtigt war, sie einzufordern, um seiner Gerechtigkeit Genüge zu leisten; aber wiederum fühlte er sich gedrängt, Nachlassung zu gewähren, [140] um seine Güte leuchten zu lassen. Nur für einen Augenblick boten, wir ihm Tränen dar, er kämpfte seine Gerechtigkeit nieder, indem er nur weniges forderte und empfing; er ließ seine Gnade leuchten, [145] um weniges ließ er vieles nach.

Unermeßlich sind unsere Schulden, die er nachließ, unermeßlich, so daß unsere Zungen seiner Güte gegenüber versagen. [150] Er verzieh uns, wir vergelten es ihm auf entgegengesetzte Weise, die begangene Schuld tragen wir von neuem ein. „Lasse nach, Herr!" rufen wir: „strafe, Herr!" beten wir. [155] „Lasse nach" nämlich, was wir gesündigt haben, „strafe" den, der gegen uns gesündigt hat!

Wir haben auch nicht einmal wie die Belagerer für unser Leben uns abgemüht: jene haben Hügel erhoben, [160] wir nicht einmal unsere Stimme; jene haben die Mauern gebrochen, wir haben nicht einmal die schwachen Fesseln in unsern Herzen gesprengt. Und doch versagte er den Erfolg den Tätigen [165] wegen uns Trägen; die Arbeit draußen achtete er nicht, während er selbst drinnen mißachtet wurde.

Er überging die Sprachbegabten und traf das Stumme; [170] die Mauer ward hinfällig, das Volk aber empfing eine Lehre. Er verschonte die Leidensfähigen und schlug das Leidensunfähige. Für uns selbst, die wir empfinden, [175] schlug er die Steine, die unempfindlich sind, um uns eine Lehre zu geben. In seiner Liebe sah er von unserem Leibe ab und schlug eilends unsere Mauer.

Wer hat jemals gesehen, [180] daß eine Bresche zu Spiegel geworden ist? Von beiden Seiten konnten sie hineinsehen, er diente denen drinnen und denen draußen, sie konnten in ihm gleichsam mit den Augen schauen die Macht, die zerstört und aufrichtet, [185] sie sahen jenen, der eine Bresche schlägt und wieder schließt. Die Belagerer sahen seine Macht, machten sich davon, ohne den Abend zu erwarten; die Belagerten sahen seine Hilfe und dankten ohne Ende.

[190] Der Tag deiner Rettung möge deine Saumseligkeit aufrütteln. Als die Mauer barst, und als die Elephanten hervorbrachen, als die Pfeile herabregneten,

[195] als die Kämpfer wüteten, da war es ein Schauspiel für die Himmlischen: die Sünde kämpfte, aber die Gnade behielt die Oberhand. Hienieden siegte die Barmherzigkeit, [200] die Engel oben jauchzen auf.

Und es strengte sich dein Feind an, durch seine Listen die Mauer, die dich als Schutzwall deiner Bewohner umgab, zu brechen; [205] er mühte sich ab, aber er hatte keinen Erfolg. Und damit er sich nicht etwa der Hoffnung hingebe, daß, wenn er sie gebrochen hätte, er auch eindringen und uns wegführen könnte, durchbrach er sie nicht nur einmal und wurde zuschanden, sondern [210] sogar dreimal [tat er es], damit er dreifach in den drei Versuchen beschämt werde.

Möge auch mir in dir durch die Gnade das große Glück zuteil werden, daß, nachdem in dir meine Sünden zahlreich geworden sind, [215] auch meine Früchte in dir vermehrt werden, und wenn in dir meine Jugend gesündigt hat, so möge in dir mein Greisenalter Gnade finden. Mit dem Munde deiner Kinder flehe für deinen Sohn, der ich über meine Kräfte gesündigt und unter meinen Kräften gebüßt habe; ich habe gesät ohne Maß und geerntet nur ein geringes Maß.

3.

Ein zweites Lied nach derselben Melodie.

Gottes Wesen und Beziehungen [Arianismus] erforschen zu wollen, ist zwecklos; er hat die Menschheit angenommen, um uns auch durch Heimsuchungen ihm ähnlich zu machen. Diesem Zwecke diente auch die Belagerung der Stadt. Die ersten Strophen enthalten ähnliche Gedanken, wie sie in den Gedichten gegen die Grübler niedergelegt sind; Bickell ist der Meinung, daß dieser erste Teil des Gedichtes sich gegen die Arianer richte. – Die Strophenanfänge ergeben als Akrostichon Qôlan Nesbaje anan, d. h. unsere Stimme, o Nisibener klagt.

Gib Festigkeit unserm Gehör, damit es nicht losgelassen in die Irre gehe! Ein Irrtum ist es, forschen zu wollen, wer er ist und wem er gleicht; [5] denn wie können wir imstande sein, ein Bild jenes in uns wiederzugeben, dessen Wesen dem Intellekt gleichsteht. In ihm gibt es keine Beschränkung; er ist ganz sehend und hörend, [10] er ist gleichsam ganz sprechend, er ist ganz in allen Regungen.
– [Kehrvers:] Preis sei dem einen Wesen, das unerforschlich für uns ist!

Sein Aussehen ist unbegreiflich, [15] um in unserm Geiste dargestellt zu werden. Er hört ohne Ohren, er spricht ohne Mund, er wirkt ohne Hände, sieht ohne Augen, [20] so daß unser Geist dabei keine Befriedigung findet und abläßt von dem, der so beschaffen ist. Er aber bekleidete sich in seiner Güte mit dem Kleide der Menschheit und sammelte uns zu seiner Nachahmung.[25] Lasset uns nun lernen, wie er, ein Geisteswesen, mit Menschenleib auftrat und so, obschon ein reiner Geist, wie ein Zürnender erschien. [30] Zu unserm Heile war's, daß sein Wesen sich uns in unserer Gestalt ähnlich machte, damit wir ihm ähnlich würden. Einer nur ist, der ihm gleicht, sein Sohn, der von ihm ausging, [35] der geprägt ist nach seinem Bilde.

Nisibis, höre dies, denn deinetwegen ist so geschrieben und gesprochen. Sowohl dir wie andern auf dem Erdenrund [40] warst du ein Grund zu Heimsuchungen und Bußpredigten; mancher Mund hat über dich, o du Belagerte, geweissagt; da du nun, errettet, triumphierst, [45] öffnet sich ihr Mund in dir zu Lob- und Dankesliedern.

Das Gebet deiner Bewohner reichte hin zur Errettung, nicht weil sie gerecht, [50] sondern weil sie bußfertig waren. Wie sehr sie auch gefrevelt hatten, so beugten sie sich doch, ein Gemisch von Sünden und Vorzügen, unter der Zuchtrute. Möchten doch sie, die groß waren in Sünden, [55] auch groß sein in ihren [guten] Früchten, möchten sie, nachdem sie sich in Sack und Asche ausgezeichnet haben, auch ihre Kronen erringen!

Der Tag deiner Errettung ist der König aller Tage. [60] Ein Sabbat hat deine Mauern umgestürzt[15], gestürzt die unzuverlässigen; der Auferstehungstag des Sohnes [Sonntag] hat dich von deinem Falle aufgerichtet, der Auferstehungstag hat dich auferweckt, wie sein Name sagt, [65] und hat so seinem Namen Ehre gemacht: der Sabbat verließ seine Wache, und durch das Werk seiner Breschen fügte er sich selbst Schande zu.

In Samaria wurde der Hunger übermächtig[16], [70] in dir aber herrschte Überfluß; doch bald kam für Samaria wieder die Fülle, für dich aber kam plötzlich das Meer herangebraust. [75] In jenem wurde das Kind verzehrt, und dieses rettete ihm das Leben, in dir wird der lebendige und lebenspendende Leib[17]genossen, – gar schnell rettete er sie, der Genossene seine Genießer.

[80] Sicher ist, daß jener Gütige kein Wohlgefallen hat an Heimsuchungen, die zu allen Zeiten eintreten, obgleich er selbst sie schickt: unsere Sünden sind [85] die Ursachen unserer Qualen. Kein Mensch darf den Schöpfer beschuldigen, er ist es, der uns beschuldigen kann; denn wir haben gesündigt und ihn zu zürnen genötigt, obgleich er es nicht wollte, [90] und zu strafen, obgleich er kein Wohlgefallen daran hat.

Erde, Weinstock und Olive bedürfen der Zucht: erst wenn der Ölbaum geschlagen wird, geben seine Zweige [die Früchte] ab[18]. [95] Erst wenn der Weinstock beschnitten wird, werden seine Früchte schön; erst wenn der Boden gepflügt wird, wird sein Ertrag gut; erst wenn das Meer mit den Rudern gepeitscht wird, unterwirft es sich; [100] Erz, Silber und Gold glänzen erst, wenn sie geglättet sind.

Wenn nun der Mensch alles dadurch verbessert daß er es in Zucht nimmt, [105] und wenn alles unschön und widerwärtig ist, falls er ihm seine Sorge versagt, so mögen wir aus dem Umstande, daß er Zucht anwendet jenen kennen lernen, der ihn in Zucht nimmt. Während aber jeder, der etwas in Zucht nimmt, es tut zu seinem Nutzen – denn jeder, [110] der seine Sklaven züchtigt, tut es, um sie sich zu unterwerfen –, erzieht der Gütige seine Knechte, damit sie sich selbst besitzen.

Es mögen so deine Bedrängnisse werden zu Chroniken der Erinnerung für dich; [115] denn die dreimal Eingeschlossenen werden hinreichen, um dir als Bücher zu dienen, in deren Berichten du zu jeder Stunde betrachten magst. Weil du die beiden Testamente zu gering geschätzt hattest, [120] um in ihnen dein Heil zu suchen, darum schrieb er dir drei schwere Bücher, damit du in ihnen deine Heimsuchungen erforschest.

Lasset uns also mit dem Vergangenen [125] das Zukünftige abwenden; lassen wir uns belehren durch das Erlebte, um Kommendes zu vermeiden; seien wir eingedenk dessen, was vorangegangen ist, damit wir Zukünftigem entgehen. [130] Da wir den ersten Schlag vergessen hatten, traf uns ein weiterer, da wir auch den zweiten nicht beachteten, ist ein dritter auf uns niedergefallen; wer wird nun noch einmal vergessen?

4.

Dieser Hymnus ist unvollständig überliefert, da ein Blatt ausgefallen ist; er enthielt hauptsächlich Bitten um Frieden, um Hilfe gegen den herannahenden Feind und um baldige Heimkehr der Flüchtlinge. Nach Bickell fällt die Abfassung ins Frühjahr 359.

5.

Nach der Melodie: Seufzend deine Herde.
Um den Vormarsch Sapors aufzuhalten, hatten die Römer im Frühjahr 359 alles Land in der Umgebung verwüstet und geplündert [vgl. Ammianus Marcellinus 18,3]; Nisibis bittet, daß das Nötigste erhalten bleiben möchte. – Der Hymnus ist ein alphabetischer; teilweise treten einzelne Buchstaben wiederholt auf, doch ist das Alphabet nicht zu Ende geführt.

Laß hören in deiner Gnade Rettungsbotschaft! Indem unser Gehör zur Durchgangspforte geworden ist [5] haben furchtbare Nachrichten unser Gemüt erschüttert. – [Kehrvers] Preis sei deinem Siege, Ruhm deiner Herrlichkeit!

Ermutige mit Erträgen, [10] wenn auch klein und gering, jene, die nur Schaden bei ihren Mühen davongetragen haben; in Zeiten des Gewinnes [Ernte] wurde Mangel ihr Anteil.

[15] Ersichtlich ist's, daß jener Zorn mitten in die Welt getreten ist; Verlust und Gewinn verteilte er übelwollend, bald Vernichtung bringend, [20] bald Glück im Übermaß.

Um so zu zeigen, daß er die Macht hat, hat er auf jede Weise mich heimgesucht; er hat, als er sah, daß mir die Verfolger furchtbar vor den Augen standen, [25] mich vor meinen Kindern zu Boden gestreckt, und es haben mich meine Freunde geschlagen.

Ja, er lehrte mich, nur ihn zu fürchten und nicht die Menschen. Wenn niemand ist, der uns schlägt, [30] da greift sein Zorn befehlend plötzlich ein, und jeder streckt sich hin, und er ist's, der die Schläge austeilt.

Und sogar den Babylonier, der alle Könige unterworfen hatte, ließ er, [35] als er hoffend sich vermaß, daß niemand mehr wäre, der ihm entgegentrete, sich selbst mit eigener Hand zerfleischen[19].

Seine Majestät und sein Geist [40] verschwanden auf einmal plötzlich; er zerriß und warf die Kleider von sich, lief fort und irrte in der Wüste umher; zunächst verfolgte er sich dann selbst, dann verfolgten ihn seine Knechte.

[45] Er zeigte so allen Königen, die er in die Gefangenschaft geführt hatte, daß nicht er mit seiner Macht es vollbracht hatte, sie zu unterjochen, sondern die Macht, die ihn selbst nun traf, [50] sie war es, die sie gezüchtigt hatte.

Ich habe ertragen und ausgehalten, Herr, die Schläge meiner Beschützer; du vermagst in deiner Gnade Gutes zu vollbringen durch die Feinde, [55] du kannst aber auch in deiner Gerechtigkeit züchtigen durch die Helfer.

An dem Tage, an welchem das Heer gegen Samaria zum Angriff heranzog, mußten [die Feinde] Genüsse und Freuden, [60] Schätze und Reichtümer völlig im Stich lassen und fliehen[20]; er bereicherte es durch seine Belagerer.

Es umgaben mich meine Freunde mit einer Mauer, Hilfe brachten meine Befreier, [65] aber wegen der Sünden meiner Bewohner suchten mich meine Helfer heim[21]. Gib mir zu trinken von meinen Reben einen Becher des Trostes.

Die Ähre und den Weinstock, Herr, [70] beschütze in deiner Gnade. Es bringe Trost dem Landmanne der Weinstock des Winzers, Freude bereite dem Winzer die Ähre des Landmannes.

[75] Ähre und Rebe gehören zueinander; auf dem Felde vermag der Wein die Schnitter zu erquicken, im Weinberge hinwieder [80] gibt das Brot dem Winzer Kraft.

Auch mich könnten diese beiden in meinen Sorgen trösten, doch mehr vermag mit seinem Troste der Dreieinige, [85] den ich preisen muß, weil ich sobald durch seine Gnade errettet wurde.

Wenn nun jemand, dessen Leben durch die Güte erhalten blieb, murrend einhergeht [90] wegen des Verlustes seines Vermögens, dann zeigt er sich unwürdig der Gnade dessen, der ihn verschonte.

Nach seinem Ratschlüsse wollte er das eine an Stelle des andern vernichten; [95] er vernichtete das Vermögen und ließ den Besitzer am Leben, er zerstörte unsere Pflanzungen an Stelle unseres Lebens.

Hüten wir uns, zu murren, [100] damit nicht sein Zorn erwacht und er den Besitz zwar verschont, die Besitzer selbst aber schlägt, und wir so am Ende einsehen, daß zuvor [beim Verlust des Vermögens] doch nur die Gnade waltete. [105] Möchten wir doch einsehen, wogegen wir uns eigentlich auflehnen müßten! Lerne anzukämpfen nicht gegen den Erzieher, sondern gegen deinen Willen, [110] der dich zur Sünde reizt und straffällig macht.

Lassen wir ab vom Murren und widmen wir uns dem Gebete! Denn wenn der Besitzer untergeht, hört für ihn auch sein Vermögen auf, [115] solange er aber am Leben bleibt, kann er dem Verlorenen nachgehen.

Möchten doch die Tröstungen recht zahlreich werden durch das Erbarmen mit meinen Bewohnern! Was uns noch als Rest geblieben, [120] möge uns inmitten des Strafgerichtes zum Tröste gereichen; laß uns über dem, was noch erhalten ist, den Schmerz über das Verlorene vergessen.

Pflege und laß wachsen, o Herr, die Pflanzen, die das Strafgericht übrig ließ; [125] sie gleichen den Kranken, die die Pest überstanden haben. Laß mich bei dem Wenigen den Schmerz über das Viel vergessen!

Bei diesem meinem Worte, Herr, denke ich daran, daß in diesem Monat die Ranke [des Weinstockes] welk und krank geworden ist; möchte sie wieder zu Kräften kommen und uns Trost bereiten.

[135] Sie sind ja der Pest entronnen, die ihre Brüder dahingerafft hat. Obschon stumm, klagen die Reben, daß vor ihnen abgeschnitten daliegen in Menge [140] die Bäume, ihre Freunde.

[22]Nach dem Verkehr mit den Pflanzen sehnt sich die Erde; es weinen die Wurzeln über die Landleute und machen [jene] weinen. [145] Ihre Pracht entfaltete sich und gab Schatten, und doch vernichtete sie eine einzige Stunde.

Es nahte die Axt und schnitt sie ab, sie hat auch den Landmann verwundet. Das Abschneiden der Bäume [150] war ein Schmerz für den Landmann; von jedem Schlag der Axt fühlte er den Schmerz.

6.

Behandelt ebenfalls die Verwüstungen des Landes. In der dreißigsten Strophe findet sich eine Zeitbestimmung, wonach diese Ereignisse [und wohl auch die Abfassung des Gedichtes] in den Monat Mai zu verlegen sind; es sei das Himmelfahrtsfest und das der Märtyrer auf einen Tag gefallen, welcher, da es sich um das Jahr 359 handelt, nach Bickell der 13. Mai gewesen sein muß. – Die einzelnen Strophen beginnen mit den Buchstaben des Alphabets, doch traten eine Reihe von Buchstaben mehrfach auf.

7.

Am Schluß unvollständig; das vorhandene Stück fordert zur Buße auf, da die Heimsuchungen eine Folge der Sünde seien.

8.

fehlt.

9.

Am Anfang unvollständig; die vorhandenen Strophen beginnen sämtlich mit dem Buchstaben B. Der Dichter mahnt, von heidnischem Wesen abzulassen, da sonst Gott nicht helfen wird.

10.

Der dritte Hymnus über die Festung Anazit, nach derselben Melodie.
*Nach der besonderen Numerierung waren hier fünf Hymnen [8 – 12] mit der gleichen Melodie zusammengefaßt.
Anazit ist nach Bickell dieselbe Stadt, die bei Ammianus 19. 6. 1 Ziata heißt; ihre hier geschilderte Eroberung fiele demnach in die Zeit der Belagerung Amidas durch Sapor [Sommer 359]; Schilderung nach Ammian bei O. Seeck, Geschichte des Untergangs der antiken Welt 4, S. 227 f. und Gibbon-Burey, The History of the Decline and Fall of the Roman Empire 2, S. 268 f. An Nisibis war Sapor diesmal vorübergezogen, ohne es zu belagern, wohl weil er durch die trüben Erfahrungen bei den früheren Belagerungen belehrt war. Dafür wurde das Gebiet und die Orte der Gegend von Amida um so mehr heimgesucht, darunter dürfte auch Anazit gewesen sein, das wir wohl dem Hauptort der armenischen Provinz Hanzit gleichzusetzen haben; auch im Syrischen wird die Stadt Anzit oder Anazit oder Hanzit genannt. Wenn Bickells Annahme der Identität von Anazit-Ziata zutrifft, dann würde es sich um das heutige Karput handeln. Doch ist es eher das etwas südöstlich von Karput gelegene Thilenzid, das schon keilschriftlich als Enzite bezeugt ist. Vgl. Assemani, Bibl. Orient. II, dissert. de Monoph. S. 64 und besonders die Angaben der griechischen und orientalischen Quellen bei H. Hübschmann, Die altarmenischen Ortsnamen [Indogermanische Forschungen, 16. Bd., S. 301 ff.]. – Ein anderes Anazit [Handzit] liegt nach Ibn Serapion zwischen Malatia und Semsat [Journal of the Royal Asiatic Society 1895, S. 10 und 49].*

Das Gedicht schildert die durch Hitze und Durst verursachten Leiden, die schließlich zur Übergabe führten, sehr anschaulich, teilweise sogar für unser Empfinden zu realistisch. – Das Vers 60 genannte Wasser wäre nach Hübschmann der Böjuk-Tschai, ein Nebenfluß des Murad-su, des östlichen Quellarmes des Euphrat.

Meine Kinder sind hingeschlachtet und meine Töchter, die fern von mir sind; ihre Mauern niedergerissen, ihre Kinder zerstreut, [5] ihre Heiligtümer zertreten.
– [Kehrvers:] Gepriesen seien deine Heimsuchungen!

Die Jäger haben von meiner Feste meine Tauben gefangen, die ihre Nester verlassen hatten [10] und in Höhlen geflohen waren; in Netzen fingen sie sie.

Wie Wachs vor dem Feuer schmilzt, so zerschmolzen und vergingen die Leiber [15] meiner Söhne vor Hitze und Durst in den Befestigungen.

Anstatt der Quellen und der Milch, die für meine Söhne und Kinder flossen, [20] fehlt nun die Milch den Kleinen und das Wasser den Großen.

In Todeszuckungen, entfällt das Kind der Mutter, denn es kann nicht mehr saugen, [25] und sie vermag es nicht mehr zu stillen; sie geben den Geist auf und sterben.

Wie konnte deine Güte ihrem Ausfluß Zügel anlegen, [30] da doch die Fülle ihrer Quelle nicht verstopft werden kann?

Und wie hat da deine Güte ihr Mitleid gezügelt und sein Ausströmen gehemmt [35] dem Volke gegenüber, das aufschrie, daß es seine Zunge befeuchten könnte?

Und es war da ein Abgrund zwischen ihnen und ihren Brüdern, wie bei dem Reichen, [40] der rief, und keiner war, der ihn erhörte und seine Zunge anfeuchtete[23].

Und gleichsam mitten ins Feuer wurden die Unglücklichen geworfen, [45] und Gluthitze strömt das Feuer inmitten des Durstes aus, und es brannte in ihnen.

Es zerschmolzen ihre Glieder und wurden von der Hitze aufgelöst; [50] da tränkten die Verdursteten wieder die Erde mit ihren verwesenden Körpern.

Und die Festung, die ihre Bewohner durch den Durst ermordet hat, [55] trank nun wieder die sich auflösenden Leichname derer, die vor Durst dahingeschwunden waren.

Wer sah je ein Volk, von Durst gequält, [60] wie es eine Mauer von Wasser umgibt, und es doch nicht seine Zunge benetzen kann?

Mit dem Urteil von Sodom wurden auch meine Lieben gerichtet, und meine Kinder wurden heimgesucht [65] mit der qualvollen Strafe Sodoms, die nur einen Tag dauerte.

Die Qual des Feuertodes, Herr, währt nur eine Stunde, aber im langsamen Verdursten [70] steckt ein langsamer Tod und eine brennende Qual.

Nach meinen Schmerzen und bitteren Leiden ist dies, Herr, ein neuer Trost, [75] mit dem du mich getröstet hast, daß du meine Traurigkeit vermehrt hattest.

Die Medizin, die ich erwarte, möge mir der wahre Schmerz, den Verband, den ich wünsche, [80] möge mir die bittere Zerknirschung bringen.

Und wenn ich erwartet hatte, dem Sturm zu entrinnen, ward mir der Sturm [85] im Hafen gefährlicher als der im offenen Meer.

Und wenn ich gehofft hatte in meiner Beschränktheit, daß ich emporgeklommen und entstiegen sei der Grube, [90] so warfen mich meine Sünden wieder mitten hinein.

Sieh, Herr, meine Glieder, wie sehr die Schwerter mich getroffen und auf meinen Armen Male hinterlassen haben, [95] und die Narben von den Pfeilen, die meinen Seiten aufgeprägt sind.

Tränen in meinen Augen, [Unglücks-] Kunde in meinen Ohren, Weherufe in meinem Munde, [100] Trauer in meinem Herzen – halte ein, o Herr![24]

11.

Der vierte Hymnus nach derselben Melodie.
Über den sittlichen Wert der Heimsuchungen. – Der Hymnus ist alphabetisch, mit dem Buchstaben M beginnend; mit S [und zwar mit dem gleichen Wort] beginnen mehrere Strophen.

Deine Züchtigung ist wie eine Mutter für unsere kindliche Torheit, wohltätig ist dein Tadeln, womit du die Kinder abhältst vom Spielen, [5] damit sie weise werden. – [Kehrvers:] Preis sei deiner Gerechtigkeit!

Betrachten wir deine Gerechtigkeit – wer kann freilich ihre Hilfsmittel ausmessen! – [10] wie durch sie oft die Lasterhaften zur Einsicht kommen.

Vielfach heilt, o Herr, ihre Hand die Kranken; denn sie ist eine verborgene [15] Heilkraft ihrer Leiden und eine Quelle ihres Lebens.

Sehr fein ist der Finger der Gerechtigkeit, mit Liebe und Schonung [20] berührt er die Wunden dessen, der geheilt werden soll.

Sehr ruhig und sanft ist ihr Schneiden an dem, der verständig ist; ihre scharfe Medizin [25] nimmt durch ihre starke Liebe die Fäulnis hinweg.

Sehr angemessen erscheint dem Einsichtigen ihr Zorn, verhaßt sind ihre Heilmittel [30] nur dem Toren, der sich am Mißbrauch seiner Glieder ergötzt.

Eiligst verbindet sie, was sie aufgeschnitten hat, sobald sie geschlagen hat, zeigt sie sich mild; [35] durch beides führt sie Heilung herbei.

Sehr angemessen ist ihr Zorn und wohltätig ihr Unwillen und süß ihre Erbitterung [40], die süß macht die Bitteren, damit sie wohlgefällig werden.

Ein Anlaß zur Untätigkeit ist dein Ausruhen für die Trägen, eine Ursache des Gewinnes [45] ist deine Rute für die Faulen, damit sie eifrig [wörtlich: Kaufleute] werden.

Die Ursache unseres Eifers ist deine Gerechtigkeit, die Ursache unseres Nachlassens [50] die Gnade, denn unsere Einsicht ist beschränkt.

Pharao wurde hart infolge deiner Gnade, denn sobald seine Strafen nachließen, [55] wurde seine Bosheit stärker, und er hielt seine Versprechungen nicht.

Es zahlte ihm aber die Gerechtigkeit heim, weil er so oft ihre edle Schwester getäuscht hatte; [60] auch ihn bezwang sie, damit er nicht noch mehr den Zorn herausfordere.

Meine Falschheit, Herr, dämme ein, die täuschen möchte wie Ägypten; meine Gebete aber mögen überzeugen, [65[daß ich nicht bin wie jenes, da ich deine Pforte nicht verlassen habe.

Dein Kreuz, Herr, das sich auf der offenen Bresche erhob[25], möge auch die verborgenen schließen, [70] denn anstatt äußerer Feinde zerreißen mich nun innere.

Das Meer brach hervor und warf den Turm um, mit dem ich mich brüstete; es wagt der Frevel, [75] einen Tempel zu errichten, vor dem ich erröten muß; seine Opfer ersticken mich.

Meine Gebete auf den Mauern haben meine Verfolger gehört, zuschanden ward in ihren Magiern [80] die Sonne und ihre Anbeter, da ich mit dem Kreuze triumphierte.

Es schrien die Geschöpfe auf, als sie den Kampf sahen, die Wahrheit kämpfte mit dem Irrtum [85] auf stürzender Mauer und trug den Sieg davon.

Die Kraft der Wahrheit schlug den Irrtum, in ihren Schlägen mußte er sie fühlen, [90] und an seiner Ruchlosigkeit konnte er ihre Reinheit ermessen.

Eine große Furcht beschleicht mich, da nach der Errettung die Großen und Mächtigen, [95] die auf meinem Altare opferten, nun in mir Altäre bauen.

Wenn meine sieben Sinne[26] Quellen des Weinens wären, [100] würden meine Tränen nicht hinreichen, um unseren Fall zu beweinen.

Die Straßen, die in Sack und Asche um Hilfe schrien, sind nun mit Spiel beschäftigt, [105] einem ähnlichen, wie jenes in der Wüste vor dem Kalb.

Das Gift verlangt nach der Schönheit der Lilie und bekleidet sich damit, und wenn ihre Triebe noch versteckt [110] und verborgen sind, treiben ihre Bitterkeiten schon Keime.

12.

Der fünfte Hymnus nach derselben Melodie.
Die Strophenanfänge ergeben als Akrostich den Namen Ephräm, aber unter Verdoppelung einiger Buchstaben.

In meinen Bedrängnissen rufe ich an die Macht, die alles stärkt; denn sie kann auch überwältigen den wütenden Eroberer, [5] wie sie bezwang die Legion [der Dämonen]. [Kehrvers:] Preis sei seiner Gnade!

Es hat mir der Böse heimgezahlt die Schulden, die er nicht von mir lieh, es hat mir auch der Gütige wiedergegeben [10] die Barmherzigkeit, die ich nicht an ihn ausgeliehen: wohlan, staunet über beides!

Der Gütige übergab meine Schulden der Gnade zum Anteil, meine Heimsuchung seiner Gerechtigkeit; [15] meine Schulden tilgte seine Gnade, meine Plage rächte sein Gericht.

Die Sünde geriet in Aufregung und blieb in Verwirrung, als sie die Gnade sah, [20] wie sie die Freiheit stärkte, damit sie die Laster besiege.

Entbrenne Herr, und gieße deine Liebe aus, öffne, gieße aus deinen Zorn; deinen Zorn zum Vernichten, [25] deine Liebe, um die Gefangenen dem Eroberer zu entreißen.

In jenen Tagen, in welchen sich der Böse anschickte, um mich wie mit einer Schleuder ins Verderben zu schleudern, [30] damals umgab rettend der Gütige mein Leben mit einer lebendigen Hülle.

Die Redner, die nicht aufhören, jederzeit zu rühmen, daß sie mich in den Wogen gerettet haben [35] und mich gehalten haben, damit ich nicht falle, sie mögen, Herr, Dank sagen für mich[27].

Denn wer hat es jemals gekonnt gegenüber der Gnade der Barmherzigkeit, die ihn umgibt, [40] so daß auch ich es vermöchte, die Barmherzigkeit zu preisen, die mich [mit einem Walle] umgab?

2. DIE BISCHÖFE VON NISIBIS.

Vorwort: Die Bischöfe von Nisibis.

Die Hymnen 13 – 21 enthalten eine Anzahl geschichtlicher Anspielungen, besonders in den Vergleichen zwischen den drei ersten Bischöfen. Für die Feststellung der Bischofsliste von Nisibis ergibt sich aus ihnen das wichtige Resultat, daß Jacobus der erste Bischof war [ob der älteste überhaupt?], nicht Babu, wie das Opus chronologicum des Elias von Nisibis will; es heißt da unter Angabe der Quelle, des Bischofskatalogs von Nisibis [Corpus Scriptorum Christianorum Orientalium, Scriptores Syri, Ser. III, tom. 7, S. 97 u. ff.): Im Jahre 300/1 wurde Babu zum Bischof von Nisibis eingesetzt, und weil er den Grad eines Metropoliten nicht hatte, wurde sein Name in den Diptychen hinter dem des Mar Jakob gesetzt. – Im Jahre 308/9 starb Babu, Jacobus tritt an seine Stelle. – 337/8 berichtet dieselbe Quelle den Tod des Jacobus und die Einsetzung des Walagesch [Walgesch — Vologeses], dessen Tod beim Jahre 360/1 angegeben ist und dessen Nachfolger Abraham wird. In dieser Anordnung steht das Opus Chronologicum nicht allein, auch im Chronicon Edessenum [Corpus etc. tom. IV, S. 4] folgt Walagesch unmittelbar auf Jacobus; darum ist man bisher dieser Darstellung gefolgt [Assemani, Bibliotheca orientalis I, S. 18; III, II, S. 768; J. Labourt, Le christianisme dans l'empire Perse, Paris 1904, S. 2, Anm. 6]. Trotzdem dürfte es richtiger sein, der wiederholt [17, 106 ff.; 19, 151 ff.] von Ephräm, einem Zeitgenossen, in diesen Gedichten festgestellten Reihenfolge den Vorrang zu geben, zumal im Hinblick auf die merkwürdige Begründung der Umstellung in jener Quelle des Opus chronologicum, die eher auf einen späteren Eingriff in die Reihenfolge schließen läßt. Außerdem überliefern nach Assemani, Bibl. Orient. I, S. 18 auch die arabischen Chronisten el Makin und Abulfaragius die Reihenfolge: Jacobus, Babu. Die Zeitereignisse unter den vier Bischöfen Jacobus, Babu, Walagesch [oder Walgesch, wie bei Ephräm] und Abraham sind nach den Andeutungen in den folgenden Gedichten von Bickell, S. 20 f. scharfsinnig ausgelegt und dargestellt.

Die Abfassungszeit von Nr. 13 und 14 läßt sich ziemlich genau bestimmen, da gesagt wird, daß unter dem dritten Bischof [Walagesch] Friede geherrscht habe; das stimmt nur bis 359, doch sind auch die Verhandlungen des Jahres 358 zwischen Römern und Persern erwähnt. Nr. 15 – 16 sind etwas später anzusetzen, da schon von dem Beginn der Unruhen gesprochen wird. Nr. 17 – 21, über den Bischof Abraham, dürften nach Bickell im Jahre 363 verfaßt sein, da der Tod Julians angedeutet, die Übergabe von Nisibis aber noch nicht erwähnt ist.

13.

Über Mar[i] Jakob und seine Amtsgenossen.
Nach der Melodie: Wunderbar ist alles, was du ertragen.
Die drei glorreichen Priester haben wie die zwei Himmelsleuchten[28] einander abgelöst und Bischofsstuhl, Handauflegung und Herde einander übertragen. [5] Zwar ist unsere Trauer groß um die beiden ersten, doch gibt uns der letzte vollen Trost. – [Kehrvers:] Preis sei dir, der du sie auserwählt!

Der, welcher die zwei Leuchten schuf, wählte sich drei Leuchten aus [10] und stellte sie in den drei Finsternissen[29] auf, die uns einschlossen; ein Paar der Leuchten sind erloschen, die letzte strahlt in vollem Glanz.

Die drei Priester als Schatzbewahrer [15] besaßen in ihrer Treue den Schlüssel zu einer Dreiheit: drei Pforten öffneten sie uns, ein jeder von ihnen öffnete mit seinem Schlüssel zu seiner Zeit seine Pforte.

[20] Durch den ersten öffnete er die Pforte der Heimsuchung, die über uns kam, durch den mittleren öffnete er die Pforte der königlichen Würde, die bei uns Einzug nahm[30], durch den letzten öffnete er die Pforte [25] für die Hoffnung, die sich bei uns erhob[31].

Durch den ersten öffnete er das Tor zum Kampfe beider Völker, durch den zweiten öffnete er die Pforte den Königen von beiden Windrichtungen, [30] durch den dritten öffnete er die Pforte für die Gesandten von beiden Seiten.

Durch den ersten öffnete er die Pforte für den Krieg wegen der Sünden, durch den zweiten öffnete er die Pforte [35] den Königen zum Kampfe, durch den letzten öffnete er die Pforte den Gesandten aus Barmherzigkeit.

Sieh, an diesen dreien, die aufeinander folgten, läßt sich wie in einem geheimnisvollen Bild [40] der Zorn mit der Sonne vergleichen; er fing an bei dem ersten, wurde stärker bei dem zweiten, versank und verlöschte bei dem letzten.

Auch die Sonne zeigt ein dreifaches Aussehen [45] in drei verschiedenen Zeiten; hell und leuchtend von Anfang, heftig brennend in der Mitte, am Ende sanft und lieblich, wie eine Lampe[32], die verlöscht.

[50] Mild und leuchtend ist der Anfang, wenn sie kommt, um die Schläfer zu wecken, heiß und brennend ist sie am Mittag, um die Früchte zur Reife zu bringen, sanft und angenehm, [55] wenn sie der Vollendung entgegengeht.

Wer ist jene geweihte Jungfrau[33], gepriesen von allen Frauen, bei der die Nachfolge sich so vollzieht, deren Weihen so zahlreich sind, [60] deren Stufen so aufsteigen, deren Lehrer so hervorragend sind?

Besaß nur die Tochter Abrahams [d. h. das Volk Israel] solche Formen, oder nicht auch du, geweihte Jungfrau, [65] deren Schönheit auch der Schmuck entsprach? Wie ihre Zeit, war auch ihre Hilfe, und wie ihre Hilfe, ihr Vollstrecker.

Wenn mangelte, was sie bedurfte, so kam die Erfüllung ihres Mangels; [70] ihre Väter waren ihren Kindern angepaßt, ihre Lehrer ihren Fähigkeiten, ihre Erziehung ihrem Wachstum, ihre Kleidung ihrer Gestalt.

Abgewogen gab die Gnade [75] alles wie auf einer Wage, sie brachte es ins Gleichgewicht, damit aus ihnen Nutzen hervorgehe; sie setze sie fort in der Nachfolge, damit aus ihnen die Vollendung hervorsprieße.

[80] In den Tagen des ersten war tiefer Friede, in den Tagen des zweiten kamen und gingen die Könige, in den Tagen des letzten [85] drohten die Heere und verschwanden wieder[34].

Mit dem ersten trat Ordnung ein, sie kam mit ihm und ging mit ihm fort, mit dem zweiten näherte und entfernte sich wieder die Krone, die unsere Kirchen erfreut, [90] mit dem letzten stieg die Gnade zu uns herab, die nicht vergolten werden kann.

Gegen den Zorn am Anfang wendete sich die Sorge des ersten, gegen die Hitze des Mittags [95] erhob sich der Schatten des zweiten, gegen den schmählichen Frieden richtete der letzte viele Ermahnungen.

Dem ersten Belagerer ging der erste ruhmreiche Priester entgegen, [100] dem zweiten Belagerer trat der zweite mildherzige Priester entgegen, die Gebete des letzten schlossen unbemerkt unsere Breschen[35].

Nisibis ist auf Wassern erbaut, [105] verborgenen und offenen Wassern, lebendige Quellen sind innerhalb, ein stolzer Fluß außerhalb[36]; der Fluß draußen betrog sie [die Stadt Nisibis], die Quelle drinnen rettete sie.

[110] Der erste Priester, ihr Gärtner, machte ihre Triebe bis in den Himmel wachsen: er starb und ward in ihr begraben, und als Frucht verblieb er in ihrem Busen; als nun die Schnitter kamen, [115] da rettete sie die Frucht in ihrem Busen.

Es kam nun die Zeit, da sie abgeschnitten werden sollte, es drang jener ein, der ihren Gärtner hinwegführen wollte[37], damit er nicht mehr für sie beten könnte; eilig barg sie in ihrer Klugheit [120] ihren Gärtner in ihrem Busen, damit sie Rettung fände durch ihren Gärtner.

Kluge Töchterstädte von Nisibis, werdet ähnlich Nisibis, die den Körper in sich barg, [125] und er ward zum Bollwerk nach außen; berget in euch den lebendigen Leib, damit er das Bollwerk eures Lebens sei.

14.

In diesem Hymnus werden in ganz ähnlicher Weise wie im vorhergehenden die Vorzüge der drei Bischöfe gepriesen.

15 – 16.

Lobeshymnen auf den letzten der drei Bischöfe, Vologeses, dessen Fähigkeiten als Prediger besonders hervorgehoben werden. Gegen Schluß des 16. Hymnus nimmt er die Vergleiche der drei Hirten untereinander wieder auf, die schon einen großen Teil von 13 – 14 ausmachten. Er legt 16,81 ff. der Stadt Nisibis folgende Worte in den Mund:

In der Ausgelassenheit des Jugendalters hatte ich einen strengen Erzieher, seine Rute hielt mich vom Spiel ab und seine Strenge vom Laster, [85] und von Ausschreitungen die Furcht vor ihm.

Einen anderen Vater gab er meinem Jünglingsalter; wenn sich Knabenhaftes noch in mir regte, dann zeigte dieser seine Strenge; wenn sich aber der Ernst des Alters in mir geltend machte, [90] dann bewies er seine Güte.

Als ich aber die Stufen des Knaben- und Jünglingsalters überschritten hatte, da war auch die Härte des ersten und die Strenge des zweiten vorüber; [95] Gott gab mir einen sanften Hirten

Der Hymnus Nr. 16 ist in der Mitte unvollständig, da in den beiden Handschriften Blätter ausgefallen sind. 17 – 21 bilden wieder mit gleicher Melodie einen kleinen Zyklus für sich, da sie den vierten Bischof von Nisibis, Abraham, zum Gegenstand haben.

17.

Über Abraham, den Bischof von Nisibis.
Nach der Melodie: Ermordet wurden die Kinder.
[Der Kehrvers zeigt bei jeder Strophe eine kleine Abänderung.]

Gestatte, Herr, auch meiner Niedrigkeit, daß sie ihr Scherflein in deinen Schatz wirft. Jener hat wie ein Kaufmann unserer Herde mit dem Talente deiner Lehre gewuchert, [5] er verschied und landete in deinem Hafen; nun will ich über seinen Unterhirten reden, der das Haupt der Herde ward; ein Schüler jener drei, wurde er der vierte Lehrer. – [10] Gepriesen sei der, der ihn zum Troste uns gesandt!

Mit gleicher Liebe will ich ihn schmücken und zu einem Kranze zusammenflechten die prächtigen Blumen und die duftenden Blüten [15] jenes Lehrers und seines Schülers, den er zurückließ wie Elisäus; das Salbungshorn seiner Auserwählung schäumte über, er ward geweiht zum Haupte und erhoben zum Lehrer. – [20] Gepriesen sei, der ihn zum Lehrer gesetzt!

Es freuten sich die himmlischen Patrone, daß sie durch den Hirten, den sie erzogen, die Herde weideten; es freute sich die Schar der Unterhirten, als sie Fortführung ihrer Ämter sahen. [25] Er wählte ihn aus und hauchte ihn gleichsam als Geist dem großen Körper der Kirche ein, und es umgaben ihn seine Glieder, damit sie von ihm Leben empfingen, Lehre und neues Brot. – [30] Gepriesen sei, der ihr Kleinod hervorgebracht!

Er wählte ihn aus von vielen Unterhirten, weil er die Prüfung seiner Treue bestanden hatte; es hatte ihn die Zeit inmitten seiner Herde geprüft, es hatte ihn erprobt die lange Dauer wie ein Feuerofen; [35] denn die Prüfung, die er selbst sich auferlegt, machte ihn zur festen Mauer für viele. Dein Fasten sei eine Waffe unserm Land, dein Gebet ein Schild für unsere Stadt, dein Weihrauch verschaffte uns Versöhnung. – [40] Gepriesen sei, der dein Opfer heiligte!

Der Hirt, den er von seiner Herde abberief, hatte sie auf geistigen Auen geweidet und mit seinem siegreichen Hirtenstab vor verborgenen Wölfen behütet. [45] Fülle du aus deines Lehrers Platz, der sich nach dem Wohllaut seiner Stimme sehnt; stelle dich hin als eine Säule in der Stadt des bebenden Volkes, durch deine Gebete möge es gestärkt werden! – [50] Gepriesen sei, der dich als Säule hingestellt hat!

Er übergab seine Hand seinem Schüler, den Thron einem Würdigen, den Schlüssel einem Bewährten, die Herde einem, der sich ausgezeichnet hatte. [55] Deine Hand ziere Barmherzigkeit, dein Opfer Versöhnung, deine Zunge Trost; Friede möge deine Herrschaft schmücken, im Innern mögen Wächter [schirmen], nach Außen die Volksscharen. – [60] Gepriesen sei, der dich auserwählt, uns zur Freude!

Deine Lehre möge reicher sein an Taten denn an Worten; karg nur säend der Worte Samen, mögest du durch Taten unser Land bebauen, [65] auf daß durch eifrige Pflege auch der geringe Same sich vermehre; wenn des alten Samens Frucht uns dreißigfachen Segen brachte, dann sechzigfach dein neuer Samen. – [38]Gepriesen sei, der hundertfach vermehrt!

Fern von dir ist Zorn, denn Friede überströmt dich ganz; Eifersucht ist in dir erloschen, denn Liebe brennt jederzeit in dir; [75] du hast den Stachel des Neides abgebrochen, damit er niemanden im verborgenen verletze; dem Verleumder, der Verwirrung stiftet, liehest du nie dein Ohr, da nur Wahrheit und Offenheit dich erfreut. – [80] Gepriesen sei, der deinen Leib so schmückte!

Zeige dich als guten Berater inmitten deines Volkes, wie Jetro unter den Hebräern, schließe dich ganz jenem an, der dir nützlichen Rat gibt, [85] halte dich völlig fern von jenem, der dir Verkehrtes rät, Roboam mag dir ein warnend

Beispiel sein. Wähle dir kluge Räte aus, weise zurück neidischen Ratgeber. – [90] Gepriesen sei, der klugen Rat dir gab!

Die Gabe, die dir gegeben ward, ist aus der Höhe zu dir herabgeschwebt; nenne sie nicht nach eines Menschen Namen, verbinde sie nicht mit einer andern Macht, [95] damit nicht etwa in ihr Bereich der hinterlistige Satan Zutritt finde und vortäusche, daß die Menschen sie dir verliehen, damit jenes freie Geschenk den Menschen als Sklave diene. – [100] Gepriesen sei, der seine Gabe gnädigst lieh!

In deiner Person bist du ein Abbild deines Lehrers, denn siehe, ganz bist du ihm gleich, er schied von uns, und doch ist derselbe noch bei uns. In dir sehen wir jene drei [105] Glorreichen, die von uns geschieden; sei uns eine Mauer gleich Jakob, voll Erbarmen gleich Babu, ein Schatz der Rede gleich Walgesch [Vologeses]. – Gepriesen sei, der uns in einem jene malte[39]!

[110] Auch ich, der Auswurf der Herde, habe nicht geschwiegen von dem, was ziemend war; ich habe gemalt das Bild jener beiden mit Farben, die von beiden stammen, damit die Gemeinde [wörtlich: Herde] ihre Vorzüge [115] und die Herde ihre Schönheit sähe. Und da ich selbst ein Lamm bin, der ich sprach, dich, Gott Abrahams, will ich in Abrahams Haltung[40] preisen. – Gepriesen sei, der mich zu seiner Zither machte!

18.

Loblied auf den Bischof Abraham; sein Widerstand gegen die christenfeindlichen Bestrebungen Julians sind angedeutet.

19.

Behandelt das gleiche Thema; bemerkenswert ist die Schlußstrophe mit einer Charakterisierung der drei Vorgänger Abrahams, wie sie schon der 17. Hymnus enthielt:

[151] Mit dem glorreichen Priester Jakob siegte sie [die Kirche] gleichwie er, weil er Liebe mit Eifer vereinte, mit Ehrfurcht und Liebe war sie bekleidet. [155] Unter Babu, dem Wohltäter, kaufte sie mit Geld die Gefangenen frei, unter Walgesch, dem Schriftgelehrten, öffnete sie ihr Herz den Schriften, unter deiner Leitung mögen ihre Hilfsmittel wachsen. – [160] Gepriesen sei, der ihre Kaufleute reich machte!

20.

Abraham wird aufgefordert, die Kirche vom Unkraut der Häresie rein zu erhalten.

21.

Ephräm wünscht, daß unter Abrahams Leitung die Bewohner von Nisibis immer mehr die schlimmen Gewohnheiten aus ihrer heidnischen Vergangenheit ablegen möchten. Am Schluß stellt er die drei Bischöfe, Jakob, Walgesch und Abraham, in Parallele zu den weltlichen Herrschern, unter denen wohl Konstantin, Konstantius und Jovianus zu verstehen sind; das Lied klingt aus in einer allgemeinen Schilderung der beiden Mächte, Kirche und Staat:

[201] Der erste Priester und erste König waren wie füreinander geschaffen, wie auf der Wage waren sie gegeneinander abgewogen. So auch Walgesch und des Königs Sohn, [205] beide milde und sanften Sinnes. Mögen auch die letzten einander gleichen! Die Priester mögen Leuchten sein, die Könige Fackeln, die Richter Blitzesstrahlen! – [210] Gepriesen sei, der unsere Seelen erleuchtete!

Vom Königtum sollen Gesetze hervorgehen, vom Priestertum Versöhnung; es ist vom Übel, wenn beide mild sind, doch unerträglich ist's, wenn beide streng sind. [215] Der eine walte kraftvoll, der andere mild, in Einsicht und Weisheit paare sich Furcht und Mitleid. Unser Priestertum sei milde, unser Königtum stark! – [220] Gepriesen sei, der unsere Stützen so bereitete!

Beten mögen die Priester für die Könige, daß sie ein Bollwerk seien für die Menschheit. Sieg gehe aus von den Königen, Glaube von den Priestern. [225] Der Sieg beschütze unsern Leib, der Glaube unsere Seelen. Die Könige sollen Waffenkämpfe schlichten, die Priester Geisteskämpfe, Zwistigkeit und Krieg sei zu Ende! – [230] Gepriesen sei der Sohn dessen, der aller Frieden gibt, Preis dir für deine Gabe!

Nr. 22 – 24 fehlen; vielleicht gehört aber der Sermo de Reprehensione [Lamy, S. Ephraem Syri Hymni et Sermones, II, 325 – 62] hierher; der Fall von Nisibis dient als Hintergrund für eine ernste Bußpredigt.

3. ÜBER EDESSA.

Vorwort: Über Edessa.

Eine neue Gruppe von Gedichten, und zwar 25 – 30, wovon das erste, und damit die Überschrift, sowie ein Teil des zweiten verloren sind, handeln, wie Bickell nachgewiesen hat, über Ereignisse in der Kirche von Edessa. Aus Angaben wie 26,11 und 28,38 ersieht man, daß die Kirche von Edessa schon sechs Jahre lang durch eine Spaltung heimgesucht ist, und zwar war es, wie sich aus andern Quellen ergibt, der Arianismus, der die Gemeinde in zwei Lager schied. Man ging, wie Hymnus 29 zeigt, von Seiten der Gegner soweit, Barses [361 – 78], den bejahrten Bischof der Orthodoxen, eines sträflichen Lebenswandels zu bezichtigen; von Einzelheiten wird ferner noch erwähnt, daß durch ein Glied der Gemeinde der König versöhnt worden sei. Bickell nimmt an, daß damit auf die Milde des Kaisers Konstantius hingewiesen werden solle, mit der er den Edessenern die Beschimpfung seines Standbildes nachsah. In Hymnus 33,44 wird die aus den Chroniken bekannte Tatsache erwähnt, daß Barses vorher Bischof von Harran war; das Chronicon Edessenum [ad annum 672 Gr.] und spätere Ausschreiber motivieren diese Translation mit dem Befehl des Kaisers. Seine Verbannung durch Valens fällt in die Zeit nach Ephräms Tod [373]; über sie berichtet ausführlich Theodoret, Kirchengeschichte IV,16 ff. – Da das in den Gedichten erwähnte Schisma wohl erst mit dem Regierungsantritt des arianisch gesinnten Kaisers Valens [364] begonnen haben dürfte, so wären die Gedichte in das Jahr 370 zu verlegen.

27.

Ein dritter Hymnus nach derselben Melodie.
Im vorliegenden Hymnus wird die Kirche von Edessa wie oben die von Nisibis selbst als sprechend eingeführt.

Herr, den Ärzten ist's wohl leicht, ein Glied abzuschneiden, aber nicht so leicht ist's ihnen, es wieder an seiner Stelle anzufügen. [5] Dir, Herr, ist beides leicht, denn Gott bist du. – [Kehrvers:] Höre die Stimme des Rufes meiner Kinder!

Zwölf Jahre lang entblößten die Ärzte [10] jene blutflüssige Frau[41], sie entblößten sie, halfen ihr aber nicht. Wenn sie sie geheilt hätten, war es schon etwas Unehrbares, um wieviel mehr, da sie sie nicht heilten.

Während jene sie entblößten, [15] hast du sie gereinigt und geheilt, als sie verhüllt dein Gewand berührte und nicht einmal deinen Körper. Das Gewand reinigte sie ganz, als Heilmittel erwies es sich ihr.

[20] Wie sehr hast du doch, o Herr, deine Kirche in Scham versetzt! Sieh, so ist sie in Verachtung geraten, daß die Vorübergehenden vom Wege abbiegen, um ihre Schmach zu sehen; die hinfällige Frau hast du gereinigt, [25] und deine Braut hast du bloßgestellt.

Auch steht die Dauer meiner Krankheit in keinem Verhältnis zur Krankheit jener, sechs Jahre[42] erst dauert sie, die Hälfte der Jahre jener. [30] Heile auch das jüngere Leiden, der du das alte geheilt hast!

Wenn du nun, weil ich ein wenig abstoßend geworden bin, mich verlassest und verstößt, wie kann dir dann noch ein Mann verhaßt sein, [35] der sein Weib verachtet, weil es häßlich geworden ist? Erbarme dich meiner Häßlichkeit und lehre [so durch dein Beispiel], daß jener auch seiner Ehegattin die Liebe bewahrt!

Lia, die ungeliebte, hast du wohlgefällig gemacht[43]; [40] ihre Augen waren glanzlos, ihre Kinder aber waren sehr schön; mich, Herr, die ich schön bin, schmähen meine Kinder.

Du allein und deine Mutter, [45] ihr seid viel schöner als alles, keine Makel ist an dir, Herr, und kein Fehl an deiner Mutter; welcher von diesen beiden Schönheiten lassen sich meine Kinder vergleichen?

[50] Dein Vater ertrug jene schändliche Menge, die um das [goldene] Kalb hurte, darum ist auch ihr Sproß verhaßt, der gleichsam nach dem Vorbild [55] jenes fremden Götzen gestaltet ist.<br Nach seiner Art sind sie, die die Vertreter der Wahrheit, Moses und die Propheten, lesen; obgleich sie jederzeit gelesen haben, [60] hast du, o Herr, erfahren, was alles sie dir angetan.

Der Apostel[44] hat mich dir verlobt als reine Jungfrau; das Kalb meiner Väter [65] hasse ich, Herr, nur dir bin ich zugetan; möchten doch die Kinder meiner Herde nicht ihre Brüder verwunden!

Von jenem Lamme stammen sie ab, das die Züchtigung ertrug, ohne seinen Mund aufzutun, [70] das geschlachtet wurde, ohne zu klagen, das gekreuzigt wurde, ohne daß es murrte, und das, zum Leben erweckt, sich abmühte, seinen Mördern das Leben zu verleihen[45].

Nicht Adam hat euch gezeugt, [75] der sich gegen das Gesetz empörte, noch sein Sohn, der freventlich ohne Grund seinen Bruder erschlug: Söhne des Geistes seid ihr, und Kinder, aus dem Wasser geboren.

[80] Auch von mir kann ich euch erzählen, daß man mich steinigte, ohne daß ich zornig wurde, daß man mich kreuzigte, ohne daß ich schmähte, daß man mich verbrannte, ohne daß ich Fluchworte ausstieß[46]. Machet euch ähnlich eurem Herrn, [85] befolgt das Beispiel eurer Mutter!

Schlangenbrut wurden die Menschen genannt, nicht wegen ihrer Natur, sondern wegen ihrer Taten; [90] denn das Gift des freien Willens übertrifft noch das der Schlangen.

So wurden die Menschen auch Götter genannt, nicht wegen ihres Wesens, [95] sondern wegen der Gnade; diese nämlich knüpfte zwischen sich und euch ein Band der Verwandtschaft.

Ein Wunder ist's, daß Gott sich mit euch verbrüderte, [100] ihr aber habt das Band eurer Verwandtschaft mit ihm zerschnitten; denn wie wenn er ein Geschöpf wäre, habt ihr den Schöpfer zum Verwandten erhalten.

Dir sei Ruhm, mein Gott, [105] daß du uns nicht mit den Geschöpfen, sondern mit dir selbst, dem Herrn alles Geschaffenen, verbrüdert hast! Preis sei dieser Vereinigung!

[110] Denn etwas Wunderbares wäre es nicht gewesen, wenn wir mit der [übrigen] Schöpfung zusammen als verwandt angesehen worden wären, denn die Schöpfung ist nur eine. Gepriesen sei der Herr, der wollte, daß seine Knechte seine Brüder seien!

28.

Der fünfte Hymnus nach derselben Melodie.
Klage Edessas über die abgefallenen Bewohner und Gebet um die Bekehrung der Irrenden.

29.

Der sechste Hymnus nach derselben Melodie.
Zur Klage über die zur Irrlehre Abgefallenen gesellt sich noch der Schmerz über die Verleumdungen, die man gegen den Bischof von Edessa aufgebracht hatte. Es handelt sich, wie Bickell nachweist, um den betagten Bischof Barses [361–78].

30.

Der sechste Hymnus nach derselben Melodie.
Der Dichter zeigt an Moses und Daniel ein Gegenbild von Edessa: beide hervorragenden Männer des Alten Bundes sind in heidnischer Umgebung aufgewachsen und trotzdem nicht vom Glauben abgewichen; Edessa hingegen hat die Wahrheit, die es besaß, von sich geworfen.

4. ÜBER HARRAN.

Vorwort. Über Harran.

31 – 34 handeln über die Stadt Harran und insbesondere über deren Bischof Vilus und sind in Edessa verfaßt. – In Harran, der zum größten Teil heidnischen Nachbarschaft Edessas, hatten die Christen, vor allem ihr Bischof, viel von den Heiden zu erdulden; zu diesen Gegnern gesellten sich noch arianische Kreise, da der nach 33, 47 aus Edessa stammende Vitus, der auch am Konzil von Konstantinopel 381 teilnahm, ein eifriger Verfechter der Orthodoxie gewesen zu sein scheint. Er war wohl der Nachfolger des nach Edessa transferierten Barses und zur Zeit der Abfassung dieser Hymnen noch nicht lange im Amte. Da ferner die Kirche von Edessa nur lobend erwähnt wird, dürfte damals das oben erwähnte Schisma noch nicht ausgebrochen gewesen sein; demnach fällt die Abfassung der Gedichte in die Zeit zwischen 361 – 64.

Das erste und dritte Gedicht enthalten die Bitte, Gott möge dem Bischof beistehen, das Heidentum auszurotten und die häretischen Gegner zu überführen. Nr. 32 ist in der Mitte unvollständig. In Nr. 34 klagt Ephräm über die Hartnäckigkeit, mit der die Bewohner der Stadt am Heidentum festhalten. Die biblischen Erinnerungen, die sich aus der Patriarchenzeit an diesen Ort knüpfen, sind vom Dichter reichlich ausgebeutet.

Als Beispiel dieser Gruppe von Gedichten mag Nr. 33 folgen.

33.

Der dritte Hymnus nach derselben Melodie.

Dornen und Unkraut und Disteln des Heidentums, begossen durch die Trankopfer, aus denen der Irrtum ausströmt, – [5] sie wuchern inmitten von Harran, jenem Heiligtum der Dämonen. – [Kehrvers:] In dir mögen meine Kinder einig sein!

Wenn Adam Anlaß war, daß natürliche Dornen sproßten, [10] weil er freiwillig die Schranken des Gebotes übertrat, so sproßten nach ihrem freien Willen Dornen in Harran.

Der Landmann stieg zur Erde hernieder [15] den Menschen zuliebe, die Dornen geworden waren, damit sie Weizen würden: die Dornen flochten Dornen um das Haupt des Landmannes.

[20] Nicht ging verloren der Same aus jenem Bilde, das sie malten: sieh, in Rosen und Lilien wurden die Dornen verwandelt zu einer Krone für den Landmann, [25] der eine Dornenkrone trug.

So möge auch jenem Landmann, der in Harran sich abmüht, aus den Dornen Weizen erstehen, mögen sie durch deine Gnade werden [30] Zypressen, Myrthen und Blüten, eine Krone für deinen Kämpfer!

Dein Hirt ist dir in allem gleich, [35] und wie seine Schmach deiner Erniedrigung gleicht, so möge er dir auch in deiner Erhöhung gleichen, auf seinen Thron möge er erhöht werden!

Der Weg der Versöhnung und der Pfad der Freuden [40] möge von Edessa bis nach Harran reichen, und von Kirche zu Kirche mögen sie in Eintracht wallen!

Von Edessa möge der Greis [der Bischof Barses] [45] Harran besuchen, seine Tochter, die er erzogen hat, und Edessas Sohn [den Bischof Vitus von Harran, der demnach aus Edessa stammt] möge seine Mutter besuchen und wieder nach Harran, seiner Braut, heimkehren!

[50] Fülle aus mit deiner Gnade die Kluft, die Satan schuf, eine große Spaltung führte er herbei, um sie in zwei Parteien zu scheiden; in diesen Abgrund wirf ihn [55] und bahne einen Weg über ihn!

Wir wollen deine Gnade preisen, die den Weg ebnete und bahnte vor den Volksscharen, die zu den Fasten pilgerte;[47] die leichten Schrittes dahinziehen, bringen überströmenden Dank dir dar.

Es danken für sie auch Jakob, Isaak und Abraham;[48] denn wenn ihre Namen jenen Kalbanbetern Segen brachten, so mag sich ihres Andenkens auch erfreuen unser Volk in Phaddan[49].

Und wie durch den verborgenen Trieb Abrahams [70] nach unserem Land gelenkt wurden alle Väter, so auch durch jenes [Verlangen] der Apostel ihre Mitapostel.

[75] In den Gebeinen des Johannes, von denen ein Teil in unserer Stadt ruht, kamen die Propheten zu uns; in Guria und Schamona und ihrem Genossen Habib kamen die Märtyrer, uns zu besuchen.

II. 35 – 42. Vorwort: Über unsern Herrn und über den Tod und den Teufel.[Die Gedichte der zweiten Hälfte sind durchweg erst in Edessa entstanden.]

Der Dichter zeichnet mit dramatischer Kraft die Beratung, die er sich bei Beginn von Jesu Leiden zwischen dem Teufel, dem Tode und der Sünde entstanden vorstellt. Der Teufel möchte den Tod als Bundesgenossen gewinnen in seinem Kampf um die Behauptung seiner Macht; der Tod fürchtet seinerseits, durch Jesus seine Herrschaft über das Totenreich zu verlieren. Die Dialoge erscheinen wie ein Nebenspiel zum Schauspiel des Erlösungstodes. Wir werden sofort in medias res, in die Versammlung in der Hölle, geführt.

II.

1. Über unsern Herrn und über den Tod und den Teufel.

35.

Nach der Melodie: Horn und Trompete.
Der Ruf erscholl. – Da eilten herbei die Scharen Satans mit seinen Dienern. [5] Das Lager des Unkrauts versammelte sich ganz, weil sie sahen, daß Jesus zum Ärger der ganzen linken Seite [d. h. der Partei der Gottlosen] glorreich sei. Weil niemand unter ihnen war, der nicht Qual empfand, so fing ein jeder an, aufzuzählen, [10] was alles sie zu ertragen hätten. Die Sünde und die Unterwelt[50] waren bestürzt, der Tod zitterte, da die Toten sich empörten, und Satan, da die Sünder sich gegen ihn erhoben. – [Kehrvers:] Preis dir, denn bei deinem Anblick geriet Satan in Verwirrung!

[15] Die Sünde rief und erteilte ihren Söhnen, den Dämonen und Teufeln, Rat und sprach zu ihnen: „Legion[51], das Haupt eures Reiches, ist nicht mehr; [20] das Meer hat ihn und seine Gesellen verschlungen. Auch euch wird dieser Jesus, wenn ihr gleichgültig bleibt, zugrunde richten, euch, die ihr doch den Salomon gefangen habt. Eine Schmach wäre es also, [25] wenn ihr den Jüngern, den Fischern und ungelehrten Leuten, unterliegen würdet. Seht, sie haben schon Menschen gefangen, die unsere Beute waren."

„Das ist das größte aller Übel", [30] sprach nun Satan in bezug auf unsern Erlöser; „es genügte ihm nicht, uns zu berauben, sondern er begann, sich an uns wegen Jonas, des Sohnes Mattais, zu rächen. [35] An Legion nämlich nahm er Rache für ihn, den er ergriff und ins Meer warf. Jonas kam nach drei Tagen wieder ans Trockene, Legion aber auch nicht nach langer Zeit, [40] denn die Tiefe des Meeres hält ihn auf Christi Befehl fest.

Ich reizte ihn nach seinem Fasten[52] durch das lockende Brot, aber er begehrte nicht danach. [45] Zu meinem Verdrusse habe ich mich bemüht, einen Psalm zu lernen[53], damit ich ihn mit seinem Psalm fangen könnte. Vergebens; da wiederholte ich es ein zweites Mal, er machte aber meine Wiederholung erfolglos. Ich führte ihn auf einen hohen Berg und zeigte ihm [50] alle Güter, bot sie ihm an, er ließ sich aber nicht verlocken. Glücklicher war ich in den Tagen Adams; denn er verursachte mir nicht soviel Mühe, ihn zu überreden."

Satan überging nun seine [weitere] Mühe [55] und fuhr fort: „Zum Nichtstun gereicht mir [zwingt mich] dieser Jesus; denn sieh, sogar Zöllner und Buhlerinnen nehmen zu ihm ihre Zuflucht. Was für eine Arbeit soll ich mir fürderhin suchen? [60] Bei wem soll ich, der ich bisher der Lehrer aller Menschen war, in die Schule gehen?" Da nahm die Sünde wieder das Wort: „So muß ich denn ablassen und aufgeben das, was ich bin; [65] denn dieser Sohn Marias, der da kam, hat die Menschheit zu einer neuen Schöpfung gemacht"[54].

Der gierige Tod heulte und sprach: „Nun habe ich fasten gelernt, [70] das ich sonst nicht kannte. Seht, Jesus sammelt die Menge um sich, sein Gastmahl aber kündet mir Fasten an. Dieser eine Mensch schließt mir den Mund, der ich den Mund vieler schloß." [75] Die Unterwelt aber sprach: „Ich muß meine Freßgier hemmen, es ist nun Hungerszeit. Dieser da, der bei der Hochzeit sich glorreich zeigte, verwandelt wie das Wasser in Wein, so auch das Gewand der Toten zum Leben.

[80] Auch hat Gott die Sintflut gesandt und die Erde abgewaschen und sie von ihren Schulden gereinigt; auch Feuer und Schwefel ließ er über sie kommen, [85] um sie von Flecken zu reinigen. Durch das Feuer gab er mir die Sodomiter und durch die Flut die Riesen. Er schloß den Mund der Leute Sanheribs und öffnete den [Rachen] der Unterwelt. [90] Dieses und Ähnliches machte mir Freude. Aber statt der Todesstrafen der Gerechtigkeit hat er nun in seinem Sohn Wiederbelebung der Toten in seiner Gnade verliehen."

„Es kamen mir Propheten und Gerechte zu Gesicht", [95] sprach Satan zu den Seinen, „obgleich gewaltig waren ihre Kräfte, so war doch ein Hauch von mir in ihnen; denn das Gebilde der Menschenkinder [100] hat etwas von unserm Sauerteig an sich. Dieser ist zwar mit Adams Leib bekleidet, aber es verwirrt uns, daß unser Sauerteig über ihn ohnmächtig ist. Mensch ist er nämlich und Gott; [105] denn seine Menschheit ist mit seiner Gottheit vermischt.

Ich habe Adam gesehen, jene Quelle, aus der alle Geschlechter hervorgingen. [110] Seine Kinder habe ich erforscht und jeden einzelnen versucht, doch niemals sah ich einen Menschen, der zu einem Teile Gott war und zur andern Hälfte Mensch. Moses, der im Lichtglanz strahlte, [115] auch ihn habe ich versucht und durch seine Zunge in Verwirrung gebracht; diesen aber nicht einmal in seinem Innern; denn die Quelle seiner Gedanken ist völlig rein.

Die Fleischeslust [120] steckt in jedem Körper, daß sie sogar, wenn sie schlafen, in ihnen wach bleibt. Wer in wachem Zustande sich rein erhält, den verwirre ich im Traume. [125] Die Unreinheit des Fleisches erregt sich durch eine geheime Bewegung in seinem Innern; Wachende und Schlafende also bringe ich in gleicher Weise in Unruhe. Dieser allein ist rein, [130] so daß ich ihn nicht einmal im Traume erregen konnte; denn auch im Schlafe ist er makellos und heilig.

So war denn auch seine Kindheit anders als die anderer Knaben, [135] die ich kennen lernte; an ihm fand ich keinen Anteil an dem Meinigen. Schon in seiner Kindheit hatte ich Furcht vor ihm, darum trieb ich den Herodes an, damit er mit den Kindern ermordet würde, [140] Doch auch das, daß er entkam, verstärkte meine Furcht; denn wie konnte er von unserm Geheimnis Kenntnis haben? Er empfing die Gaben der Magier, spottete unser, da er entkam und unserm Schwerte entging.

[145] Ich sah Knaben, Söhne Gerechter, und Kinder, Söhne züchtiger Frauen, und prüfte sie einzeln vom Mutterleibe an [150] und entdeckte in ihnen unsern Sauerteig, daß sie zornmütig, zum Lästern geneigt, hitzig und gierig waren, Früchte, die erst durch den Unterricht reif und süß wurden. [155] Dieser aber war schon von seinem Entsprossen an eine gute Frucht, die voll Süßigkeit war, denn durch sie wurden die Sünder süß.

Schon als unmündiges Kind ward er zum Lehrer [160] für die Menschen; über den Glanz, der über ihm war, wunderte sich schon jener Priester, der ihn trug. Mit der Weisheit der Greise war er [schon] bekleidet. Joseph trat ehrfurchtsvoll vor ihm zurück, [165] seine Mutter durfte sich seiner rühmen. Eine Hilfe war er in seiner Jugend allen, die ihn sahen, ein Beistand denen, die ihn kannten. Vom Tage an, an dem er in die Welt trat, [170] war er ein Helfer der Menschheit durch seine Wundertaten.

Woher ist nun also diese Frucht Mariens entsprossen, die Traube, deren Wein nicht von natürlicher Art ist? [175] So schwebe ich nun zwischen Verlegenheiten; denn ich fürchte, wenn ich ihn frei gewähren lasse, daß jene mit seiner Lehre Süßigkeit annehmen, die meine Bitterkeit an sich tragen; [180] es schaudert mich aber auch, ihn zu keltern und zu treten, damit er nicht etwa zu neuem Weine werde für die Sünder, die dann, sobald sie von ihm berauscht sind, ihre Götzen vergessen.

Seht, vor beidem fürchte ich mich, [185] vor seinem Tode wie vor seinem Leben." – Dem Bösen antworteten nun seine Diener und rieten ihm: „Wenn auch beides uns hart ankommt, [190] so ist die Sache doch für uns etwas leichter, wenn wir seinen Tod wählen und nicht sein Leben; sein Tod möge uns sagen, ob jemals einer von den Gerechten wieder zum Leben ward erweckt. [195] Keiner von den Heldensöhnen und Glorreichen kam aus Scheols Rachen je zurück."

[Satan:] „Des Windes Wehen mag der Mensch erforschen, [200] wer aber kann Mariens Sohn durchschauen? Als er weinte, wurde ich durch seine Tränen getäuscht, und als ich ihm sagte, er solle sich vom heiligen Tempel herabstürzen, wähnte ich, er wollte sich aus Furcht nicht herabstürzen. [205] Als sie ihn vom Berge herabstürzen wollten, flog er in die Luft davon[55]. Ermüdet saß er ferner am Brunnen[56]. Diese verschiedenen Erscheinungen an ihm vermag ich nicht zu deuten: er wandelte sowohl auf dem Festlande wie auf den Fluten.

[210] Ich sah ihn hungern wie einen Menschen, und doch wurde [dieser Befund] wieder gegenstandslos durch die Brotvermehrung. Gleich zu Anfang

forschte ich ihn aus und ging hin, [215] er aber stellte Fragen wie ein Unwissender. Auch das wurde hinfällig, da er zeigte, daß er auch das Verborgene wisse. Er wählte ferner den Iskariot, als kännte er ihn nicht, [220] und wieder zeigte er, daß er ihn kannte, obgleich [auch] er die Binde- und Lösegewalt hatte. Ich täuschte mich in ihm, da er sich taufen ließ; denn er tauchte empor und versenkte mich.

Doch ein Zeichen, das ich an ihm sah, [225] gibt mir den Mut wieder, mehr als alles andere. Als er nämlich betete, sah ich ihn, und ich freute mich, daß er seine Farbe veränderte und von Furcht ergriffen ward, und es wurde sein Schweiß zu Blutstropfen, [230] da er merkte, daß sein Tag gekommen sei. Dies Zeichen gefiel mir über alles, wenn er mich nicht auch dadurch wieder getäuscht hat. [235] Wenn er mich also täuscht, dann ist es um mich und um euch, meine Helfer, geschehen."

Nun zürnt die Versammlung der Dämonen: „Abscheulich ist das Zeichen, das wir an dir sahen. [240] Denn noch niemals ist dir es so ergangen. Sonst zeichnetest du dich aus durch kurze Ratschläge, [jetzt] erobert Mariens Sohn die Festungen, und du hältst lange Reden. Auf, hinaus! Laß uns kämpfen mit ihm! [245] Eine Schmach ist's doch für uns, wenn viele von einem überwunden werden. Wenn Schmerz du hast oder Furcht, so gib uns einen Rat für den Kampf und bleib zu Haus!"

[Satan:] „Dieser Jesus, – [250] von seinen Worten kann ich lernen, ihn zu bekämpfen. Sprach er doch [einmal]: Wenn Satan mit sich selbst uneins ist, kann er nicht bestehen[57]. [255] Indem er uns bekriegen will, hat er uns die Waffe wider ihn gegeben. Geht, entzweit mir seine Jünger; wenn diese unter sich uneins sind, dann seid ihr Sieger. [260] Durch die Schlange und Eva[58], diese schwachen Wesen, durch seinesgleichen besiegte ich den ersten Adam."

Der Tod antwortete nun dem Teufel und sprach: "Was ziehst du dich zurück, [265] was du sonst nicht tatest? Bist du doch Geringen und Unbedeutenden mit Eifer nachgegangen; womit willst du Jesus, der größer ist als alles, fangen? [270] Die Kraft seiner Pfeile, die er auf dich schleuderte, als er von dir versucht wurde, fürchtest du. Du und ich und deine Getreuen, – zu schwach ist unsere Schar zum Kampfe gegen Mariens Sohn.

[275] Ich rate dir, wenn überhaupt uns dieser Kampf noch etwas zu tun gestattet: Geh hin und fahre in seinen Jünger, [280] daß das Oberhaupt sich mit den Oberhäuptern bespreche; dann laß dein ganzes Heer los, daß es hinziehe und die Pharisäer aufreize. Sprich aber nicht barsch, wie du sonst gewohnt bist: [285] Wenn du Gott bist, stürze dich hier hinab, sondern küsse ihn mit Liebe und verrate ihn, und dann wollen wir auftreten lassen den Neid und das Schwert der Leviten."

Die Gedichte 36 – 41, die noch zu derselben Gruppe gehören, enthalten hauptsächlich bewegliche Klagen des Todes über den Verlust seiner Macht infolge des Todes Christi. Die Grundlage bilden vielfach Ereignisse des Alten [besonders Nr. 39] sowie des Neuen Testamentes. In Nr. 40 rühmt sich der Teufel seiner Siege über die Menschen; ebenso in Nr. 41, doch fürchtet er, durch den am Kreuze hängenden Heiland eine Niederlage zu erleiden; seine Scharen suchen ihn zu trösten.

42.

Gehört nur äußerlich zu dieser Gruppe [dieselbe Melodie] und enthält eine Klage des Teufels über die Wunderkraft der Reliquien des hl. Thomas in Edessa.

Der Böse jammerte: „Wohin soll ich vor den Gerechten fliehen? [5] Ich habe den Tod aufgereizt, die Apostel zu töten, um ihren Schlägen zu entgehen, durch ihren Tod werde ich aber noch viel grausamer gepeinigt. Der Apostel, den ich in Indien tötete, [10] ist mir nach Edessa zuvorgekommen. Hier ist er und auch dort mit ganzer Kraft. – [Kehrvers:] Gepriesen sei die Kraft, die in den glorreichen Gebeinen wohnt!

[15] Die Gebeine trug jener Kaufmann[59], oder vielmehr sie haben ihn getragen. Sie haben einander gegenseitig Gewinn gebracht; [20] aber mir, was haben sie mir geholfen? Sie haben sich wechselseitig Hilfe gebracht, mir aber ward Nachteil durch beide zuteil. Wer zeigt mir den Reliquienschrein des Iskariot, [25] daß ich von ihm Kraft erhalte? Der Reliquienschrein des Thomas hat mir Verderben gebracht; denn die geheime Kraft, die darin wohnt, quält mich.

Der auserwählte Moses brachte die Gebeine[60][30] im Glauben auf Gewinn; wenn jener große Prophet glaubte, daß in den Gebeinen Hilfe ruhte, so hat der Kaufmann mit Recht geglaubt [35] und trug mit Recht den Namen „Kaufmann" [der Gewinnmachende]. Ja, der Kaufmann hat Gewinn gemacht, ist groß und herrschend geworden. Sein Schatz hat mich sehr arm gemacht, sein Schatz wurde in Edessa geöffnet, [40] und hat die große Stadt mit Hilfe bereichert.

Über dieses Schatzbehältnis staune ich, denn nur klein war zunächst sein Schatz, [45] und solange niemand davon etwas wegnahm, war die Quelle seines Reichtums schwach; als sich aber viele darum drängten und ihn plünderten und Vorteile ihm entnahmen, [50] wuchs sein Reichtum, je mehr sie ihn plünderten; denn wenn jemand sich mit einer verborgenen Quelle abmüht, dann wird sie weiter geöffnet und fließt aufs reichlichste.

[55] So war offenbar auch Elisäus eine reichliche Quelle für das durstende Volk, und weil die Durstigen sich nicht darum kümmerten, war ihr Ausströmen nicht stark; [60] als aber Naaman sie aufsuchte, so ergoß sie sich und strömte

Gesundheit aus; die Quelle nahm ihn zu einer [andern] Quelle [Jordan] mit und ließ ihn hineinsteigen, im Flusse heilte er den Aussatz[61]. [65] Jesus, das Meer der Heilmittel, sandte den Blinden zum Siloah[teiche], und er wurde sehend[62].

Giezi war nicht imstande, mit dem totenbelebenden Stabe [70] den Knaben zum Leben zu erwecken[63]; wie hätte durch eine Hexe der Ruhmreiche [Samuel] heraufbeschworen werden können? Wir verlachten Saul, denn anstatt eines Geistes, den er rief, stiegen zwei Dämonen herauf und spotteten seiner[64]. [75] Aus den Gebeinen des Elisäus und Samuels magst du lernen; wenn die Gebeine einen Toten wieder lebendig machten[65], so kann doch toter Zauber die lebendigen und heiligen Gebeine nicht auferstehen machen.

[80] So sehr ich auch um Erfüllung dieser Bitte flehte, erfüllte mir sie der Geber aller Dinge nicht. Denn wenn auch [einmal] Dämonen aufgeregt würden [85] durch die Gebeine eines Götzenpriesters oder eines Magiers oder Zauberers oder eines Chaldäers oder Wahrsagers, so wüßte ich doch, daß es nur zum Spott geschähe. [90] Auf zweifache Weise führe ich in Irrtum, indem ich entweder die Apostel zu Lügner stemple, oder meine Apostel die [wahren] Apostel nachäffen lasse.

Die Reichen der Dämonen sind nun zunichte gemacht worden, [95] die Reichen der Teufel müssen Schläge ertragen; obgleich niemand sichtbar die Rute schwingt, schreien die Dämonen vor Schmerzen auf; obgleich niemand fesselt und bindet, [100] sind doch die Geister gehemmt und gebunden. Das ist das stille Strafgericht, das ruhig und schweigsam sich vollzieht und das sich mit Untersuchung gar nicht beschäftigt. – Eine Macht, die alles vermag, [105] ruht in den Gebeinen dieses zweiten Elisäus.

Er [Christus] übergab das Gericht den Zwölf, auf daß sie die zwölf Stämme richteten; wenn aber die Apostel die Kinder des großen Abraham richten werden, so ist es wahrlich nichts Großes, daß sie jetzt schon die Dämonen richten; und wenn die Kreuziger [115] das zukünftige Gericht nicht für wahr halten, so werden sie bei unserm Gericht geprüft werden, indem sie noch ärger als wie vor den Aposteln, den Richtern der Stämme, schreien werden.

Ein Wolf war nämlich einst [120] der Apostel Saulus, und mit dem Blute von Lämmern zog ich ihn groß, und er wurde stark und ein Wolf von einziger Art. Bei Damaskus aber wurde plötzlich [125] der Wolf in ein Lamm verwandelt. Er erklärte, daß die Apostel sogar Engel richten würden[66]; unter den Engeln verstand er nämlich die Priester, wie geschrieben steht. [130] Wenn die Apostel so mächtig sind, wehe den Dämonen vor den Schlägen ihrer Gebeine!"

2. Über die Auferstehung

Vorwort

Eine zweite Gruppe der Gedichte dogmatischen Inhalts umfaßt die Nrn. 43 – 51, über die Auferstehung handelnd. Beispiele aus der Natur, aus der Hl. Schrift bilden meist die Grundlage; einige Gedichte sind größtenteils polemischer Natur, gegen Bardesanes, Mani und Marcion gerichtet. – Mit Ausnahme der letzten beiden Hymnen werden alle durch dieselbe Melodie auch äußerlich als Einheit zusammengefaßt. – Als Muster aus dieser Gruppe mag das folgende dienen, das aus der Natur die Notwendigkeit der Auferstehung folgert.

44.

Ein zweites Gedicht nach derselben Melodie [Tröstet in Verheißungen].
Der Gütige [selbst] schuf den Leib, um den Irrlehrern zu zeigen, wie hervorragend das Werk seiner Hände sei und daß es für die Ewigkeit bestimmt sei. [5] Der Gerechte [selbst] hauchte die Seele ein, um zu lehren, um wieviel erhabener sie ist als die der Tiere, die er nicht einhauchte. Diese, die nicht eingehaucht ist, hat einen schweigenden und stummen Mund, [10] jene, die sein Mund einhauchte, hat einen der Sprache fähigen Mund. – [Kehrvers:] Seele und Leib, o Herr, mögen sich über deine Auferstehung freuen!
Wäge ab den Menschen [15] mit den Tieren auf der Wagschale der Natur und betrachte im Geiste: wie jenes Tier ein Teil des Vergänglichen ist [20] und in jeder Hinsicht ganz und gar vorübergehend, so ist hingegen die menschliche Natur ein Schatz zur Erhaltung, und ganz ist sie durch die Auferstehung ein Teil des Lebens.
[25] Betrachte ferner den Bau der Tiere und sieh, daß er durchaus nicht vollkommen ist; ganz ist es nur darin entsprechend, [30] daß es ohne Hoffnung ist, so daß es die Irrlehrer überführt, die die Natur des Menschen teilen und, obgleich er etwas [in sich]. Gleichartiges ist, annehmen, daß die Hälfte der Hoffnung angehört, [35] die andere ohne Hoffnung ist.
Es bezeugt unsere Belohnung das Zugtier, welches keinen Lohn erhält, denn seine Arbeit ist ohne Hoffnung, sein Lauf ohne Belohnung, [40] sein Schmerz ohne Verheißung, und es ist ganz ohne Auferstehung, damit es dem Menschen die Überzeugung beibringe, daß der Lauf beider [Leib und Seele] unter einem Joche eine Belohnung zur Folge habe, [45] ihre Arbeit mit Verheißung, ihre Schmerzen mit Glorie verknüpft sei.

Diese beiden Dinge nämlich sind dem Schwachen vorgelegt, damit er einsehe, [50] daß der Lauf der Tiere ohne Lohn bleibt, und damit er sich überzeuge bezüglich des dem Menschen versprochenen Lohnes, und damit er erkenne, daß unser Schöpfer nicht Unrecht tat, wenn er dem Menschen [55] Paradies und Hölle versprach und den lebenden Wesen reichlich Ruhe gab ohne Strafen.

Betrachte wiederum die Tiere! Keines tötet sich ab [60] und verpflichtet Gott durch irgend etwas, so daß es sagen könnte, es sei um seinen Lohn gekommen. Der Leib aber tötet sich ab, indem er durch sein Fasten sich die Gerechtigkeit verpflichtet, so daß er, wenn es keine Auferstehung gäbe, um seinen Lohn käme, und mehr als das Blut Abels würde sein Schweigen auf der Erde nach dem anvertrauten Gute vor dem Allvergelter schreien.

Töte ein Tier und lerne, [70] daß keiner dich [dafür] töten wird, denn seine Seele geht zugleich mit dem Körper unter, und nichts ist an ihr, das zur Auferstehung gelangt. [75] Dieses Wort macht allem Streit ein Ende: wie bei den Tieren für ihre Seele das gleiche gilt wie für ihren Leib, so wird unser Leib leben wie unsere Seele.

[80] Die Schrift lehrt die Weisen, die Natur die Ungläubigen, daß das Vergängliche nur für eine Zeitlang erhalten bleibt und das Unvergängliche [85] für ewige Erhaltung bestimmt ist, und daß der, der solches tötet, wieder getötet werden soll. Sogar seine Trennung zeigt, daß es für die Ewigkeit bestimmt war; über alles wird die Schlange von jedem verflucht, [90] weil sie betrog und die Trennung verursachte.

Siehe doch, Vögel, Fische und [sonstige] Tiere werden unter Segensspruch geschlachtet und ebenso gegessen; [95] unter Segensspruch wird die Saat geerntet, die Frucht gepflückt, aber nicht verflucht wird der, welcher erntet oder pflückt. Wenn also der Leib des Menschen für die Vergänglichkeit bestimmt wäre, [100] wem könnte da die Schlange oder der Mörder fluchwürdig oder verflucht erscheinen?

Das Getreide, welches überständig ist und ausfällt, die Frucht, welche welk und geschmacklos geworden ist, klagen den Landmann an, [105] daß er lässig war und nicht erntete und den Samen nicht drosch noch aus der Spreu aussonderte, – darum wäre nach ihrem[67] Wort der im Unrecht, der nicht [110] den Greis tötete, dessen Geist stumpf geworden, um so diese Seele von ihrer lästigen Fessel zu befreien.

Eben darum geschieht es, daß man die Greise, die nichts mehr nützen, doch am Leben läßt, [115] damit der Gütige durch sie jenen Lügnern die Wahrheit lehre. Und obgleich das Schwert für den Greis etwas Ruhebringendes wäre, würde doch der junge Mann, der es ergriff, selbst dem Schwerte verfallen. [120]

Er vernichtet die Jugend, die das Greisenalter vernichtete, damit er zeige, wie teuer der Leib seinem Schöpfer ist.

Jedermann erwartet den Tod eines Greises, der nach dem Zeugnis aller [125] eine schlimme Last ist, und doch wird ihn keiner töten; obgleich sein Tod erwünscht ist, ist doch noch mehr gefürchtet seine Tötung, [130] um uns zu lehren, wie achtenswert er auch in seinem Elend ist, und wie sehr geehrt im Paradiese, und wie groß seine Glorie, wenn er zum Leben auferstehen wird.

3. Über den Teufel und den Tod

Vorwort

Die dritte Gruppe des zweiten Hauptteiles, Nr. 52 – 68, bildet ein Zyklus von Hymnen vom Teufel und Tod in Dialogform. Alle 17 Lieder gehen nach derselben Melodie. Die ganze Reihe wurde von Macke in der „Gottesminne" [III] in deutscher Nachdichtung übersetzt. – Als Muster folgt hier der 1. 52. Hymnus.

52.

Über den Teufel und den Tod.
Nach der Melodie: O Tod, überhebe dich nicht.

Ich hörte [einst] den Tod und den Teufel miteinander darüber streiten, wer von ihnen gegenüber dem Menschen der mächtigere sei. – [5] [Kehrvers:] Preis sei dir, o Sohn des Hirten, über alle, der seine Herde von den unsichtbaren Wölfen erlöste, die sie verschlangen, dem Teufel nämlich und dem Tode!

Der Tod zeigte seine Macht,[68] die alles unterwirft, der Teufel seine Arglist, die alle zur Sünde verführte.

[Tod:] „Auf dich, o Teufel, hört nur der, welcher will, [15] zu mir aber kommen alle, ob sie wollen oder nicht."

[Teufel:] „Du, o Tod, besitzest nur den Zwang der Tyrannei, mir aber stehen Schlingen und Netze [20] der Arglist zu Gebote."

[Tod:] „Vernimm, o Böser, wer klug ist, zerbricht dein Joch, keiner aber kann sich meinem Joche widersetzen."

[Teufel:] [25] „Du, o Tod, versuchst deine Macht an Kranken, ich aber bin den Gesunden gegenüber erst recht stark."

[Tod:] „Der Teufel hat nicht Macht über alle, [30] die ihn lästern, in meine Hände aber fallen alle, die mich verflucht haben und mich verfluchen."

[Teufel:] „Du, o Tod, hast deine Macht von Gott erhalten, [35] mir allein hilft niemand, wenn ich zur Sünde reize."

[Tod:] „O Teufel, du legst wie ein Schwacher nur Fallstricke, ich aber bediene mich [40] wie ein König meiner Macht."

[Teufel:] „Du bist zu dumm, o Tod, um zu begreifen, wie groß ich bin; denn ich bin imstande, den selbständigen freien Willen gefangen zu nehmen."

[Tod:] [45] „ O Teufel, du schleichst wie ein Spitzbube umher, ich zermalme wie ein Löwe und kenne keine Furcht."

[Teufel:] „Dir, o Tod, erweist niemand Verehrung, [50] noch betet man dich an; mir aber dienen Könige mit Opfern gleich einem Gotte."

[Tod:] „Den Tod nennen viele als etwas Gutes, [55] dich, o Teufel, hat noch niemand angerufen, noch ruft man dich an."

[Teufel:] „Hast du das noch nie vernommen, wieviele mich auf alle Arten anrufen [60] und mir Opfer bringen?"

[Tod:] „Abscheulich ist dein Name, Teufel, du kannst ihn nicht schön machen; alle verfluchen deinen Namen, verbirg deine Schmach!"

[Teufel:] [65] „Du bist schwerhörig, Tod, denn du hörst nicht, daß jedermann über dich klagt; verstecke dich nur!"

[Tod:] „Ich trete offen auf in der Welt, [70] ich täusche nicht wie du, der ohne Täuschung nicht bestehen kann."

[Teufel:] „Nichts hast du mehr bestätigt gefunden, [75] als daß du bei den Menschen ebenso verhaßt bist als ich."

[Tod:] „Vor mir fürchtet sich jedermann wie vor einem Herrn, dich aber hassen sie [80] als den Bösen."

[Teufel:] „Bei dir, o Tod, haßt man den Namen sowohl wie dein Tun, mein Name ist zwar verhaßt, aber meine Lockmittel sind sehr geschätzt."

[Tod:] [85] „In Schlangengift verwandelt sich deine Süßigkeit. Reue folgt immerdar deinen Anreizungen."

[Teufel:] „Die Unterwelt ist verhaßt, weil in ihr [90] keine Reue mehr sich findet, sie ist ein Abgrund, der verschlingt und jede Regung verhindert."

[Tod:] „Die Unterwelt ist ein Schlund; jeder, der hineingeraten ist, wird wieder auferweckt, [95] die Sünde ist verhaßt, weil sie den Menschen die Hoffnung abschneidet."

[Teufel:] „Schmerz bereiten mir zwar jene, die Buße tun; doch lasse ich ihnen wenigstens Gelegenheit dazu; du schneidest aber dem Sünder, [100] der in seinen Sünden dahinstirbt, die Hoffnung ab."

[Tod:] "Du deinerseits kommst ihm zuvor, und zu Ende ist seine Hoffnung; denn wenn du ihn nicht zur Sünde verleitetest, würde er gut sterben."

[105] Gepriesen sei jener, der die verwünschten Knechte aufeinanderhetzte, damit wir auf sie schauen, wie sie auf uns und sich über uns lustig machen!

Ein Unterpfand ist's für uns, meine Brüder, [110] unsern Blick auf sie gerichtet zu haben, dafür, daß wir auf sie werden schauen können, wenn wir zum Leben auferweckt werden.

4. Eschatologie

Vorwort

Die vierte Gruppe der zweiten Hälfte, Nr. 66 – 77, umfaßt Gedichte, die hauptsächlich die Auferstehung von den Toten behandeln, die durch biblische Beispiele, häufig auch durch den Hinweis auf die Gerechtigkeit bewiesen wird; der Tod mit der Trauer, die er verursacht, und mit seinen Lehren über den Wert der irdischen Güter ist der Gegenstand der letzten Gedichte. Als Beispiel dieser Gruppe diene die folgende Ermahnung, über den Tod Nahestehender nicht in übermäßige Trauer auszubrechen.

70.

Ein zweiter Hymnus nach derselben Melodie [Bote der rechten Führung [?]].
O wie bitter ist, meine Brüder, dieser Kelch des Todes, der auch die Nüchternen berauscht, so daß sie unter Tränen irre werden. – [Kehrvers:] [5] Gepriesen sei, der die Toten lebendig macht!
Durch das Verscheiden des Toten wird auch der Ernste überwältigt, und er klagt erschüttert über den Freund, der dahinging. [10] Es schreit auf in seiner Liebe das Glied, das zurückblieb, über seinen Gefährten, der ihm entrissen, und dessen Umgang und dessen Stimme ihm nun fehlt.
Wenige vermögen Abraham nachzueifern, [15] der so stark war, daß er seines Leibes Frucht [d. i. Isaak] um seines Herrn willen dem Tode weihte.
Er war der Wahrheit Säule, die die Last im Volke trug; [20] ihn erschütterten der Schmerzen Wogen, doch seine Stärke wankte nicht.<br< Sieh an den Winzer, als er an seinem unfruchtbaren Weinstock eine Frucht erblickte; die späte Traube, [25] als Erstling brachte er sie dar.
Bewundernswert war auch Jephtes Tat[62], dieses Winzers, welcher die jungfräuliche Traube pflückte und sie dem Herrn des Weinbergs opferte.
[30] Sein Kampf siegte über sein Erbarmen, er unterdrückte seine Liebe und opferte jene, und trotz seines Schmerzes wurde er nicht irre, denn sein Glaube stützte ihn.
Der Wein des Todes [35] ist Hefe, die in Schmerzen aufbraust, mit Tränen machte er seine Zecher trunken und mit Weinen seine Gäste.

Reichen Trost spendet das erhabene Beispiel Jephtes, [40] der mit dem Schwerte den Schatz des Lebens dessen Herrn opferte.

Seine Rechte streckte Jephte aus und brachte das Opfer dar, die Taube sah sein Trauern [45] und flößte Mut ihm ein mit ihren Werken.

Würdig war der Priester, der mit Blut von sich seines Amtes waltete, ein Vorbild seines Herrn zu sein, der mit seinem eigenen Blute opferte.

[50] Wer immer von der Liebe trunken ist, aber aus Liebe zur Wahrheit [die Traurigkeit] besiegt, wird wie im Traume seinen Freund sehen, der von ihm schied.

Er sah wohl schon im Traume [55] seinen Freund im Sterben liegen; doch kam der Morgen, so tröstete er ihn über den Schmerz des Traumgesichts.

Wie gleicht doch der Tote jenem, der im Traum entschlafen, [60] und wie gleicht der Tod dem Traume und die Auferstehung dem Morgen!

Einst wird in uns die Wahrheit aufleuchten wie das Licht in unserm Auge, und wir werden den Tod betrachten [65] wie ein banges Traumgebilde.

Ein Tor ist, der da erkennt, daß der Schlaf am Morgen aufhört, aber meint, daß der Tod ein Schlaf ist, der ewig währt.

[70] Wenn das Auge von Hoffnung beseelt ist, vermag es das Verborgene zu schauen, dass der Schlaf des Todes an jenem Morgen endigt.

Er ist entschwebt, der Wunderduft [75] jenes Lebensschatzes im Körper, der Seele Wohnzelt, aus dem sie schaudernd entfloh.

Reich wird sein Schmuck und seine Pracht sein, denn er ist der geliebte Tempel des Geistes, [80] wiederhergestellt, was vorher nicht war, und er wird eine Wohnung des Friedens sein.

Die Stimme der Posaune ruft den stummen [Seelen-] Harfen zu: „Wacht auf, lobsinget und prüfet [85] vor dem Bräutigam in Liedern!"

Ein Rauschen von Stimmen wird sein, wenn die Gräber sich öffnen; einer um den andern wird in seine Harfe greifen und Jubellieder anstimmen.

[90] Preis sei dir, der du den Adam erhöhtest, als er noch schuldlos war! Preis sei dir, der du ihn in die Unterwelt niederbeugtest, als er sich überhob!

Lob sei dem, der erniedrigt, [95] Lob sei dem, der wiederaufweckt! Möge auch meine Zither bei ihrer Auferstehung ihrem Herrn Lob singen!

Fußnoten

1. Im Syrischen ein Wortspiel: Nûch [Noë] und anîch [Ruhe spenden]. – Die Vorliebe für solche Wortspiele, die oft sogar die Gedankenfolge beeinflussen, ist ein hervorstechendes Merkmal der Poesie Ephräms.
2. Die Lieder, zum Vortrag durch einen einzelnen bestimmt, haben am Schluß einen Kehrvers [Refrain, syr. 'unitha], den das Volk zu singen hatte.
3. Vgl. Gen. 6,2.
4. Exod. 14,28.
5. Die Umgebung von Nisibis, deren Bewohner beim Herannahen der Feinde in die Stadt flüchteten.
6. 110
7. schelicha kann auch mit „Apostel" übersetzt werden.
8. Nûch [Noë] bedeutet „Ruhe".
9. der Raubtiere.
10. d. h. die Perser.
11. Der Kaiser stand, während Nisibis die furchtbare Belagerung durchzumachen hatte, in Mesopotamien.
12. D. h. von den drei Belagerungen.
13. 80
14. die Staudämme.
15. Demnach war der Tag, an welchem die Mauer einstürzte, ein Sabbat, und der Tag, der die Rettung brachte, ein Sonntag.
16. 2 Kön. 6,25 ff.
17. die hl. Eucharistie.
18. Nach dem Zusammenhange ist vielleicht zu lesen: regnen seine Früchte herab.
19. Bezieht sich wohl auf die Daniel cap. 4 berichteten Ereignisse.
20. Vgl. 2 Kön. cap 7.
21. Die römischen Soldaten verwüsteten das Land.
22. So übersetzt auch Bickell; Geiger dagegen schlägt [Zeitschrift der Deutschen Morgenländischen Gesellschaft 25, S. 280] die m. E. minder passende Übersetzung vor: „Das ist der Ruf der Pflanzen: Die Erde sucht die Wurzeln für die Ackersleute, die da weinen und Klage erheben." – Das Ausfließen des Saftes aus den Wurzeln wird poetisch als ein Weinen der Wurzeln bezeichnet.
23. Vgl. Luk. 16,26.

24. Die letzte Strophe kommt mit einer geringen Veränderung am Schluß auch in den Carmina Necrosima Ephräms vror [3. syr.-lat. Bd. der röm. Ausgabe, 280 A]
25. Im folgenden ein Hinweis auf die Ereignisse bei der Belagerung von 350.
26. Eine Siebenzahl der Sinne bei Ephräm auch im 3. syr.-lat. Bande, 612 D.
27. Wortspiel mit der zweifachen Bedeutung von „audi" „preisen" und „Dank sagen".
28. D. h. Sonne und Mond.
29. die Belagerungen.
30. Hinweis auf den Besuch des Kaisers Konstantius in Nisibis [345].
31. Die Friedensverhandlingen [358].
32. Das syrische Wort muß „nabreschta" gelesen werden.
33. D. h. die Kirche von Nisibis.
34. Der Krieg begann erst kurz vor dem Tode des Jacobus [338], dann folgte unter Babu eine Periode ständigen Kampfes; der Anfang des dritten war unruhig, dann trat Friede ein.
35. Hier wird jedem der drei Bischöfe eine ausschlaggebende Bedeutung bei den drei Belagerungen zugesprochen.
36. Der Mygdonius fließt außerhalb der Stadt, nicht, wie Theodoret sagt, durch die Stadt. Die Beschreibung des heutigen Zustandes siehe bei Sachau, Reise in Syrien und Mesopotamien, Leipzig 1883, S. 390 f.
37. Gennadius, de vir. ill. 1 erzählt sogar, daß Sapor die Gebeine des Jacobus entführt habe; es scheint aber nach unserm Gedicht, daß es ihm nicht gelungen ist.
38. 70
39. In dieser Strophe fehlt ein Vers.
40. Gen. 17,3: „Abraham fiel auf sein Angesicht."
41. Luk. 8,43; die in den folgenden beiden Strophen sich findende Gegenüberstellung ist beeinflußt durch das Zeitwort „nakkef" „erröten machen" und „reinigen".
42. Daß das Schisma schon sechs Jahre dauerte, sagt Ephräm auch in H. 28,38.
43. Gen. 29,17 ff.
44. Thomas
45. Jes. 53,4.
46. Edessa verweist auf die Zahl ihrer Martyrer
47. 60

48. 65
49. Phaddan. das schon in Nr. 81 vorkommt, dürfte der Name einer Gegend oder eines Ortes sein; in der Tat finden sich zwei Stunden westlich von Harran zwei Ruinenhügel mit dem Namen Tell Feddan [s. Sachau, Reise in Syrien u. Mesopotamien S, 222]
50. Nach alttestamentl. Sprachgebrauch Scheol genannt.
51. Vgl. Mark. 5,9; Luk. 8,30.
52. Matth. 4,1 ff.; Luk. 4,1 ff.
53. Ps. 90,11 f. werden vom Teufel zitiert.
54. Gal. 6,15; 2 Kor. 5,17
55. In Nazareth, Luk. 4,29.
56. Vor Sichar, Joh. 4,6.
57. Matth. 12,25 – 27
58. Wortspiel: hewja – Schlange, hawa – Eva
59. der sie nach Edessa brachte.
60. Josephs aus Ägypten.
61. 4 Kön. 5.
62. Joh. 9,7.
63. 4 Kön 4,31.
64. 1 Kön. 28,3 ff. Auch in seinem Kommentar zur Stelle leugnet Ephräm, daß Samuel wirklich erschienen sei; die Dämonen hätten Saul nur einen Schatten vorgegaukelt [S. 387– 90 des 1. syr.-latein, Bandes der röm. Ausgabe].
65. 4 Kön. 13,21.
66. 1 Kön. 6,3.
67. der Irrlehrer
68. 10
69. Richt. 11,30 ff.

Printed in Poland
by Amazon Fulfillment
Poland Sp. z o.o., Wrocław

35433511R00137